KB210654

현대신서
73

한국전통예술개론

沈雨晟

東文選

韓國傳統藝術概論

이 책은 같은 저자의
《민속 문화와 민중 의식》《민속문화론서설》가운데
주로 전통 예술 분야의 글을 가려뽑아
입문서로 재편집한 것입니다.

차 례

머리글—전통의 이해

전통의 의미

전통이란 무엇인가 하는 문제가 애매모호한 가운데 그저 소중한 것이라는 등, 고리타분한 것이라는 등, 그 실체를 이해하는 데까지 미치지 못하고 있는 실정이다. 또한 그것은 오늘에 소관된 것이 아니라 지난 시대의 유물인 양 잘못 인식되고 있음도 사실이다.

그러면 먼저 전통의 개념을 정리해 보자.

전통을 말할 때, 흔히 고전이라든가 민속이란 어휘가 분별 없이 함께 쓰여지고 있으므로 여기서부터 살핀다.

고전이란 자기 생성적 전승력이 지난 어느 시기에 단절된 채, 단절된 당시의 것을 그대로 오늘에 재현하는 것이라면, 민속이란 자기 생성적 전승력이 오늘의 생활 속에까지 살아 있으면서 발전하고 있는 것을 지칭한다.

이해를 돕기 위하여 춤을 예로 들어 보자. '처용무'라는 춤은 특히 조선 왕조의 궁중에서 나쁜 귀신을 쫓는 '나례무'로 전승되던 것인데, 조선 왕조가 끝남과 함께 그의 자생력은 없어지고 '이왕직아악부'·'국립국악원' 등에 의하여 옛 모습대로 명맥만 이어

오다가 지금은 무형문화재로 지정되어 있다. 이러한 춤을 고전 무용이라 한다.

'살풀이'라는 춤은 다분히 신앙적 성격을 띠고 무격 집단에서 주로 전승되던 것인데 오늘까지도 무당에 의하여 굿청에서 추어지고 있으며, 오늘의 일반인 내지는 무용가에 이르기까지 이 춤을 새로운 표현 의지로 발전시켜 나가고 있다. 이러한 춤을 민속무용이라 지칭한다.

위의 고전적인 것과 민속적인 것을 통틀어 전통 또는 전통적인 것이라 한다. 그 어느쪽도 소중한 것이니 한 문화권의 독창성을 지니는 기초가 되는 것이다.

그런데 이 전통을 지난 시대의 유산 또는 유물로 해석하는 오류가 오늘의 우리 사회 일반에 있음을 지적하지 않을 수 없다.

전통이란 역사 발전과 함께 가변하는 것이지 불변하는 것이 아니다. 전통이 불변한다면 그의 문화 주체가 역사의 주인 노릇을 못하고 있다는 증거이다.

우리는 적잖게 전통을 운운하고 있다. 정치가·학자 또는 우국적 인사들로부터 전통이 변질, 인멸되어 가고 있음에 대한 개탄하는 소리를 듣는다.

"전통을 지켜야 한다"는 호소를 듣는다. 옳은 말이다. 그런데 전통을 지키는 일이란 옛을 본떠서 반복하는 것이 아니라, 옛을 바탕으로 하여 오늘의 것으로 부단히 발전시켜 나가는 데서 가능하다. 다른 말로 표현하면, 전통이란 머물러 있는 것이 아니라 역사 발전과 한 배를 탄 가변적인 것이란 말이다.

역사 민족이라면 어느 나라나 많은 문화 유산을 지니고 있다. 우리도 마찬가지여서 국보 제1호인 숭례문을 비롯하여 많은 유형의 문화 유산들을 보존하고 있다. 그런데 유형문화재가 아닌 무형문화재를 국가가 지정·보호하고 있는 나라는 눈을 씻고 보아도 전 세계에 일본·대만 그리고 우리 대한민국밖에 없다.

어떤 연유에서일까? 생각이 깊지 못한 인사들은, 남은 지정하고 있지 않은 무형문화재를 우리는 1백여 종이나 지정하고 있음을 자랑하고 있다. 참으로 어처구니없는 일이다. 왜냐하면 무형문화재를 따로 지정·보호할 수밖에 없다는 사실은, 바로 지난 역사 가운데 스스로 그 주인 노릇을 못한 상당한 기간이 있었다는 증거가 되는 것이니 말이다.

또한 위에서도 언급되었지만 문화가 역사 발전과 함께 하지 못한 데서 온 결과이기 때문이다.

한 예를 들어 보자. 영국의 군악대는 지금도 다소 낯선 의복에 불편할 듯한 양동이 비슷한 모자를 쓰고 그들 대영제국의 국군을 앞장서 이끌고 있다. 그 의상은 영국의 섬유 기술의 발전에 따라 바뀌어 가며, 빛깔도 영국 국민의 색 선호도의 변천에 따라 조금씩 바뀌어 간다. 템포도 마찬가지이다. 구태여 무형문화재로 지정하지 않으면서도 자기 발전적으로 전승되고 있다. 여기에 비해서 우리의 경우는 행악인 '대취타'가 중요 무형문화재로 지정되어 있지만, 국군의 날 대한민국의 국군을 이끌지 못하고 있다.

이것이 무형문화재를 지정하지 않고 있는 나라와 지정하고 있는 나라의 차이이다. 그대로 두었다가는 생명력을 잃을 것 같을 때 하는 수 없이 취하는 조치가 무형문화재의 지정이다. 사람으로 치자면 중병환자에게 응급 주사를 꽂는 것에 비유된다. 보존을 하겠다는 단심은 충분히 이해가 간다. 하지만 살아 있는 인간이 창출해 내는 문화를 고착화시켜 생명력을 잃게 하는 기간을 길게 할 수는 없다. 그러니 잠정적이요 과도적인 조치이다. 우리는 이 동안에 서둘러 그것을 경험하여 다시 생명력을 갖게 하는 작업으로 이어져야 한다.

무형문화재에 대한 인식이 이처럼 모호함은, 주도적이어야 할 지식인들의 무지이거나 책임 회피라는 결론을 낳는다. 전통성을 지닌다는 것은 옛의 답습이 아닌 주체적 발전임을 인식해야 한다.

다시 여기에서 '한국적'의 쓰임에 대하여 말하고자 한다. 일단 한국적이란 앞에서 거론한 전통적인 것에 외래적인 것까지를 포함하게 된다. 다만 외래적인 것을 주체적으로 수용하고 있느냐가 문제이다.

문화예술계 전반에서도 '한국적'이란 말이 평상적으로 쓰여지면서, 그 실속은 의식적·수사적인 한계를 넘지 못하고 있다.

각설하고 한국적이란 뜻이 '한국 사람의 주체성'으로도 풀이될 수 있다면, 우리는 주체성에 대하여도 생각이 머물게 된다. 왜냐하면 한국 사람이 없는 한 한국을 생각할 수 없듯이 주체성이 결여된 한국도 존립할 수 없기 때문이다. 이 양자는 서로 불가분의 연관성을 갖는 동일 속성이다.

그런데 주체성은 주로 주체성이 없는 상태를 응징하는 과정에서 형용사적으로 사용되어 왔다. 이러한 응징 과정에서 주체성이 갖는 구체적인 가치의 내용이 제시됨이 없이 주체성이란 그저 높이 평가되어야 하는 것으로 믿어졌다. 일반적으로 자주성, 자기주장이 결여된 상태를 지칭하거나 기술하는 문맥에서 관념적으로 모호하게 사용되어 왔다.

전통의 개념을 확인하는 데는 이 항목의 살핌이 반드시 있어야 한다는 생각에서 다소 중복되더라도 논리를 펴나가고자 한다.

'나' 또는 '우리'가 남으로부터 구별되는 것은 내가 하나의 자기적 실체로 존재함으로써이다. 자기적 실체가 존재하는 까닭은 자기적이 아닌 다른 실체들이 존재함으로써이다. 이것을 '자체'와 '타체'로 부르기로 하자.

여기서 자체의 단위도 여러 가지로 구분될 수 있다. '개인'·'집단'·'민족'·'국가' 등은 물론 이것들은 집단 속의 개인이며, 국가 속의 집단이고, 무수한 민족 중의 민족이며, 세계 1백여 개국 중의 한 국가이다. 요컨대 자체란 서로 다른 단위를 갖는 동시에 서로 다른 존재 차원을 갖는다. 자체의 단위와 존재 차원을 거론함은 '주체'가 성립함에 있어 '자체'가 바로 기본 요소가 되기 때문이다. 그리고 또 자체의 단위와 존재 차원을 인식함에 있어 자칫 범하기 쉬운 논리적 오류를 피하기 위해서이다.

이제부터 논하려는 그 단위와 존재 차원을 '민족'으로 한다.

민족이란 "언어, 영토, 경제 생활 및 문화의 공통성에서 비롯된 전통적 심리 등의 동질성에 의하여 통일된 영속성이 있는 인간 집합체"를 뜻한다. 이는 근대 국가 성립의 기초가 된 것으로, 서구에 있어서는 교회 지배 체제가 붕괴되면서 각국의 군주들이 제창하기에 이른 것이다.

19세기로 들어서면서는 제국주의 국가들의 침략이 전세계적으로 횡행한 뒤로 식민지들의 독립 쟁취 구호로 널리 쓰여 오고 있다. 한편 이 민족이란 이름으로 많은 역사적인 범죄가 저질러져 온 것도 사실이다. 민족이 살고 있는 땅이 국가의 자연적 한계로 이해되었던 것이, 급기야 세계 시장의 독점을 위해서 자민족의 우월을 강조하는 이론으로 둔갑하여 "우수 민족은 열등 민족을 지배할 권리가 있고, 나아가서는 전세계를 지배할 선천적인 권리가 있는 것"처럼 주장하기에 이른다.

이와는 반대로 피압박 민족에 있어서는 이러한 식민주의자들에 반대하여, 자유와 주권을 얻기 위한 절실한 권리로 주장되어 온 것이다.

우리가 자체의 존재 차원으로 내세운 민족이란 바로 후자의 경우라 하겠다.

이제까지의 이야기를 종합한다면, 전통을 확보하기 위한 '주체성'이란 "자체가 존재할 수 있는 존재 차원에서 실존적 거점의 소유체로서 존재하는 상태"로 요약할 수 있겠다. 다시 말하면 밖으로부터의 작용에만 따라가는 것이 아니라 스스로 작용을 하는 편을 뜻한다.

여기에서 대두되는 문제가 밖으로부터의 작용에 대한 수용의 방법이다. 흔히 이 경우 '접목'이란 말을 잘 쓰고 있는데, 접목이란 나무의 접붙임을 뜻하는 것으로 이때에는 반드시 바탕이 되는 '대목'이 있어야 한다. 즉 전통이다. 그런데 실상 오늘날 진행되고 있는 접목 작업은, 대목이 되는 전통은 무시하고 외래적인 것에 단편적이요 부분적인 자기의 편린들을 장식으로 붙이는 데 불과하다. 접목이란 용어 자체가 문화의 양상을 논의하는 데 부적합한 것이기도 하다.

외래의 것을 일단 자체 속에 받아넣어 충분히 소화한 다음, 소용되는 것만을 섭취해야 하기 때문이다. 외과적인 수술이 아니라 '거름'으로 흡수하여 양분으로 효용되게 하는 방법이다. 접목이란 이른바 '근대화'란 명분으로 대두된 것인데, 우리 근대화 과정의 반주체성으로 하여 이러한 숱한 오류를 자초하게 되었다.

전통의 개념으로 다시 돌아오자. 그것은 "주어진 집단 공동체

내에서 축적되어 온 '사상'·'관습'·'행동'·'기술의 양식', 즉 전래적인 사고와 행동의 제 방식"이다.

이러한 개념 규정이 일단은 타당한 것으로 보고 이야기를 진행해 가자. 그런데 오늘날 일고 있는 논리적 오류는, 전통을 일단 이렇게 규정한 논자들이 그 다음 단계의 논의에서 본래의 규정에 철저하지 못한 데서 발생한다.

'전래적인 사고와 행동의 제 방식'이라는 규정은 하나의 총괄적 개념을 말한다. 즉 전통에는 이어받을 만한 전통도 있고, 그렇지 못한 것도 있다. 권력자 앞에라면 무조건 맹종하는 무기력한 전통이 있는가 하면, 불의를 당했을 때 몸을 돌보지 않는 의로운 전통도 있다. 똑같은 이치로 전통에는 '현대적' 전통도 있고, '전근대적' 전통도 있다. 그런데 이것을 '전근대적 사고와 행동의 제 방식'이란 해석으로 그칠 때 논리적 오류가 된다.

총칭적 개념을 어느 한쪽으로만 보는 결과이다.

이러한 논리적 오류는 '주체성'과 '근대화'를 잘못 이해함으로써 스스로 함정을 파는 결과에 이른다.

또한 주체성이란 '고유 전통 문화의 수호'에 필수적인 것이라는 등의 의견으로 회고 취향적인 데로 몰고 간다.

전통의 문제는 문화적 유물을 찬미할 것인가, 찬미하지 않을 것인가에 관한 것이 아니다. 문제는 우리의 과거를 어떻게 우리의 현재와 연결시킬 것인가에 관한 것이다. 여기에서 우리의 현재라 함은, 우리가 현재 처해 있는 상황 및 그러한 상황 내에서 귀중하다고 여겨지는 가치의 대상을 말한다.

과거가 우리의 과거이고 현재가 우리의 현재일 때, 과거로부터의 현재적 변화에서 전통은 단절을 초래하지 않는다. 같은 이치로 현재가 우리의 현재가 아닐 때 아무리 우리의 과거가 있다 한들 전통은 없는 것이 된다.

의심할 바 없이 '전통'은 전래적인 사고와 행동의 제 방식이고, 또 의심할 바 없이 문화적 유물을 의미한다. 그러나 우리에게 전래적인 사고와 행동의 제 방식이 있고 문화적 유물이 있다고 해서, 우리에게 전통이 자동적으로 주어지는 것은 아니다.

또 전통의 문제는 단순한 계승의 문제가 아니다. 우리가 없으면 우리의 전통도 없는 것이기 때문이다. 따라서 전통은 '우리'가 새로운 환경에 '우리'를 적용시키는 과정에서 '우리'가 창조해 낸 문화를 의미한다.

우리는 전통을 물려받는 동시에 창조한다. 과거의 문화적 유물이 우리를 전통적으로 만드는 것이 아니라, 우리가 문화적 유물에다가 전통성을 부여하는 것이다.

영광스럽고 자랑스러운 과거를 지녔기 때문에 우리가 주체가 되는 것이 아니라, 우리가 주체가 됨으로써 우리의 과거가 자랑스러운 것이 된다.

새삼스럽게 이제 전통에 관한 관심이 일고 있음은, 우리가 아직 '나'의 위기에 처해 있다는 실증이 된다.

세시 풍속에 대하여

생활 문화란 일단 풍속에서 생성되는 것이라 전제한다면, 일 년 열두 달의 세시 풍속을 세심히 살펴봄은 우리 문화를 이해하는 데 지름길이 되겠다.

세시 풍속이라 함은 일정한 시기가 오면 관습적으로 반복하여 거행하는 특수한 생활 행위, 즉 주기 전승을 가리킨다.

요즘은 흔히 '연중 행사'로 부르기도 하지만, 옛날에는 '세시'·'월령'·'시령' 등 계절성을 강조하면서 생산 과정의 일정표 구실도 하였다.

사계절의 변화가 확실한 우리 나라의 '명절'은 대체로 계절에 따라 그 행사 내용이 짜여졌으며, 다시 '월령'에 의하여 세분되었음을 알 수 있다. 월령이란 생산 활동(농경·수렵·채집 등)과 관련을 갖는 것이다.

계절에 따라서 농사의 시작인 파종·제초·수확·저장 등의 생산 활동의 변화를 가늠케 하면서, 그 사이사이에 의식과 놀이 등이 삽입되어 생활의 흐름을 부드럽게 해주고 있다.

한 해가 시작되는 정월과 이른봄에는 그 해의 풍작을 기원하며, 가을의 수확 마당에서는 그 결과에 고마움을 표하는 의식이 있음은 당연한 순서로서 그 유래는 아주 오랜 것이다.

《삼국지 위지동이전》 등에서 전하는 부여의 '영고,' 예의 '무천,' 고구려의 '동맹,' 삼한의 봄가을에 가진 농경 의례 등을 들 수 있다. 이러한 것들이 신앙 의례적인 성격으로만 해석됨은 잘못이다. 생산 의례적 행사였음이 확인되면서, 여기에 주술적·신앙적 의례가 함께 하고 있음을 발견하게 된다.

인간의 지혜, 즉 기술이 점차 발달하면서 계절에 따른 행사 일정은 점차 인간의 자율에 의하여 더 많이 주도되어 가기에 이른다.

'자연력'의 의존도가 약화되면서, 특히 '달력'이 등장하면서부터는 재래의 세시 풍속은 밀려나기 시작했다. 여기에 일본 제국주의의 침입은 더욱 앞뒤를 가릴 수 없이 전래의 세시 풍속을 금기

시하기에까지 이른다.

우리는 이제 뒤늦게나마 전래의 세시 풍속을 되살핌으로써 미래의 향방을 잡고자 하는 것이다.

우리는 주로 음력을 써온 민족이어서 세시 풍속 역시 음력을 기준하고 있음은 익히 알고 있는 일이다. 농사짓는 일과 고기잡는 일, 그리고 바닷물의 썰물과 밀물에 이르기까지 음력에 의하여 가려지고 있다.

일단 재래의 세시 풍속 가운데에서 중요한 것들로 한 해를 엮어 본다.

정월에서 3월까지의 3개월을 '춘절'이라 한다. 정월은 한 해가 시작되는 달이다. 거의 모든 마을의 축제를 겸한 당굿, 즉 대동굿을 올림으로써 새로 맞는 한 해를 설계하면서 풍요를 기원하게 된다.

대동굿의 깊은 뜻을 모르는 도회지 사람들은 미신에 치우친 행사라 비판하지만, 실제 속을 알고 보면 한 공동체의 결속을 위한 '마을 회의'의 성격이 두드러진다. 건설적이며 밝은 뜻이 담겨 있는 집단 의식인 것이다.

이때에 역시 다양한 민속놀이를 하고 있다. 줄다리기를 하고, 편싸움을 하고, 횃불싸움을 하며, 널도 뛰고 연도 날린다. 또한 마을의 공동 기금을 마련하기 위한 지신밟기를 한다. 모두가 활발한 민속놀이를 통하여 건실하고 실속 있는 한 해를 맞기 위한 '예행운동'을 벌인다. 온 나라 안이 떠들썩하게 잔치를 벌이는 것이 정월 보름까지의 풍속이다.

정월에 이어 2,3월은 한 해 농사를 짓기 위한 준비를 차분히 진행해야 한다.

'춘절'에 이어 여름철인 '하계'는 4,5,6월에 해당된다. 농사가 본격적인 철이다. 5월에 들어서야 잠시 일손을 놓고 '단오굿'을 벌이게 된다. 아녀자들은 창포에 머리를 감고, 그네를 뛰며, 남정네들은 씨름을 한다. 높고 실한 고목나무 가지에 그네를 매어 하늘 높이 치솟는 여인의 몸매는 한 폭의 생동하는 그림이다. 고을의 장사를 뽑기 위하여 단련된 힘내기로 하루를 지새는 단오의 씨름판은 남정네들의 겨룸판이다.

그러나 이처럼 들뜬 단오 잔치도 바쁜 일손에 쫓겨 불현듯 지나가고, 다시금 제각기 맡은 바 생업으로 돌아간다.

6월 '유두'를 보내면서 계절은 서서히 가을로 접어든다.

7,8,9월을 '추계'라 하는데, 수확기를 맞는 때이다. 하루하루 하늘이 높아지며 결실의 계절로 들어서면서 7월 칠석, 다음에 7월 보름을 백종이라 한다.

8월 보름 한가위는 흔히 추석이라고도 하는데, 정월 초하루에 못지않은 경사스런 날이다. 햇곡식과 햇과일로 자연과 조상께 천신을 드리고, 역시 하루를 즐긴다.

지금도 한가위가 되면 객지에 나와 있는 사람은 부모의 슬하를 찾기 위하여 모든 교통 수단이 마비될 지경이다. 정월의 당굿이 한 해의 풍요를 기원하는 행사라면, 한가위 차례는 수확에 감사하는 서양 사람들의 추수감사절에 해당하는 것이다. 곳에 따라서는 9월 9일을 '중양절'이라 하여 조상의 무덤을 찾아 차례를 올리기도 한다.

11월을 동짓달이라고도 하는데, 팥죽을 먹는 동짓날이 있다. 여름철의 '하지'가 낮이 가장 긴 날이고, 겨울의 동지는 밤이 가장 길어 대조적이다. 이 날에 '새알심'을 넣은 팥죽을 끓여 먼저 조상께 올리고, 방·마루·곳간 등에 한 그릇씩 떠놓는가 하면 이웃끼리 나누어 먹기를 잊지 않았다.

12월을 '섣달' 또는 '납월'이라고도 했는데, 한 해를 보내는 마음으로 설레는 때이다. 섣달 그믐 밤 잠을 자면 눈썹이 하얗게 된다고 하여 밤새워 윷놀이를 하던 기억이 새롭다.

그러나 이 날의 풍속으로 빼놓을 수 없는 것은 '묵은 세배'이다. 흔히 정월 초하루의 '세배'는 알아도 섣달 그믐의 묵은 세배는 잊혀져 가고 있다.

웃어른이나 스승·선배께 지난 한 해의 잘잘못을 낱낱이 아뢰는 그런 자리이다. 지난 일은 지난 일이니 그냥 덮어두자는 식이 아니다. 이렇게 놓고 볼 때, 세배보다 그 뜻이 깊은 것이 묵은 세배라 하겠다. 이 묵은 세배가 일상적으로 사회 생활의 자발적인 규범이 되었으면 한다. 삼천리 방방곡곡에 되살아나 각박한 세상 풍조를 고쳐 가는 계기가 되었으면 한다.

이제까지 살펴볼 때, 세시 풍속이란 주어진 자연 환경 속에서 영위하는 생활의 슬기임을 알게 된다. 일 년 열두 달을 어떻게 황금 분할하여 효용 있게 운영하느냐 하는 데서 세시 풍속이 생겨나게 된 것이다. 일시적 제도나 유행으로 되는 것이 아님을 우리는 역사의 교훈으로 확인케 된다. 아무리 강력한 외세의 영향을 받더라도 우리는 그것을 극복·수용하고 있다.

한 예로서 '관혼 상제'의 변천을 들 수 있다. 중국에서 들어온 '주자 가례'가 절대적인 역할을 한 것은 틀림이 없지만, 역시 맹목적으로 흉내내려 했던 지배 계급과는 달리 비판·수용하고 있는 민중 사회의 의지를 발견한다.

오늘날 문화의 주체성 내지는 자주성을 부르짖는 가운데 단순한 옛 풍속의 재현·보존이란 바람직하지 못한 움직임이 있음을 경계해야 한다. 세시 풍속이란 바로 '전통'과 마찬가지여서 역사 발전과 함께 변화 발전하는 것이 당연하다. 회고 취향에 머무는 조상 숭배나 미풍 양속의 들쭉임이 오히려 오늘의 사회를 이질스럽게 할 위험이 있기 때문이다.

중복되지만 '세시 풍속'이란 지난 과거의 풍속이 아니라, 오늘날의 생활을 영위해 가는 데 타당하고 능률적인 것이어야 한다. 거기에는 역사적 안목으로서 주체성이 담보되어야 함은 물론이다.

의식주에 대하여

생활의 기본을 들 때 의·식·주를 말한다. 우리 나라의 기후는 온대와 아열대에 걸쳐 있어 겨울은 섭씨 영하 20도 이상 내려가며, 여름은 영상 30도라는 큰 폭을 보여 준다. 그러면서도 사계절이 뚜렷하다. 북으로는 유라시아 대륙에 접해 있고, 삼면이 바다이며, 대한 해협을 사이에 두고 일본 열도와 이웃해 있는 동양 문화권의 교두보이기도 하다.

지세는 서울을 중심하여 북쪽과 동쪽은 높고 산악 지대가 많은 데 비하여, 서쪽과 남쪽은 비교적 평야를 이루고 있다. 지세로 보아 유리한 남쪽 평야에서는 벼농사가 일찍부터 발달하였고, 삼면의 바다는 어로와 교통의 요충이 되었다.

이러한 입지적 여건들은 외세의 끊임없는 침략을 받게 되었으며, 그로 하여 숱한 곤경을 겪으면서도 자주적 생활 문화를 지켜오고 있다.

생활 문화의 기둥인 의식주의 발자취와 현황을 차례로 살펴본다.

1) 의생활

의식주가 다 그러하지만 의생활은 기후에 크게 영향을 받는 것이며, 주거 생활과 기타 생활 양식에 의하여 만들어지고 변천하는 것이다.

사계절이 분명한 우리 나라의 옷은, 추위와 더위를 막기에 알맞은 저고리·바지·치마로 구성되는 '북방 호복계'로 일러 온다.

우리 옷의 특징을 요약한다면 먼저 흰색을 든다. 처음에는 경제적 여건, 예컨대 염색에 많은 비용이 들어 베나 무명을 그대로 입었다던가 하는 이유도 있겠지만 점차 습관화된 요인도 생각할 수 있다. 흰색을 숭상함을 상고 시대 우리 민족의 태양 숭배 사상과 결부시키기도 하지만, 일상적 관습이 되면서 한편으로는 세탁 등 뒷손질이 어려운 손실도 가져왔다.

여자의 옷인 경우, 특히 그것이 봉건적 가부장제 생활 속에서 제도화되어 그의 발달에 제약을 받아 왔음이 사실이다. 일반 민중의 '일옷'은 발달의 여지도 없을 만큼 빈약한 데 반하여, 사대부가의 것은 신체적 압박을 주면서 겉치레가 심했다. 여기에 중화 사상에 의하여 벼슬아치의 복색은 물론이요, 일반복에 이르기까지 중국 복식을 채용한 결과 한국 고유 옷의 자유로운 전개를 저해받았다. 조선 왕조가 끝날 때까지도 중국식 복식과 고유 복식과의 대립이 있는가 하면 남복과 여복, 그리고 대처와 시골의 대립 등 의생활에 있어 이중 구조적 양상을 띠고 있다.

다시 1900년대초 이후 우리의 의복 구조는 서양 옷에 더 많이 기울어져 가고 있다. 한복을 기본으로 하고도 주머니 대신 호주

머니가 달린 조끼를 양복에서 차용한 경우도 있다. 두루마기에 갓 대신 중절모를 쓰고, 대님 매고 구두를 신는 등, 이것을 갓 쓰고 자전거 타는 격이라 하지만 어느덧 조화를 이루어 가고 있는 일면도 있다. 여자의 옷도 치마 저고리에 구두를 신고, 두루마기에 여우 목도리를 두르고 핸드백을 들고 있다.

옷의 문화는 이처럼 한복과 양복의 이중 구조 속에서 과도기적 변화를 겪고 있다. 역시 독창성을 지니면서 실용성과 조화를 어떻게 함께 이루느냐 하는 문제가 오늘의 과제이다.

2) 식생활

식생활 역시 일단은 자연적 배경을 놓고 생각하게 된다. 상고 시대 수렵·채집 경제 단계에는 산과 들에서 먹을 만한 짐승을 잡고, 바다의 조개류·해초·생선 등과 나무 열매를 채집하여 식량으로 삼았다.

기원전 6,7세기경 '무문토기인'들이 북방으로부터 이 땅으로 들어오면서 농경 시대가 열렸다는 학계의 의견이 있다. 자연의 호조건에 의하여 벼농사가 보급되고, 일찍부터 여러 가지 식품류의 가공법이 발달한다. 여기에 중국 문화의 유입이 식생활에 변화를 주게 되고, 13세기에 이르러서는 몽골 등 북방족의 침입으로 북방 식품이 들어온다. 16세기에는 임진왜란을 계기로 남방 식품의 유입이 있고, 19세기에 이르러 서구 음식물의 유입 등으로 우리의 식생활은 변천을 거듭하면서 오늘에 이르고 있다.

여기에서 특기할 것은, 17세기에서 18세기에 걸쳐 고추·호박·토마토·옥수수·낙화생·돔부·완두·감자·고구마·수박 등이 들어오면서 그의 대부분이 오늘날에도 널리 재배되고 있다는 사실이다.

위의 식품 중에서 고추와 호박이 임진왜란 무렵 일본 사람들에 의하여 들어온 식품이다. 그로부터 호박은 가난한 민중을 연명시키는 데 큰 공헌을 한 것도 사실이다. 고추는 지금으로서는 빼놓을 수 없는 조미료로서 김치와 고추장의 재료가 되며, 한국 요리에서 필수품이 되고 있다.

한편 간장·된장을 비롯하여 김치 등의 변천을 살피면서 다양했던 양조법까지도 확인되어야 하겠고, 마구잡이로 유입되고 있는 서양 음식들이 재래 음식과 어떤 조화를 이루어야 하느냐 하는 문제도 이 방면 전문가들에 의하여 연구되어야 한다. 또한 세시 풍속에 따라 주부의 솜씨를 뽐냈던 계절 음식, 즉 '절식'을 오늘의 음식으로 개발하는 문제도 남아 있다.

겉치레의 음식이 아니라 실속 있고 깔끔한 우리의 음식들이 다시 개발되어야 할 단계이다.

3) 주생활

선사 시대의 집은 대개가 반지하식의 '움집'이었거나 '동굴 생활,' 또는 드물지만 마루가 높은 '고상 생활'을 했으리라 짐작된다. 이와 같은 선사 시대의 주거지들이 남북한을 통하여 상당수 발굴·정리되고 있다. 이러한 주거 방식은 농경 초기에까지 효용되었으리라는 의견도 있다.

이 시기의 주거 공간을 복원해 보면, 난방과 취사를 하는 화로가 있고, 출입구 가까운 곳에 남자가 거처했고, 안쪽에 여자가 기거한 것으로 나타난다. 그리고 석기 출토 부분이 남자의 작업 거처 공간이고, 토기가 출토되는 부분이 여성의 활동 공간이었으리라 본다.

종류별로 보면 '움집'·'귀틀집'·천막식 등을 들 수 있는데, 이들 가옥 형식은 모두 북방 대륙 계통에 속한다. 한편 원두막이나 창고에서 볼 수 있는 것은 같은 '고상식 건물'도 있었던 것 같은데, 이것은 남방 계통으로 해석하고 있다.

봉건적 지배 체제가 갖추어지면서 주생활도 신분 계층에 따라서 제재하는 단계로 접어듦은 앞의 의생활에서 지적된 것과 일맥 상통한다.

여기에서 특기할 일은, 이미 7세기초에 온돌이 사용되었음을 알리는 중국의 옛 문헌 《구당서》와 《당서》이다. 또한 온돌의 원형으로 보이는 유적이 두만강 유역의 반지하식 거주지에서 발굴되고 있는 사실 등으로 미루어 고유한 온돌의 역사가 증명되고 있다. 13,4세기 이후 온돌은 한반도 전체의 민가에 보편화되면서 오늘에까지 이어지고 있다.

앞에서도 지적하였듯이 주생활 역시 외래적 영향이 계속되어 온다. 중국과의 관계는 물론이요, 불교의 유입은 건축 문화에 큰 변화를 가져다 주었다. 또한 넓이·높이 등의 건축 규제도 봉건 사회가 지닌 모순들로서, 자주적인 주생활 발전에 저해가 되면서 오늘에 이르고 있다. 여기에 다시 건축 자재의 발달과 생활 양식의 급격한 변화를 맞게 된 오늘의 주생활은 큰 과도기를 맞고 있다.

겉모양은 한옥이면서도 의자식 거실과 침대 등이 온돌방 속에 공존한다. 부엌도 뒷간도 서양식으로 바뀌고 있다. 이와는 반대로 겉은 양옥인데 안은 온돌방인가 하면, 마당 한쪽에 장독대도 엄존하고 있다.

우리의 풍토와 생활 정서에 맞는 오늘의 '한국집'도 의생활에서 지적된 바와 마찬가지로 독창성과 실용성의 조화로서 이루어져 나가야 한다.

전통 예능에 대하여

전통 예능이란 바로 생활 속에서 태어난 생활 문화의 노른자위임을 먼저 말하고자 한다. 그것은 세시 풍속에 근거하여 구체적으로 창출·발전한 삶의 예술이라 하겠다.

농사를 비롯한 모든 일의 일장단이 되었던 풍물(농악)을 비롯하여 갖가지 악기들, 예컨대 피리·젓대·가야금·거문고·해금·날라리 등도 이 겨레의 숨결로 이어 오는 가락의 유산들이다.

판소리와 각 고장의 민요들, 무당의 어정(무가) 역시 훌륭한 전통 음악이다. 여기에 못지않게 춤을 즐겨 온 민족이기에 두드리면 춤추고, 춤추면 두드렸다.

비교적 넓지 않은 땅덩어리이지만 각 고장의 특성을 나타내는 사투리(방언)가 뚜렷하듯이, 노래와 춤을 곁들인 '탈놀이'들이 특색 있게 전해지고 있다.

그러나 어린이들의 '놀음놀이'는 거의 인멸되고 말았다. 길가의 풀포기를 모아 풀각시를 만들어 놓았던 소박한 풀각시놀이도, 수수깡으로 만들어 놓았던 어린이의 인형놀이도 명맥이 끊어졌다.

인형극으로는 남사당패의 '꼭두각시놀음'과 포장굿패의 '발탈', 그리고 4월 초파일을 전후하여 큰 사찰 근처에서 놀았던 그림자극 '만석중놀이,' 마을 사람들에 의하여 놀아지는 '서산 박첨지놀이'가 전하고 있다.

이 항목에서 당연히 전통 미술과 구비문학 분야까지를 고루 대상으로 해야 하겠지만, 제목을 전통 예능이라 좁혀 춤과 음악·연극 분야만 살펴보기로 한다.

1) 춤

인간이 자신의 신체를 움직여 감정과 의지를 표현한 최초의 예술로서 춤을 든다.

춤은 음악이나 연극보다 앞선 원초적인 예술 행위였음에 많은 사람들이 의견을 같이하고 있다.

다른 말로 표현한다면, 춤이란 인간이 삶을 개척하고 누려 오는 가운데 일찍부터 다양한 모습으로 발전·조화되면서, 그에 걸맞은 리듬을 육체를 통하여 표현하고 있는 예술이다.

그의 시원을 집단적인 신앙 의식에서 찾기도 하지만, 그 신앙 의식이라는 것도 보다 나은 풍요를 기리는 것일진대 생산을 위한 표현이라 할 때 더 큰 설득력을 갖게 된다.

우리 민족은 예로부터 춤을 즐겨 왔음이 《삼국지 위지동이전》 등 많은 옛 문헌에서 밝혀지고 있다.

그 종류도 다양해서 주로 생산의 현장에서 분화 발전한 민속무용과, '정재'란 이름으로 궁중에서 전승되었던 궁중 무용이 있다. 여기에 중국을 비롯하여 외국의 것이 유입 습합된 경우도 적지 않다. 그러나 전통 예능 분야의 기둥을 이룬 춤으로는 가장 소박한 '보릿대춤'을 비롯하여 풍물(농악)춤 등 '일춤'과 무격의 '살풀이'를 든다. 살풀이도 오구굿(죽은 사람의 넋을 위로하는 굿)과 재수굿(집안의 행운을 비는 굿)·서낭굿(한 공동체의 행운을 위한 굿) 등에서 내용과 형식이 서로 다른 것이었으나, 이제는 점차 그 분별이 없어져 가고 있다. 이밖에도 승무·한량춤 등의 '독무'와, 강강술래·쾌지나칭칭 등의 집단 군무가 공동체의 대동굿에서 큰 역할을 하고 있다.

궁중 무용은 '향악 정재'와 '당악 정재'로 분류되고, 그 종류도 민속 무용보다 다양하며, 조선 왕조말까지 추어진 것이 50여 종에 이르고 있다. 의식 무용으로 오늘날까지 전하는 것으로는 보태평지무(문덕을 칭송하는 춤)와 정대업지무(무공을 찬양한 춤)인 '일무'가 있다.

이밖에 민간에서 변형 전승된 '진주 검무'나 '통영 전승무' 등이 있고, 불교 의식 무용인 '작법'도 소중한 무용 유산들인데, 역시 지난 시대의 형태로 박제화되어 가는 아픔을 지적하지 않을 수 없다.

여기에 '신무용'이라는 이름으로 '부채춤'·'화관무'·'장구춤' 등이 있는데, 지나치게 인위적인 겉치레만 하여 속 빈 것이 되어 가고 있다.

누구나 지적하게 되듯이 전승 무용의 거의가 오늘로 이어지는 단계에서 자기 발전력을 잃고 '판박이춤'·'볼거리춤'으로 변질되고 있음은, 새로운 '우리 춤'의 창출·발전을 위하여 극복해야 할 일이다.

2) 음 악

항시 거론되는 것이지만 우리의 전통 예능을 말할 때 춤·음악·연극의 혼합을 지적한다. 그 혼합은 분화되어야 할 것이 아직 분화되지 못하고 있는 상태를 뜻하는 것이 아니라, 서로가 한데 어울리면서 하나의 독창성을 이루고 있음에 우리는 주목해야 한다.

"……왕이 이르기를, 여러 나라가 방언(方言)도 각기 다른데 성음(聲音)이 어찌 한결같으랴." 이는 가야국 가실왕(嘉實王)의 말씀이다.

그런데 오늘날 우리는 전통 음악을 실제 생활 현장에서나 교육 과정에서 접하기조차 어렵게 되고 보니, 자기 음악에 대하여 너나 없이 남의 것보다도 더 생소한 것으로 여기게 되고 말았다. 어떠한 수를 써서라도 서둘러 해결해야 할 과제임에 틀림이 없다.

우리의 전통 음악을 흔히 쉽게 정악(또는 궁중 음악)과 민속 음악으로 나누고 있다. 그러나 정악 가운데도 중국 음악(唐樂 등)의 영향을 받은 것과 그를 주체적으로 극복·재창출한 것이 있다.

악기의 경우도 마찬가지여서 전통 악기 가운데 외래의 것이 많지만, 역시 우리의 것으로 수용·재창조되고 있음을 본다. 민속 음악의 경우도 자기 생성적인 민중 취향의 것과 직업적인 광대나 기방(妓房)의 것으로 분류한다.

궁중 음악으로는 '관현합주'·'관악합주'·'취타악'·'제례악' 등을 들게 되고, '가곡'·'가사'·'시조'·'풍류' 등은 향유 계층의 신분에 따라 정악에 속하는 것으로 분류한다.

민속 음악으로는 판소리와 단가를 비롯하여 각 지방의 민요와 풍물을 빼놓을 수 없다. 민요 가운데는 중부 지방의 '잡가'나 호남의 '육자배기,' 평안도의 '서도소리'처럼 전문적 소리꾼에 의한 것이 있고, 순수한 일반 취향의 것이 있다.

이밖에도 무당과 박수들의 무속 음악이 전통 음악의 줄기를 찾는 데 소중한 단서가 되는데, 그것도 지역에 따라 다양한 형태로 전승되고 있다. 불교 의식에서 쓰이는 범패(梵唄)도 다분히 전통 음악의 영향을 받아 토착화되고 있다.

이처럼 풍부한 음악 유산들이 있지만, 이를 바탕으로 하여 오늘을 살아가는 음악으로 발전하지 못할 때 그의 생명은 단절될 수밖에 없는 위기를 맞는다.

서둘러 민요를 찾아 부르고, 단소·피리·꽹과리·장고 등 쉬운 악기부터 익히는 일이 시급하다.

3) 연 극

연극을 옛날에는 굿이라 했다. 지금도 시골에 가면 연로하신 분들은 아직도 쓰고 있다. 굿은 기원·모임·연회의 뜻도 함께 지니고 있다.

'마당굿'이란 것이 있는데, 이것은 마을의 넓은 마당이나 들판 또는 산언덕에서 펼치는 연극 또는 놀이판을 이르는 말이다.

서구 연극의 형식처럼 무대와 관중석이 따로 있는 것이 아니라, 배우와 관중이 하나가 되어 창출하는 극 형식이다.

대표적인 것으로 탈놀이[假面劇]를 드는데, 중요 무형문화재로 지정되어 있는 것만도 다음과 같다.

함경도 지방──북청사자놀음

해서(황해도) 지방──봉산탈춤, 강령탈춤, 은율탈춤

강원도 지방──강릉관노탈놀이

경기도 지방──양주별산대놀이

서울 지방──송파산대놀이

경상북도 지방──하회별신굿탈놀이

경상남도 지방──고성오광대, 통영오광대, 가산오광대

부산직할시 지방──수영들놀음, 동래들놀음

지역성이 없는 것——남사당 덧뵈기

위의 탈놀이들은 현재 정부로부터 인정된 예능 보유자와 그에
따른 전수 장학생에 의하여 보존·보호되고 있다.

사용하는 탈은 나무·종이 바가지를 주로 쓰고 있는데, 옛날에
는 나무나 짚을 많이 썼던 것으로 전한다. 이 가운데 고려 시기 작
품으로 추정되는 하회(河回)·병산(屛山)의 탈은 국보 제121호로
지정되어 있다.

인형극으로는 '꼭두각시놀음'·'발탈'·'서산 박첨지놀이'·'만
석중놀이'가 전하는데, '만석중놀이'는 아직 무형문화재로 지정되
지 않고 있다.

이밖에 미지정의 전통 연극으로는 무격들이 하는 '심청굿'·'손
님굿'·'범굿'·'소놀이굿' 등이 어렵게 전승되고 있다. 이 가운데
'양주 소놀이굿'은 1980년 무형문화재로 지정되어 있다.

한편 '지신밟기'와 호남 지방의 다양한 '마당밟이'·'잡색놀이'
등도 소중한 연극 유산들이다. 쉽게 서구 연극에서의 살롱·드라
마에 비유하는 '판놀음'으로는 '장내장네굿', 솟대장이패 '변신
굿', '배뱅이굿' 등을 뽑는데, '배뱅이굿'이 1985년에 무형문화재
로 지정되고 있다.

이와 같은 문화재로서의 지정 작업은 일단 인멸될 걱정에서 어
쩔 수 없이 시행하는 과도적 조치로서, 우리가 하루속히 그의 형
식과 내용을 익힘으로써 자생적인 길로 발전할 수 있도록 해야
할 일이다. 우리의 전통 예능이 갖는 공동체 의식과 집단 창출이
란 성격을 염두에 두고 재창조되어 나아가야 한다.

민속놀이

1) 민속놀이란?

놀이도 민족·국가·문화권에 따라 헤아릴 수 없을 만큼 다양한 종류가 전승되고 있다. 신분 계층에 따라 같은 민족이라 하더라도 그 종류가 다르고, 내용·방식이 다르다. 남녀 노소, 하는 일(작업)에 따라 구분되기도 한다.

그러면 민속놀이란 어떤 것인가? 서두 '전통의 의미'에서 민속이란 어휘에 대하여 설명되었기에 간단히 풀이하고자 한다.

세시 풍속에 따라 같은 때, 같은 놀이가 반복되는 것을 '세시 민속놀이'라고도 부른다. 일 년 열두 달, 계절에 걸맞게 일의 사이사이에 적당한 놀이를 섞음으로써 효율적인 생산을 바랐던 슬기로 해석된다. 이러한 세시 민속놀이 가운데는 집단놀이가 많음도 하나의 특징이다. 이와는 달리 어린이들의 민속놀이를 보아도 역시 발육·지능의 단계에 걸맞는 놀이들이다.

쉽게 생각해서 '놀다'라는 말은 '일하다'와 대칭되는 것이다. 그렇다면 매일을 빈둥빈둥 허송세월하는 사람에게도 별도의 놀이가 필요한 것일까? 민속놀이는 땀 흘려 일한 끝에 잠시 쉬며 즐김으로써 더 효율적인 힘을 얻기 위한 것이다.

민속놀이 가운데 세시(계절)에 따르지 않는 것도 있다. 장기·바둑·화투·고누 등을 꼽게 된다. 한편 민속놀이라 해서 전부가 명랑하고 생산적인 것은 아니다. 어느것은 사행심을 자극하여 노름이 되어 버리는 것도 한두 가지가 아니다. 투전·화투 등이 그러한 예이다.

이야기는 되돌아가서, 논두렁이나 밭두렁에서 잠시 쉴 참을 이용하여 노는 간편한 놀이로부터 수백 수천 명의 많은 인원이 한데 어울리는 규모가 큰 집단놀이에 이르기까지 그 종류는 무수하지만 그 뜻은 하나로 집약된다. 더욱 효율적인 생산·발전을 위한 의식의 통일과, 그의 승화를 위한 예행(미리 행해 보는 것)의 요소가 뿌리 깊이 작용하고 있다.

양지바른 마당 구석에서 놀아지는 소박한 어린이의 놀이에서도 모름지기 체력과 기능의 발달을 꾀하고 있는가 하면, 청소년과 젊은 아녀자들의 기개를 돋우는 씩씩한 놀이에 이르기까지 즐김을 통한 의지의 확산이다. 규모가 작든크든 민속놀이란 민중의 오랜 생활 체험에서 만들어 낸 슬기라 하겠다.

2) 민속놀이의 종류

민속놀이는 크게 대인(對人 또는 몇 사람)놀이와 집단놀이로 분류한다.

- 대인놀이: 고누, 공기놀이, 그네뛰기, 그림자놀이, 널뛰기, 땅재먹기, 비석(모말)차기, 술래잡기, 윷놀이, 자치기, 제기차기, 승경도, 풀각시놀이, 팽이치기, 썰매타기, 돈치기, 씨름, 팔씨름, 튕겨먹기, 엿치기, 눈싸움, 실뜨기, 연날리기 등.
- 집단놀이: 호미씻이, 두레싸움, 가마싸움, 강강술래, 고싸움, 관등놀이, 기세배, 놋다리밟기, 다리밟기(답교놀이), 달맞이, 달집태우기, 동채싸움(차전놀이), 소싸움, 쇠머리대기, 편싸움, 횃불싸움, 쥐불놀이, 장치기, 줄다리기, 거북놀이, 지신밟기, 성밟기 등.
- 기타: 장기, 바둑, 투전, 쌍륙, 투호, 골패, 화투 등.

이외에도 많은 놀이가 있으며, 지방에 따라서는 명칭이 같지 않은 것도 있다. 이 가운데 대인놀이와 집단놀이 하나씩을 예로 들어 본다.

연날리기: 놀이 방법으로는 높이 띄우기, 재주부리기, 끊어먹기가 있다. 광활한 하늘을 화폭삼아 어린이들의 소망을 그릴 수 있으며, 작은 가슴이 하늘만큼 넓어지는 놀이이다. 끊어먹기의 경우, 요즘은 상대를 끊어 날려보낸 편이 기고만장이나 옛날에는 이긴 편이 진 편에게 한턱을 냈다. 이긴 편의 새해 안과태평(安過太平)을 위하여 먼 하늘까지 날아갔다는 뜻에서이다. 놀이와 전쟁은 다른 것이니 그 마무리가 깔끔해야 하지 않겠는가.

줄다리기: 시냇물을 사이에 두고 두 마을이 힘내기를 한다. 먼저 줄을 꼬기 위하여 집집에서 볏짚을 추렴하여 옛부터 정해진 대로 암줄과 수줄을 각기 장만한다.

두 줄은 비녀목으로 이어져 더 큰 줄이 된다. 굵기가 한 아름, 길이가 50미터가 넘는다. 두 마을 장정들은 징소리를 신호로 힘껏 당기는데, 맥없이 끌려오게 되면 '탕' 줄을 놓아 상대방이 엉덩방아를 찧게 한다. 실상 승부를 가리기로 든다면 5분, 10분이면 충분한 것을 하루 종일 아니 며칠씩 계속했다.

왜 그랬을까. 아랫마을·윗마을 두 편이 호흡을 맞추어 힘껏 당겼을 때, 그 어느쪽으로도 쏠리지 않고 줄꾼들의 하체가 붕 뜨는 순간이 있다. 이는 두 개의 힘이 더 큰 하나의 힘으로 승화되는 순간이다. 바로 이 팽배의 순간을 만끽한 것이 우리의 줄다리기이다. 요즘 흔히 하고 있는 왜식 줄다리기와는 승부의 개념부터 다르다.

그러나 결국 우리의 줄다리기에서도 끝에 승부는 가리는데 이

긴 마을은 논농사가 잘 되고, 진 마을은 밭농사가 잘 된다니 시냇물 하나 사이에서 다 잘 되자는 마음씨이다.

맺음말

지구촌이라는 말이 흔히 오가고 있다. 실제 인류의 과학 문명은 머지않아 세계를 이웃으로 만들고 말 추세이다. 가깝게 우리 나라 안에서도 같은 방송과 같은 신문을 거의 같은 시간에 보게 되니 사투리나 민요의 토리(지역적 성격)가 희박해지고 있다.

이러한 때에 우리가 전통적 생활 문화에 대하여 새삼스럽게 관심을 갖는 데는 우리 나름의 까닭이 있다.

우리는 비통하게도 마지막 분단 민족이요, 분단 국가이다. 이 첨예한 분단을 마무리하는 데는 어떤 이데올로기보다 공동체 의식에 바탕했던 전통 문화를 통한 일체감의 조양이 바람직하다는 생각에서이다. 또한 '국제성'이니 '지구가족'이니 하지만, 따지고 보면 확고한 '독창성'이 모여 국제적일 수 있는 것이니 먼저 찾아 이룩해야 할 일은 독창성의 확보라는 깨달음에서이다.

모든 가치 기준은 문화 경험에서 비롯되는 것이다. 그런데 우리는 자신의 문화 경험이 빈약하다. 일단 바른 가치관을 획득하기 위하여, 그리고 바른 가치관에 따른 우리 문화의 독창성을 키워 나가기 위하여 전통적 생활 문화에 관한 철저한 고구와 새로운 수용은 더없이 긴요한 오늘의 과제라 하겠다. (2001)

제1편
역사와 논리

1

한국 민속학의 발자취

문제의 제기

우리 나라에서 '민속학'이란 말이 쓰여지기 시작한 것이 1900년 대초이고 보면, 그 내력이 가장 연소(年少)한 학문 분야 중의 하나라 하겠다.

그러나 '민속'이란 어휘가 나타남은 《삼국사기》(金富軾 撰, 高麗 仁宗 23년, 1145년)의 신라 유리왕 5년(28년)조에서 찾을 수 있다. "이 해 민속이 즐겁고 평안하여 비로소 (왕이) 두(도)솔가를 지으니, 이는 가무의 시초였다 是年民俗歡康, 始製兜率歌, 此歌舞之始 也"라는 구절이다.

민속이란 말이 쓰여짐이 이처럼 오래임에도 불구하고, '민중의 문제'가 주체적이며 독립된 입장에서 학문적인 발전을 기하지 못했던 우리의 지난 발자취로 해서 민속학이란 것이 생소하고 새로운 학문처럼 느껴지게 되었다.

금세기초에 들어서면서 조선 왕조 양반 관료층의 몰락과, 이를 뒷받침한 침략 세력인 서구 제국주의의 서세동점(西勢東漸)이란 거센 물결과 함께 대두한 이른바 신문화·신학문의 하나로 들어온 것 중에서 민속학도 꼽게 되었다.

민속이란 어휘가 늦어도 1145년 이전(《삼국사기》撰進을 기준으로)에 이미 씌어졌다 하지만, 근대적 의미의 민속학이란 것은 아무래도 금세기초에 수입된 것으로 보아야 할 것이다.

물론 그 이전에도 다음과 같은 문헌들이 이 방면에 많은 자료를 전해 주고 있기는 하다.

《삼국지三國志》(중국 문헌)·《삼국사기三國史記》·《삼국유사三國遺事》·《고려사高麗史》·《계림유사鷄林遺事》·《고려도경高麗圖經》·《동국이상국집東國李相國集》·《조선왕조실록朝鮮王朝實錄》·《문헌비고文獻備考》·《동국여지승람東國輿地勝覽》·《동국세시기東國歲時記》·《임원경제지林園經濟志》·《오주연문장전산고五洲衍文長箋散稿》·《어우야담於于野譚》·《악학궤범樂學軌範》·《대동운부군옥大東韻府群玉》·《지봉유설芝峯類說》·《성호사설星湖僿說》 등뿐만 아니라 이밖에도 풍부한 자료를 남기고 있으나, 역시 단편적인 기록에 그쳤을 뿐 구체적인 학문의 대상으로 다루어진 것은 아닌 것이다.

오히려 주체적 민속학에 대한 관심의 연원은 대체적으로 임진(1952년)·병자(1636년)의 긴 난리를 겪은 뒤에 대두하기 시작한 실학파의 학자들에서 찾아보게 되는 바, 이 문제는 별도의 기회에 다루기로 한다.

그렇다면 오늘날 우리에게 통용되는 '민속학'이란 용어가 일단은 근세에 서구에서 들어온 것일진대, 관심을 그곳으로 돌려보기로 한다.

민속학이란 영어의 '포크로(folklore)', 독일어의 '폴크스쿤데(volkskunde)'의 번역어로서 '포크'나 '폴크스'는 같은 '상민(常民)'이란 뜻이고, '로'나 '쿤데'는 '지식'의 뜻을 갖는 두 단어의 합성어인 바, 이것이 일본을 거쳐서 민속학이란 이름으로 전해진 것이다.

미국계에서 주로 쓰이고 있는 '포크로'는 구전(口傳)에 의해서 전승되는 문화, 즉 설화·민담·민요·민속 음악·무용·연극 등의 민간 전승을 주된 대상으로 하고 있으며, 독일계에서 사용하고 있는 '폴크스쿤데'는 구전에 의한 민간 전승만이 아니라 여기에 민가(民家)·민구(民具)·산업 기기·기술까지를 포함하고 있다. 즉 무형의 문화재뿐만 아니라 유형의 민속 자료도 함께 대상으로 하는 것이다.

아직 단언을 내릴 순 없는 것이지만, 오늘날 우리 나라에서 말하는 민속학이란 '폴크스쿤데'가 의미하는 넓은 뜻의 민속학으로 통용되고 있다 하겠다.

관(官)에 대한 민(民), 성(聖)에 대한 속(俗)이라는 뜻을 갖는 두 낱말의 결합으로 이루어진 민속(학)은, 그 뜻이 나타내는 바와 같이 민중의 문화를 대상으로 하는 것이다. 동서를 막론하고 관(官)에 대한 민(民)의 민속임에는 다를 바 없으나, 이 민(民)이 백성·상민(常民)·서민·민중 등 여러 가지로 표현되고 있어 먼저 민속에 있어서의 민(民)의 개념을 뚜렷이 해둘 필요가 있겠다.

백성은 한자로 '百姓'이라 적는데, 한 국가의 통치권 아래 그 나라의 국적을 가지고 있는 모든 사람을 뜻하는 국민의 옛스러운 말로, 여기서는 관(官)에 대한 민(民)이란 명료한 분별이 불가능한 것이다. 백성 중에는 관이 포함될 수 있기 때문이다.

다음에 상민·상인(常人)으로 적는 상사람은 양반 관료 계층 이외의 신분이 낮은 피지배 계층을 일컫는 말로, 앞의 백성보다는 그 분별이 뚜렷한 것이다. 그런데 이 상사람이란 개념은 지배자가 아닌, 특히 무지한 계층을 말하는 것으로, 서구 민속학에서 통용되는 '미개한'·'무식한'·'미발달한' 등의 뜻이 갖는 다분히 폄시(貶視)하려는 의도가 보여 그대로 쓰기에는 내키지 않는 것이다. 우리가 근래에 많이 쓰고 있는 서민 역시 그 쓰임새와 같은 경향이 짙다. 민속학의 대상이 자기 나라가 아닌 다른 나라이거나, 그렇지 않다 하더라도 백인의 입장에서 보아 토착의 유색인을 일컫게 되는 데서 이러한 편견이 나오게 된다.

끝으로 민중이라 함은 백성에서 보이는 관민 분별의 애매성이나, 상민 또는 서민에서 보이는 헐뜯어 낮추어 생각하려는 의도가 없는 최대 다수의 피지배 계층을 통틀어 지칭하는 말이 된다. 그 분별이 명료하면서도 큰뜻으로 피지배 계층을 하나로 표현하고 있어, 민속에서의 민(民)은 민중으로 함이 타당할 것이다.

앞에서도 지적했듯이 민속학이란 민중의 문화를 대상으로 하는 학문이다. 그런데 그것이 '민간에 전승된 잔존의 문화'를 연구하는 것으로 이해되고 있다는 데 또 하나의 문제가 있다.

민속이란 지난 문화의 잔존 형태가 아니라 줄기차게 이어져 오고, 또 이어져 갈 오늘의 현장을 주된 대상으로 하는 것임을 명백히 해둘 필요가 있다.

앞의 그와 같은 오류는 외세의 식민 정책의 일환으로 저질러진 전통의 조작적인 단절 및 역사의 왜곡을 통하여, 민속의 조사를 통한 어느 민족 국가의 통일된 공동체 의식을 내재적으로 파괴하는 데 공헌하려던 식민지 민속학의 한 단편임을 알아야 한다.

오늘까지도 이러한 반민족적인 잔재와 그러한 상황에서 기생하기 쉬운 취향적 의식이 작용하며, 마치 민속이란 지난 시대에 있었던 저급 문화를 뜻하는 것으로 아는 잘못된 인식이 거의 보편화되어 있는 형편이다.

한 마디로 민속학이란, 민중의 문화를 그 대상으로 하여 민중의 거짓 없는 생활사의 줄기를 보는 학문이며, 그 줄기에서의 오늘에 서서 내일에 창조되어 갈 미래의 문화에 방향을 잡는 학문이다.

그것은 주체적 어느 학문의 경우에서나 마찬가지로 호사적(好事 的) 골동 취향이 아닌, 오늘의 민중 속에 서서 지난 내력과 앞으로의 발전 과정을 겨냥하여 민중의 한 사람으로 충실히 역사에 참여하는 가운데 얻어지는 현장학으로서의 성격을 갖는 것이다.

이제 새삼스럽게 문제를 제기하고 나옴은, 이러한 본래의 뜻에 아직 철저하지 못한 오늘의 상황을 알고 있기 때문이다.

민속학의 대상

이미 지적되었듯이 민속학이란 민중의 문화를 그 연구 대상으로 한다.

본래 문화란 인간이 정신적 또는 육체적 활동에 의해서 자신의 생활을 윤택하게 하고 향상시키려는 노력의 소산을 말한다. 그 내용은 정치·경제·법률·종교·도덕·과학·예술 등 광범위한 것임은 물론이다. 또한 그것은 역사적으로 이루어진 인간의 외면적·내면적 생활의 제 양식의 체계로서, 한 사회의 구성원이 공유하는 것이라 함은 개인적인 향유물이 아님을 뜻한다.

민속학이란 바로 이러한 최대 다수의 민중의 생활에 기초한 사회의 구성원이 공유하는 문화를 대상으로 한다는 결론이 된다.

이제껏 이 방면에 관한 관심은 독립된 민속학으로서의 연구보

다는 오히려 인접학에 해당하는 사학·국문학, 그밖의 사회과학도
에 의해서 하나의 보조과학으로 다루어져 왔다. 그때그때 필요에
따라서 단편적인 접근이 시도되어 왔다고 보겠다.

신앙·민담·신화·설화·민요·산업·기술·세시·풍속·오
락·음악·무용·연극·복식·미술 등의 여러 분야에서 지배층의
고급 문화가 아닌, 즉 하급 문화의 탐구라는 전제가 앞세워진 가
운데 진행되어 왔다. 최대 다수의 민중, 그것은 옛날이나 지금이나
바로 그 사회의 주인이다.

그때그때의 상황이나 제도가 어떤 것이었던 민중이 주인 구실
을 하지 못하는 사회를 우리는 옳게 받아들일 수 없는 것이다.

지난 시대까지 우리 민중은 글자를 배울 수 있는 균등한 기회
를 갖지 못했다. 따라서 자신이 문화를 기록으로 전하지 못하게
된 데서 오로지 구비전승(口碑傳承)의 방편에 의존할 수밖에 없었
다. 때문에 이러한 구비전승의 민중 문화를 연구하는 것이 민속학
으로 여겨졌다.

그런데 여기서 잠시 민속학과 인류학에 대한 언급이 필요하다.

앞에서 지적한 상황에서 구비전승된 전설·신화·민요·민담·
예술·기술 등을 연구하는 것이 민속학의 분야가 되는 것이지만,
한편 그것은 인류학(anthropology)의 대상이기도 하다. 이런 점에
서 민속학과 인류학을 분간하기란 가장 어려운 것이기도 하다. 그
러나 인류학의 초점은 인간이다. 인류학에서 사용하는 방법이나 자
료는 인간 그 자체이거나 그들의 문화를 대상으로 하는 데 비해
서, 민속학은 민속 문화 자체의 원리를 규명하는 것이다. 또 인류
학이 비교학적이라면, 민속학은 역사학적이라 할 수도 있다. 인류
학이 주로 다른 나라의 미개 민족을 대상으로 하는 데 비해서, 민

속학은 자기 나라 자기 민족의 민중 문화를 주대상으로 삼아 왔다.

미국계에서는 인류학을 문화인류학과 체질인류학(physical anthropology)으로 나누고 있으며, 독일계에서는 체질인류학과 민족학(ethnology)으로 분류하는 다소 다른 경향을 보이고 있다. 그러나 미국계의 문화인류학이라 하는 것은 독일계의 민족학에 해당되는 것으로, 주로 타민족을 대상으로 해왔다는 데 상호 공통점을 지니고 있다.

다른 예로 1940년을 전후해서 일본 군국주의가 동남아 및 남방권 일원에서 거둔 많은 인류학적인 답사보고서가 보여 주는 내용이, 전적으로 당시 그들의 침략 의도를 증명하는 산 자료로 남아 오고 있다.

역시 같은 의도에서 이루어진 조선총독부의 '관습조사보고' 등, 일련의 식민지 확장을 위한 자료들이 오늘날 우리에게 민속 자료라는 이름으로 접할 수 있는 대부분의 것들이다.

이 마당에서 우리 민속학이 대상으로 삼아야 함은 무엇인가? 물론 자신의 문화, 그 중에서도 민중의 문화임에는 말할 나위도 없다. 그런데 문화라는 것은 단위, 지어진 각기의 개체성을 지니는 것이면서 또한 보편성을 갖는 것이라는 점이다. '개체성과 보편성의 문제,' 이는 주체적 개성을 지닌 문화나 민족이 동시에 공유해야 하는 기본적 요건이 된다.

우리는 주어진 형편상 일단 지난 시대의 민중사의 남은 자료를 폭넓게 발굴·채집하는 것이 급선무로 되어 있다.

분야별로 나누어 살펴보면 다음과 같다.

  1) 생활전승──주거·의복·음식·기술·민구(民具)·민간 요

법·수렵·어로·농사·임산(林産)·교통·교역·촌락 조직·연중
행사·혼인·생산〔産俗〕·장제(葬制)·제례(祭禮) 등.

  2) 신앙전승 —— 예조(豫兆)·점복(占卜)·금기(禁忌)·주부(呪
符)·귀신 등.

  3) 구비전승 —— 언어·설화·전설·신화·민담·민요·작명(作
名)·수수께끼·속담·방언·은어 등.

  4) 예능전승 —— 공예·무용·음악·미술·연극·경기·놀이·오
락 등.

  이상의 분류는 서로 중복되기도 하고 또 무리한 점도 있어 다
시 조정되어야 할 것이지만, 일단 이렇게 놓고 볼 때 지금까지 우
리 민속학계가 한 일이란 모두 그저 길목에 불과할 뿐이어서 부문
별로 전담하는 전공자가 나와야 하겠다. 광범한 분야를 혼자서 감
당할 수 없는 것이 민속학의 성격이니 말이다.

  위의 여러 분야 중에서 전적으로 전공하는 부문별 전문가에 의
해서 앞으로 그 범위가 확대되어질 것이며, 또 세분화되어지리라
생각한다.

민속학의 방법

  모든 학문이 사실을 관찰하고 수집하는 것에서 시작되는 것임
은 자연과학에서나 인문·사회과학에서나 다 마찬가지이다.

  이제껏 문헌학적 방법에 의한 자료의 정리·발표가 주로 진행
되고 있는 실정이지만, 아직은 이 방법의 작업도 더 많은 시간을

요하는 형편이다. 또한 근래에 시작된 현장 답사를 통한 조사 방법에도 초창기로서의 많은 문제점을 안고 있다.

민속 자료의 채집이란 있는 사실을 과학적으로 관찰하여 정확하게 채록하여야 한다. 이것은 어려운 일이지만 가장 긴요한 기초 작업이다.

자료를 수집·정리하고 분석하는 과정을 거쳐 객관적으로 기술된 '민속지(民俗誌)'의 작성이 있어야 한다. 서구의 민속학에서는 민속지(ethnography)의 분야가 독립되어 있을 정도이다.

이러한 기초적이며 기본적인 자료 목록의 작성이란 한두 사람의 손으로 가능한 것이 아니다. 개인적인 한계를 넘어서 범민족적인 사업이 되지 않고서는 불가능한 일이다. 그것이 '스스로의 문제'를 알아내는 근원적 단서가 되는 것이기 때문에, 일시적 방편이나 개인적 또는 소수인의 이해에 따라 왜곡되거나 편견에 빠져서는 안 된다.

더구나 나이 어린 우리 민속학계에 어느 새 고질화된 벽이 있음을 말하지 않을 수 없다. 조사자가 조사 대상의 위에 있다고 생각하는 것은 착각이다. 어린 학생들이 농촌을 '계몽'하겠다는 발상과 다를 바 없다. 이것이 바로 식민지 교육의 잔재이며, 또한 식민지 민속학의 여독(餘毒)임을 분명히 깨닫고 거침없이 청산하여야 한다. 이러한 일이 선행되지 않고서는 주체적 민속학의 진척은 한 발자국도 내디딜 수 없는 것이다. 이것은 특히 민속조사단을 구성하여 조사 현장에 나갔을 때 느끼는 것으로, 유색 인종의 미개촌을 탐방한 오만한 백인의 출현을 착각하게 하는 경우를 두고 하는 말이다. "조사 대상자에게는 친절해야 한다" "겁을 먹지 않도록 해야 한다" 등의 사전 지식은 필요치 않다. 왜, 누가, 무엇을 하러 왔기에(갔기에) 서먹서먹해야 하며 겁을 내겠는가. 이러한 생각부터가 잘못이다. 서로(우리)의 오늘과 내일을 위하여 가슴을 열어 놓고 '알고 있는 것,' '생각하는 것'을 주고받으면 되는 것이다.

조사자가 갖는 기본 입장부터가 문제이다. 바로 자기의 일임을 자각해야 한다. 여기서 어긋날 때 민속 답사란 그 열매를 거둘 수 없는 것이다. 답사자는 현장에 나서기 전에 다음과 같은 준비가 필요하다.

1) 답사 지역 또는 대상에 대한 이미 준비된 자료와 기록들을 가능한 한 빠짐없이 찾아내어 답사 목적에 따라서 실상(일반적인 것과 특수한 것 등)을 분별·파악하고, 보충해야 할 부분과 새로 조사해야 할 부분 등 조사계획서를 사전에 작성할 일.

2) 필요한 자료를 얻기 위해서 면담을 하거나 구술을 받아야 할 경우, 제보자의 주소·성명·연령·생업 관계 등 인적 사항을 빠뜨리지 않도록 미리 계획된 용지에 작성할 것.

3) 그밖에 사진 촬영·녹음 등이 필요할 때, 채록 대상의 종류·성격·규모·조건 등에 따라 사전 준비와 정밀한 장비의 점검.

현장에 임하게 되면 먼저 무슨 일을 어떤 목적에 의해서, 어떤 도움을 받기 위하여 찾아왔음을 현지인에게 충분히 납득시키는 순서를 밟아야 한다. 앞서 지적했듯이 조사자와 조사 대상자가 우선 하나의 목적에 뜻을 합하게 될 때 비로소 거짓 없는 산 자료가 나오게 되는 것이다. 이때 꼭 지켜져야 할 일은 촉박하게 서두르거나 당장 필요한 부분만을 외곬으로 파고들 것이 아니라, 일상적인 생활 전반을 체득하면서 대상 분야에 서서히 접근하는 지구력이다. 바람직한 방법은 같이 생활하는 가운데 얻어지는 채록 방법이다. 그때그때 어떤 자료의 필요를 느낄 때 도서관에 들르는 기분으로 찾아다니는 오늘의 방식이 조사자의 재정적 궁핍에도 크게 원인이 있는 것이지만, 한편 같이 체험하는 속에서만 얻어지는 것이라는 마음가짐이 희박하기 때문이기도 하다. 손쉽게 관청의 힘을 동원한다든가, 그밖의 사회 단체 및 그 지방의 지식 있는 유지를 찾을 때 오히려 자료의 정직성을 잃는 경우가 많음은 한두 번의 경험이 아니다. 더욱이 근래에 일고 있는 회고 풍조와 민속 예능 및 전승 공예 등을 무형문화재로 지정하기에 이른 후로 쓸데없는 사심이 발동하여 사실보다 과장하거나 조작하는 경우도 있어서 조심해야 할 일이다.

민속 답사의 유형과 방법은 지극히 다양한 것이나 여기서는 개인적 '면담 조사'와 집단적 '지역 조사'의 두 경우를 보기로 들어, 서로 중복되는 사항은 생략하며 실제 조사에 임하는 데 유의할 일들을 적어 본다.

〔면담 조사의 경우〕

1) 대상자의 선택(정확한 물색).

2) 채록 장소의 선택(구술에 부담 없는 장소).

3) 채록 시기의 선택(구술자가 지장이 없을 때, 습속이나 전승 행사와 관계가 있을 때는 실제 행하는 때).

4) 면담 내용 및 그밖의 기록의 정확성을 기하기 위하여 면담 시간·장소·구술자의 인적 사항·생활 정도·마을 사람과의 관계 등 세심한 환경 기록(개인적·사회적)이 뒤따라야 한다.

5) 조사 대상과 유사한 것이거나 같은 것이 발견되었을 때에는

일일이 그 상황을 파악·기록하여야 한다.

6) 조사 대상에 따라 측정 또는 도면 작성 등, 수치를 나타내야 할 경우 수의 정확성을 기해야 한다.

7) 도면 작성·사진 촬영·녹음 등에 있어 사전·사후에 점검.

〔지역 조사의 경우〕

1) 대상지의 선택(예비 조사를 거쳐 적당하다고 인정되는 곳).

2) 지역 사회의 생활 질서에 영향을 주거나 지장이 없도록 할 것.

3) 조사원 전체가 주민들에게 조사 목적을 정확히 인식시킴으로써 자발적인 협조를 받도록 할 것.

4) 조사자의 전공 분야별로 조사 대상 및 조사 대상자를 각기 선정할 것.

5) 조사 내용은 좁은 데서부터 확대해 가는 식으로 계획할 것.

6) 조사 분야별 조사 내용이 전체 조사단 사이에 주기적으로 교환·제공되게 하여 전체적 내용과 작업 진도 등을 확인하여 진행토록 할 것.

7) 지역 전체를 일괄하는 자료를 얻기 위하여 '설문지'를 내는 방법이 있는 바, 그 내용 작성에 있어 기술자가 자발적인 성의를 보일 수 있도록 특히 유의할 것.

8) 완성된 조사 기록 및 사진·녹음·도면 등의 최종 정리 작업은 반드시 조사 분야별 전공자에 의하여 심의·종합되는 과정에서 이루어지도록 할 것.

이상 간략하나마 개인적 '면담 조사'와 집단적 '지역 조사'의 두 경우를 들어 현지 답사의 방법론을 살펴보았다.

이것은 어디까지나 일반론일 뿐 때와 경우에 따라서 적절하게 달라져야 함은 물론이다.

민속학 자체가 넓고 다양한 영역을 포괄하는 것이어서 구체적인 방법론에 이르는 획일화된 제시는 어려운 것이지만, 결국 다양한 방법이 추구하는 통일적인 목표는 하나라고 볼 때 앞의 일반론이 하나의 보기가 될 수 있을 것이다.

민속학의 역사

서구 민속학의 줄기

인류가 민속을 어느 때부터 연구하기 시작했는지 정확히 알 순 없는 것이지만, 이미 아득한 옛날부터 신앙·민담·민요·무용 등이 관심의 대상이 되었음에는 틀림이 없다.

고대 그리스의 서사시《일리아드 *Iliad*》·《오디세이아 *Odysseia*》 등의 설화는, 오늘날 민속학자가 하는 일과 거의 같은 취지에서 만들어진 작품이다.《메타모르포세스 *Metamorphoses*》는 오비디우스 (Ovidius) 시대의 구전을 기록한 것이고, 바빌로니아 지방의 영웅담은 수 세기에 걸쳐 전승되었으며,《아라비안 나이트》나《이솝 우화》등도 구전에 의해서 전승되던 것을 문학화한 것이다.

그러나 본격적인 연구는 근대의 일이다. 유럽 문학에 민속 설화가 처음 나타났을 때 학문적인 것은 아니었지만 상당한 관심을 불러일으켰다. 그리하여 작가들이 다투어 민담을 수집하게 되었는데, 그 결과 최초로 G. 바실레(Basile)에 의해서《펜타메론 *Pentamerone*》이 나왔던 것이며, 뒤이어서 G. 보카치오(Boccaccio)에 의한

《데카메론 *Decameron*》이 나오게 된 것이다.

바실레의 작품은 민속학자들에게 많은 관심을 불러일으켰다. 그 작품은 50편의 구전하는 이야기를 비교적 객관적으로 정리·수록한 훌륭한 민담집이었기 때문이다.

1697년 프랑스의 C. 페로(Perrault) 교수는 민담을 수집·발표했다. 그러나 그때만 해도 민속학을 연구한다는 자체가 쑥스럽게 여겨지던 때라 관심거리가 되기는 했으나 학문적인 뒷받침이 약해서 내용도 허술했으며, 또 실제적 진전도 별로 없었다. 그후 이러한 관심은 페르시아의 대표적 민담 《아라비안 나이트》가 구전 문예로서 프랑스어로 번역되기에 이른 것이다.

한편 독일에서는 야코프와 빌헬름 그림이 19세기 유럽의 경향을 정립시키는 데 공헌을 하였으니, 1812년에 《어린이와 가정을 위한 옛날 이야기 *Kinder-und Hausmärchen*》를 출간한 것이다. 그들은 문헌학을 연구하다 고어(古語)가 풍부한 농민 설화에 관심을 갖게 되어 이러한 업적을 올리게 된 것이다. 그후 유럽에서는 민속연구가 진전되어 많은 문학자와 어학자가 이 방면에 손을 대게 되었다. 또한 민담에 대한 연구과 더불어 민요에 대한 관심도 일어났다.

영국에서는 18세기에 이르러 민요가 영문학에서 취급되었는데, 1765년 영국의 T. 퍼시(Percy) 신부는 필사본인 민요집을 발견하여 《고대 영국 시풍 *Reliques of Ancient English Poetry*》이란 제목으로 출간했다. 그는 다시 1775년 영국 학자들간에 민요의 기원에 대한 논쟁이 있었던 것을 정리하여 발표함으로써 영국에서의 민요연구를 활발하게 하였다.

그후 1878년 영국에서 최초의 민속학회지 《포크로 *Folk-Lore*》가 출간된다. 이런 선구자들의 공헌에 의하여 점차 민속학이 확립되어 갔던 것이다.

미국의 민속학은 하버드대학교의 F. J. 차일드(Child) 교수에 의해서 시작되었다. 그는 민요 중에 차이가 있는 것이면 모두 수집했는데, 그의 연구 방법은 채록이 아닌 문헌적 방법이었다.

하버드대학교 교수들이 중심이 되어 미국민속학회를 설립한 것이 1888년으로, 미국민속학회지 《저널 오브 아메리칸 포크로 *Journal of American Folk-Lore*》가 출간되었다.

학회를 설립하고 회지를 내기 시작한 이들의 관심은 처음에는 문학적인 데서 비롯되었으나 점차 인류학자들도 가담하게 되었다. 이때는 인류학·민속학·사회학의 전문 영역의 분별이 확실치 않았던 때이다.

영국의 W. J. 토머스(Thomas)는 상민(常民)을 뜻하는 '포크(folk)'와 지식이나 재능을 뜻하는 '로(lore)'를 결합시켜 학문적인 용어로서 폭을 넓혔기 때문에, 그로부터 민속이란 것을 말할 때 옛것(antiquity)이란 표현을 쓰지 않게 되었다. 그는 1878년 영국민속학회를 창설하는 데 참가했으며, 이 학회는 영국과 미국의 첫 민속학회로서 오늘날까지 활발하다.

다른 유럽 국가들의 민속학도 영국이나 미국과 같은 발전을 보았다.

프랑스의 P. 세비요(Sebillo)와 E. 카스깽(Casquin), 덴마크의 S. 그룬트비히(Grundtvig)와 A. 올리크(Olrik), 그리고 핀란드의 E. 뢴로트(Lönnrot)와 T. 벤파이(Benfey) 등은 19세기 서구 민속학의 발전에 공헌한 사람들이다.

20세기에 들어서면서 유럽이나 미국에서 민속학은 급진적인 발전을 보게 되었다. 그것은 민속 문화의 보존·채집을 위해서 국가가 충분한 보조금을 투입하기 시작한 데서 활기를 띠게 된 것이다. 다분히 그들의 식민지 확장을 위한 속셈이 있었다는 점도 놓쳐서는 안 된다. 여하튼 이것이 계기가 되어, 철저한 고기록(古記錄)의 수집과 광범한 현지 조사를 실시하여 수집·분류를 통한 학문적 기초를 세우는 데 눈을 뜨게 되었다. 비로소 수집(collection)·분류(classification)·결론(conclusion)의 세 가지 단계의 체계화를 이루게 된 것이다.

개괄적인 고찰은 이만 줄이고, 다음에 미국·핀란드·일본의 차례로 그 줄기를 보고자 한다.

특히 핀란드의 경우가 그것대로 문제는 있지만 우리에게 많은 시사를 주는 바 중심적으로 다루고자 한다.

1) 미 국

미국에서의 '포크로'의 뜻은 보통 노래나 말로 전승되는 것을 의미한다. 미국에서 민속 연구가 시작된 것이 1910년으로, A. 로막스(Lomax)에 의한 《목동의 노래》와 1919년 C. J. 샤프(Sharp)에 의한 남부 원주민으로부터 채집된 민요가 계기가 되어서 1930년부터 1940년 사이에 활기를 띠어, 민요 수집가와 민담 수집가가 합류하여 미국 민속학의 핵심을 이루었다. 유럽에서와 마찬가지로 미국에서도 민속학은 민족학과 극히 가까운 유대 관계를 맺고 발달하였기 때문에, 민속학과 민족학 또는 인류학의 한계를 정확히 가릴 수 없을 정도이다. 특히 유럽이나 남미의 민속학자들은 여러 가지 전통적인 사회 구조나 물질 문화에 흥미를 갖는가 하면, 오히려 민족학자들은 중앙아프리카나 중부 유럽에서 토착민들의 신앙·주술·경기·민담·민요·예능 등을 연구한다. 양쪽의 학자들이 서로 민담이나 민요 등을 채록하였으니, 그 결과 북미 인디언의 민속은 어느 무문자(無文字)의 민족보다도 기록화시켜 놓을 수 있게 되었다.

미국 민속학계의 권위자 중의 한 사람인 S. 톰프슨(Thompson)은, 인디애나대학교의 명예교수로서 미국에서 최초의 민속학 연구 센터를 개설한 사람이다. 그는 인디애나대학교에 민속학과를 설립하고 주임교수가 되었다. 일찍이 위스콘신의 비티(Beatty) 교수, 버클리의 게일리(Gayley) 교수, 하버드의 키트리지(Kittredge) 교수로부터 지도를 받았으며, 유럽의 학자들과도 교류를 하는 한편, 반세기 동안의 연구 끝에 《민담의 유형 *The Types of the Folk-tale*》과 《구전문(口傳文)의 모티프 색인 *Motif Index of Folk Literature*》을 발표했다.

그는 민속이란 한 민족을 민족답게 만들어 주는 문화의 한 영역임을 말하고, 이러한 것을 연구하는 미국 민속학의 전망은 낙관적인 것으로 내다보고 있다.

2) 핀란드

핀란드는 영국·프랑스·독일과 함께 서구 민속학계의 특이한 위치를 점하고 있다.

율리우스(Julius)와 칼레 크론(Kaarle Krohn) 부자(父子), 그리고 A. 아르네(Aarne) 등에 의해서 제창된 '역사·지리적 방법'은 오늘날 다소의 비판은 있으나, 아직도 이 나라 민속학의 주류를 이루면서 민담·속담·수수께끼 등을 연구하는 데 큰 성과를 거두고 있다.

이 나라의 민속학은 헬싱키와 도르코의 두 대학이 중심이 되고 있으며, 국립박물관 · 방언연구소 · 문예협회 등이 크게 활약하고 있다. 특히 주목을 끄는 문예협회의 주된 사업은 이 나라 민속 자료의 수집과 그 지도 · 기록 · 보존에 이르는 방대한 것이다.

핀란드 민속학의 아버지로 알려진 E. 뢴로트(Lönnrot)는 1932년 민족시(民族詩) 연구에 뜻을 두고, 동부 카렐리야 지방으로 이사하여 채집과 정리 작업을 하였다. 이에 자극을 받아 새로운 학자들이 많이 배출되었다. 그들은 주로 고대 시와 주문(呪文)의 조사 · 연구에 힘을 기울였다.

뢴로트는 '민족시 연구' 외에도 민담 · 수수께끼 등을 조사 · 발표했는데, 민담 연구는 특히 그림(Grimm)의 영향을 받아 1850년경부터 활발했다. 1852년부터 1866년까지 문예협회의 사업으로 출판된 《핀란드인의 민담과 전설》은 오늘날에도 고전적인 가치를 인정받고 있는 것이다. 이 기간 동안 전국적인 호소를 통하여 민속 자료 수집의 의의를 강조하였다. 이 운동이 큰 효과를 거두게 되어 지방의 교원(敎員)을 비롯해서 농민 · 상공업인 · 직업인들도 이에 참가하여, 1887년에는 수집된 민속 자료의 수가 4만 3천 항목에 달했다고 한다.

1890년에는 '지리 · 역사적 방법'이 제창되기 시작했다. 이것은 처음 A. 보레니우스(Borenius)에 의해서 창안되었으나, 사실상 주창자는 크론이고 발전시킨 사람은 그의 아들 카를이다. 이 방법론의 확립은 뒤의 민속 자료 수집 사업의 새롭고도 강력한 지침을 준 것이니, 객관적인 조사를 이루도록 했다는 점이다. 이러한 방법이 중요한 의의를 갖는 것은 1881년부터 5년에 걸친 크론과 카를의 현지 조사에서이다. 그들은 민담 · 전설 · 시 · 주문 · 주술 · 속신 등에 관하여 1만 8천 항목의 채집 기록을 모았다. 그들은 또한 실제 조사 경험을 통해서 새로운 수집 방법을 많이 제시했다. 민간 전승의 채집을 위해서 각지에 상임위원을 두는 것, 채집 지도위원의 임명, 자료를 자발적으로 제공한 자에 대한 보상 제도의 확립, 입문서의 출판, 일반에 대한 계몽 등의 실행이다.

입문서나 질문지(questionnaire)에 〈핀란드 민속 자료 채집자를 위한 강령〉을 첨부하였다. 이밖에도 10여 종류 정도의 〈민속 채집 요강〉이나 주제별 질문 요령, 정기 간행물 등도 간행하였다. 이러한 사업에 지방의 청년 단체나 문화 단체에서도 협력하게 되어, 그 채집 범위도 점차 넓혀져서 동쪽은 카렐리야 지방에서 러시아까지, 서쪽은 스웨덴·노르웨이의 북빙양안(北氷洋岸)에까지 확대되었다.

20세기초에는 헬싱키대학교에서 '핀란드어 및 비교민속학'이란 강좌를 담당한 V. 살미넨(Salminen)이나 음악민속학 교수인 바이사넨(Vaisanen) 등이 가장 활약한 사람들이다. 이들 학자들과 함께 지방 초등학교 교원들의 자료 발굴도 큰 힘이 되었다. 그 중에서도 파울라하류(Paulahariu)의 40년에 걸친 채집 조사는 자비(自費)로 이루어졌던 것인데, 많은 민속시(民俗詩) 관계 저서와 8만 매에 달하는 각종 전승 기록 및 수천 개의 사진과 스케치를 만들어 문예협회에 기증하였다.

이 공적으로 그는 정부로부터 종신대학 명예교수의 칭호를 받을 정도였다. 또 핀란드 특유의 운동으로 '민속 자료 채집 콘테스트'를 들 수 있다.

1926년 오콜라(Okkola)의 제창에 의해서 시작된 것으로, 초등학교 아동들에게 계몽적 팜플렛을 배포하고 전승 채집을 경쟁시키는 방법이다. 그 결과 12만 9천 매에 달하는 자료의 채집을 이루었다. 한편 당초 크론에 의하여 시작된 채집 활동이 문예협회 내의 민속 자료 기록국에 의해서 그 내용을 확대하게 된다. 크론의 후계자인 하비오(Haavio)는 1931년 문예협회 내의 민속 자료 기록국에 들어가 1934년부터 1948년까지 초대 전임국장으로 일했다. 그는 그후 1949년부터 1956년까지 헬싱키대학교의 '핀란드어와 비교민속학' 강좌의 주임교수가 되었고, 아카데미 회원으로 선출되었으며, 기록국의 감독자로서 사실상 핀란드 민속학계를 이끌었다. 그는 문예협회 도서관부에 병설되었던 기록국을 독립시켜 채집 자료의 보존과 함께 그 분류 작업에 착수했다. 민속 조사를 위한 안내서와 기관지를 통해서 전국의 통신 연락이나 네트워크를 유지하여, 지방학교 교사 가운데 유능한 채집가와 연구가를 교육하는 데 공헌하였다. 이러한 사업은 제2차 세계대전에 의해 일시 침체했으나, 전후 곧 활발한 움직임을 보여 새로 등장한 녹음기의 사용으로 채집 사업이 효율적으로 진전되었다.

현재의 기록국은 1950년 정부의 보조금으로 새로 세워진 것인데, 거기에는 연구실·카드 정리실·색인실·자료 분류실·민속학과 민족학 도서관·리셉션실·작업실 등이 있으며, 지하실의 일부에는 확장 개조된 헬싱키대학교의 학생 연습실·녹음실·디스크·테이프·필름 보존실이 구비되어 있다고 한다.

광범위하면서도 세분화되어 연구가 진척되고 있는 기록국에 현재까지 정리된 '항목별 카드 파일'은 다음과 같다.

성인담(聖人譚) 1천, 신화 9만, 역사·지방적 전설 2만, 기원 설화 1만 5천, 자연음의 모의(模擬) 1만, 교훈담 5천, 계절적 카드 파일 11만, 민간 의료 관계 자료 12만, 민간 음악 2만, 민요 6만 2천,

놀이와 운동 1만 2천, 수수께끼 1만 3천, 속담 1만, 동물 관계 신앙과 속신 1만 5천.

이밖에도 주문(呪文)과 주술 행위의 관계 자료도 완전 분류, 카드 파일화했으며, 탄생·유년·성년·결혼·죽음·장송(葬送) 등의 일생에 관련된 통과 의례를 중심으로 하는 자료의 카드 파일을 진행중에 있다고 전한다.

핀란드 민속학계에서 우리는 방법론상의 많은 시사를 받을 수 있는 것이다.

3) 일 본

일본 민속학이 근대 과학으로 대두한 것은 1800년말에서 1900년대초에 이르는 시기로 보고 있다.

이미 옛 습속의 기록이 전하는 것은 에도 시대[江戶時代: 17세기 경]부터 나타나고 있으나, 그후 18,9세기에 이르러 문인이나 관리들의 저서나 기행문에서 민속에 관련된 것이 관심의 대상으로 활발히 기록되고 있다. 또 연중 행사·관혼 상제에 대해서도 질문지를 통해서 수집한 자료가 전하고 있으나, 이것들의 내용도 역시 풍류를 즐기는 사람들의 호사스러운 관심이었지 학문과는 거리가 있는 것이었다.

1800년대말에서 1900년대초에 들어서 서구의 학문이 유럽으로부터 수입되자 처음으로 민속을 취급하는 학문도 소개되었다.

처음에는 독립적인 학문으로서가 아니라 인류학의 일부로서 토속학이라 불렀다. 이러한 상황에서 시작된 일본의 민속학은, 스스로의 문제를 다루는 입장에 있으면서도 그 대상을 야만적인 미개인을 바라보는 눈으로 아예 '벽지(僻地)의 기속(奇俗)'·'만속(蠻

俗)'만을 좇는다는 상태였다. 이러한 경향을 오늘날까지 깨끗이 씻지 못하고 있는 것은 일본 민속학의 모순이기도 하다.

1909년 일본 민속학의 시작으로 알려진 야나기타 구니오〔柳田國男〕의 《노치노카리코토바노키 後狩詞記》라는 저서의 출간을 보게 된다. 이 책은 그가 규슈〔九州〕의 산촌에서 그곳의 노인들로부터 수렵에 관한 민속을 듣게 되어 그 민속 어휘를 기록한 것이다. 이것은 오늘날까지도 훌륭한 민속 조사의 기록으로 인정되어, 이로부터 일본 민속학의 발상을 말하고 있을 정도이다. 그는 1961년 죽을 때까지 87년의 생애를 통해 1백 수십 권의 저서를 출간했으며, 시종 일본 민속학계를 이끌어 왔다. 그에게는 오리구치 노부오〔折口信夫〕·시부사와 게이소오〔澁澤敬三〕 등의 많은 협력자와 지원자가 배출되어, 1920년대에는 하나의 학문으로 확립되기에 이른다.

1920년대로부터 30년대에 걸쳐 민속학에 관련된 여러 모임이 생겨났으나 지속되지 못하고 없어져 갔다. 전국적인 규모의 학회로는 1935년에 '민간전승회'가 결성되었고, 뒤에 '일본민속학회'로 개칭되어 오늘에 이르고 있다. 현재의 회원수는 1천4백여 명, 회지로 《일본민속학》을 연 6회 발행하고 있다.

일본 민속학계의 특색 중 하나는 각 지방별로, 혹은 각 현(縣)마다 학회·연구회의 조직이 있다는 것이다. 그리고 또한 각 대학에도 교직원과 학생을 포함하는 연구회가 있어 연구 발표회를 갖고, 회지를 내고 있는 곳이 적지않다.

그러나 일본에 있어서도 민속학은 '재야(在野)의 학문'으로 진행되어 온 탓으로 민속학 전문의 강좌나 학과를 두고 있는 대학은 극히 드물다는 사실이다.

역사학이나 지리학이 거의 대학마다 독립된 학과로 설치되어 있고, 문화인류학이나 사회인류학까지도 수많은 대학에 독립된 학과로 설치되고 있는 것에 비하면 아직도 미개척의 감이 없지 않다. 민속학 전공의 학부 학생 및 대학원생을 양성하고 있는 곳은, 국립대학으로는 도쿄교육대학〔東京教育大學〕, 사립대학으로는 세이죠대학〔成城大學〕의 두 곳뿐이다. 다만 강사와 전임강사를 두고 민속학 강의를 하고 있는 정도의 대학은 여러 곳이 있다.

일본에 있어서도 주체적인 '일본 민속학'의 시작은 이제부터라고 할 수 있다.

4) 한 국

우리에게도 민속에 대한 관심이 싹튼 것은 단편적인 것이긴 하지만 꽤 오래 전의 일이다. 앞서 예로 든《삼국사기》에서 민속학이란 어휘가 나타나는가 하면, 중국의 문헌《삼국지》(陳壽)에도 우리 민족의 부족 국가 시대의 민속이 비교적 자세히 기록되어 있어 귀중한 문헌 자료가 되고 있음도 전술한 바와 같다. 중복되지만 다시 한 번 소개하기로 한다.

삼국 시대의 역사를 기록한《삼국사기三國史記》·《삼국유사三國遺事》및《고려사高麗史》등은 많은 신화와 전설을 전하고 있으며, 그뒤를 잇는《계림유사鷄林類事》·《고려도경高麗圖經》·《동국이상국집東國李相國集》등도 중요한 민속학적 자료집이라 할 수 있다.

《조선왕조실록朝鮮王朝實錄》·《문헌비고文獻備考》·《동국여지승람東國輿地勝覽》·《동국세시기東國歲時記》·《열양세시기洌陽歲時記》·《경도잡지京都雜志》·《임원경제지林園經濟志》·《오주연문장전산고五洲衍文長箋散稿》·《어우야담於于野譚》 등의 자료가 역시 우리 민속학의 기초가 될 수 있는 지난 시대의 정보를 전해 주는 것이다. 그러나 민속이 학문적 관심에 의해서 눈뜨기 시작한 것은 조선 왕조 중엽 이후에 대두한 실학파 학자들에게서 발견할 수 있으며, 그후 체계 있는 학문적 논구가 시도된 것은 갑오경장(1894년)에서 3·1 운동(1919년)을 전후한 이른바 신문화 운동의 초창기로 잡는다.

1870년대로부터 서구인의 〈조선기행朝鮮紀行〉·〈조선견문록朝鮮見聞錄〉 등이 출판되어 이 방면에 관심을 일으키게 하였고, 침략자 일제에 의해서 1900년에 일본의 《인류학 잡지》에 가와스미 세이사보로오〔川住銈三郞〕의 〈조선에 있어서의 토속상의 견문〉이 발표되었고, 조선총독부에 의해서 〈관습조사보고慣習調査報告〉가 연차적으로 간행되기에 이른다. 이와 같은 논고나 간행물들은 식민지 통치 수단의 기초 자료로 나타난 것임은 앞에서도 말한 바 있다.

우리 나라 사람에 의해서 근대적 의미의 민속 연구가 시작된 것은 1920년대로 보여진다. 이 시기 민속학 방면의 선구자로는 이능화(李能和)와 최남선(崔南善)이 있다.

그러나 이들은 문학자(文學者)로서 엄밀한 뜻에서의 민속학은 이때에도 성립되지 않았던 것이다. 이능화는 일찍이 외국어에 눈을 떠서 관립 한성법어학교와 한성외국어학교에서 프랑스어와 영어를 가르쳤으며, 영어·프랑스어·중국어·일어 등에 능하여 많은 외서(外書)를 접하고 있었다. 한일합방 후에는 '조선사편수회'에 가담하게 되어 조선총독부의 녹을 먹고 말았으나, 한편 학문에 몰두하여 사료(史料) 수집은 물론 종교 방면 연구에 공헌을 하였다. 저서로는 《조선불교통사》·《조선기독교 및 외교사》·《조선도교사》 등 종교사의 처녀지를 개척했으며,《조선여속고》·《조선해어화사》 등 그때까지만 해도 등한시되었던 여속(女俗)에 관한 민속 자료를 정리하였다. 이밖에도 〈조선무속고〉·〈조선신교원류고〉·〈조선의 신사지〉·〈풍수 사상의 연구〉·〈조선상제예속사〉 등의 논문을 발표하였음도 우리가 익히 알고 있는 사실이다.

최남선은 사학과 신문학 그리고 민속학의 선구자로 통한다. 일본의 와세다대학 고사부(高師部) 지리역사과를 거쳐, 그도 역시 '조선사편수회'의 편수위원으로, 또는 중추원(中樞院) 참의(參議)로 일제와 관련을 맺게 된다. 그의 학문적 업적으로는 단군 신화를 비롯해 주로 상고사의 연구와 〈살만교차기(薩滿敎箚記)〉라는 장편 논문, 단편적인 세시 풍속 등을 정리·주해하여 선구자로서의 역할을 했다.

1927년 최남선의 〈살만교차기〉와 이능화의 〈조선무속고〉가 《계명(啓明)》 제19호에 게재된 때를 우리 민속학의 근대적 여명으로 잡는 의견이 지배적이다.

한편 일제는 식민 통치의 기초 자료로서 우리 민속을 철저히 조사·분석하는 데 손을 뻗치게 된다. 그들은 행정력을 동원하여 대대적인 사업을 벌였으니, 여기에 촉탁으로 편찬에 참가한 이마무라 도모에(今村鞆)·다카하시 도오루(高稿亨)·무라야마 지준(村山智順)·젠쇼오 에이스케(善生永助) 등이 있으며, 경성제국대학 사회학 교수로서 종교 전공이었던 아카마쓰 지죠(赤松智城)와 아키바 다카시(秋葉隆)의 만주·몽고·조선의 무속을 비교 연구한 각종 저서와, 방대한 양에 달하는 조선 무속에 관한 논고는 우리 민속학에 자극을 준 바 있다.

조선총독부 조사 사업의 촉탁이었던 이마무라는, 1908년 한국에 와서 경기·강원 등지의 경찰부장을 거쳐 1934년에는 조선총독부 조사과 촉탁으로 발탁되는 등, 일제의 경찰 행정과 문화 행정의 지도적 인물로서 한국의 풍속·습관 등을 알아내는 데 용의주도하게 파고들었던 자이다. 그의 저서로는 《조선풍속집朝鮮風俗集》(1914년), 《역사歷史·민속民俗·조선만담朝鮮漫談》(1928년), 《조선인삼사朝鮮人蔘史》(1933년), 《조선풍속자료집설朝鮮風俗資料集說·선선左繩·타구打毬·포원》(1934년), 《이조실록풍속관계자료섭요李朝實錄風俗關係資料攝要》(1939년) 등이 있다.

다카하시는 《선선의 이언俚諺》을 출간했고, 아키바는 〈민속 조사에 대하여〉를 1927년 《경성일보京城日報》에 발표했으며, 1937년에는 《조선무속朝鮮巫俗의 연구》를 출간했다.

일제가 우리 나라에서 본격적인 민속 자료의 조사·수집 사업을 벌인 것은 1912년으로 보인다. 〈이언요통속적독물조사俚諺謠通俗的讀物調査〉를 실시하여 민간에 전승되고 있는 속담·수수께끼·구전 소설 등을 수집·보고케 한 것인데, 이 시기가 바로 일제가 강제 합병을 하고 1년 남짓밖에 되지 않아서의 일임을 볼 때 그들의 철저하고도 악랄한 속셈을 알게 되는 것이다.

조선총독부 사업으로 계속된 우리 민속 문화에 대한 조사 활동은 치밀한 바 있어 45종에 달하는 보고서를 내놓게 되었는데, 주로 무라야마 지준〔村山智順〕과 젠쇼오 에이스케〔善生永助〕가 담당한 것으로 알려져 있다. 간추려 소개하면 다음과 같은 것이 있다.

〈조선관습조사보고서朝鮮慣習調査報告書〉·〈조선의 시장〉·〈조선의 물산物産〉·〈조선의 복장〉·〈조선의 계稧〉·〈조선의 요업窯業〉·〈조선의 풍수〉·〈조선의 무격巫覡〉·〈생활상태조사生活狀態

調査〉·〈조선의 점복占卜과 예언豫言〉·〈석존釋尊·기우祈雨·안
택安宅〉·〈조선의 귀신〉·〈외국인이 본 최근의 조선〉·〈조선의 연
중 행사〉·〈조선의 취락〉·〈부락제部落祭〉·〈조선의 유사 종교〉·
〈조선의 향토 오락〉등.

위와 같은 보고서들이 거의 1년에 1,2권씩 조사·출간되었는데,
이것은 그 경위나 내용으로 볼 때 그들의 식민지 정책을 수행하
기 위한 방편이었음을 간과할 수 없는 것이다.

이와 거의 같은 때에 우리 나라 학자들, 특히 사학자·종교학
자·어문학자들간에 초창기 민속학의 형성에 이바지한 사람이 많
다. 앞서 지적한 이능화·최남선 외에도, 당시의 공통된 경향이었
던 '민족 의식의 고양'이란 명분으로 인문·사회과학의 각 분야
학자들에 의해서 민속학 방면의 연구가 활발하였다.

이러한 경향은 학적 분화가 차츰 뚜렷해지면서 민간 신앙·설
화·민요·속담·세시 풍속·주택·민구(民具)·산업 기술·복
식·관혼 상제·음악·무용·연극 등의 부문별 전문적 연구가 시
작되었다.

여기에 참여한 학자들을 보면, 이능화·최남선·권상로(權相
老)·안확(安廓, 호 自山)·이중화(李重華)·이규봉(李圭鳳, 호 沙
雲)·차상찬(車相瓚, 호 靑吾)·문일평(文一平, 호 湖岩)·함화진(咸
和鎭)·정노식(鄭魯湜)·김윤경(金允經)·이은상(李殷相) 등이 신
앙·연희·무예·풍속·음악·세시 등에 대한 논고와 저서를 남
겼다.

이와 거의 같거나, 바로 다음 시기에 각자 전공 분야에서 민속
학과 관련된 분야를 다룬 학자는 다음과 같다.

이병도(李丙燾: 사학·신앙)·김영수(金映遂: 불교학·신앙)·백
남운(白南雲: 사회경제사·신화)·김태준(金台俊: 문학·신화)·유
홍렬(柳洪烈: 사학·신앙)·유창선(劉昌宣: 사학·속담)·김두헌(金
斗憲: 윤리학·가족 제도)·이상백(李相佰: 사회학·가족 제도)·양
주동(梁柱東: 문학·지명)·고유섭(高裕燮: 미술학·민예·설화) 등.

그러나 이능화·최남선 이후 민속학을 궤도에 올려 놓는 데 공
헌한 사람으로는 손진태(孫晉泰)와 송석하(宋錫夏)를 들게 된다.

손진태(1900~?)는 경상남도 구포 출생, 일본 와세다대학 문학부
사학과 출신으로 1927년 〈민족의 설화〉·〈온돌 문화 전파고〉, 1928
년 〈광명 신앙과 태양 숭배〉, 1929년에 〈맹격고盲覡考〉 등의 논고
를 발표한 이래 《조선민담집朝鮮民譚集》(1930년, 日文)·《조선신가
유편朝鮮神歌遺篇》(1930년, 日文) 등의 저서를 내는 등, 1930년초
민속학계 쌍벽 중의 한 사람이다.

송석하가 민속학 일반을 섭렵했다면, 손진태는 문화사적 입장
에서 민속을 다루려 하였다. 그의 많은 논문은 《조선민족문화의 연
구》(1948년), 《조선민족설화의 연구》(1948년), 《조선민족사개론》
(1948년) 등의 이름으로 출간되었다.

1950년 6·25로 행방 불명이 된 후 아직 그의 논고들은 전부
수집·출간되지 못하고 있다.

송석하(1904~48)는 경상남도 언양 출생으로, 도쿄상과대학을
중도에 그만두고 방향을 바꾸어 1920년대부터 민속학에 뜻을 두
어, 현지 답사를 통해 주로 민속 예술 방면에 많은 공헌을 남겼다.

1929년에 〈조선의 인형극〉을 비롯해서 놀이·세시 풍속·민요·
신앙 등 민속 일반에 손을 뻗쳤다. 또한 서지학(書誌學) 방면에도

손을 댔으며, 〈조선민속관계 구문문헌목록歐文文獻目錄〉(1929년)
을 작성·발표한 것은 큰 업적이었다.

그의 광범한 조사·수집 여행에서 얻은 민속 자료를 가지고 8·
15 해방 다음해인 1946년 '민속박물관'의 창설을 보았으나, 1950
년 6·25 사변으로 없어지고 말았다. 그의 유고(遺稿)는 1960년
《한국민속고韓國民俗考》란 이름으로 간행되어 이 방면의 귀중한
문헌 구실을 하고 있다.

1945년 8·15 해방 이전까지 민속학 분야의 연구에 참여한 학
자들을 부문별로 보면 다음과 같다. (조지훈, 〈한국민속학소사〉, 《민
족문화》 제1호, 고려대학교 민족문화연구소, 1964 참조.)

1) 신앙·무속·신화 ── 최남선(崔南善)·이능화(李能和)·손진
태(孫晉泰)·송석하(宋錫夏)·김효경(金孝經)·장승두(張承斗)·권
상로(權相老)·김영수(金映遂)·이병도(李丙燾)·유홍렬(柳洪烈)·
이홍직(李弘稙)·민영규(閔泳珪)·조동탁(趙東卓)

2) 음악·무용·연극 ── 함화진(咸和鎭)·정노식(鄭魯湜)·이혜
구(李惠求)·이종태(李鍾泰)·안확(安廓)·정인섭(鄭寅燮)·송석
하·김재철(金在喆)

3) 가족·여속(女俗)·의례 ── 이능화·차상찬(車相瓚)·김두헌
(金斗憲)·이상백(李相佰)·장승두·백남운(白南雲)·김태준(金台
俊)·김문경(金文卿)·박문옥(朴文玉)

4) 복식·주택·풍속 ── 이중화(李重華)·이규봉(李圭鳳)·이여
성(李如星)·손진태·이만관(李萬鸛)·장기인(張起仁)·방신영(方
信榮)·송석하·차상찬·김윤경(金允經)

5) 민요·무가·설화 ── 김소운(金素雲)·엄필진(嚴弼鎭)·최영

한(崔榮翰) · 이은상(李殷相) · 이재욱(李在郁) · 임화(林和) · 방종현
(方鍾鉉) · 김사엽(金思燁) · 최상수(崔常壽) · 고정옥(高晶玉) · 손진
태 · 정인섭 · 임석재(任晳宰)

　6) 방언 · 지명 · 속담——최현배(崔鉉培) · 석주명(石宙明) · 양주
동(梁柱東) · 전몽수(田蒙秀) · 지헌영(池憲英) · 조동탁 · 김용국(金
龍國) · 방종현 · 김사엽 · 최상수

또한 민속학의 인접 분야로 고고학 · 역사학 · 인류학 · 문학 · 미
술 · 서지학 등에서 오세창(吳世昌) · 유자후(柳子厚) · 고유섭(高裕
燮) · 정인보(鄭寅普) · 이병기(李秉岐) · 이광수(李光洙) · 이윤재(李
允宰) · 최현배 · 이희승(李熙昇) · 조윤제(趙潤濟) · 이병도 · 송석
하 · 홍이섭(洪以燮) · 김형규(金亨奎) 등이 기여하였다.

　일제하에 있어 우리 민속학계의 발자취를 대충 훑어보았다.
　실제 우리 나라에 있어서의 서구의 근대적 민속학에 대한 관심
은, 일본이나 그밖의 동양의 어느 나라보다 시기적으로 뒤진 것은
아니었다. 다만 우리가 주권을 빼앗긴 상황에서 학문적 발전을 꾀
하려 할 때, 안팎의 제약을 받아 온 점을 인정치 않을 수 없다. 초
창기 이 방면의 선각자들이 당시 지식 계층에 일관했던 타협 · 도
피 풍조를 극복하지 못한 채 일제 식민입안자(植民立案者)들과 타
협하거나, 그들의 조작적 행위를 방관함으로써 줄기 있는 민중사
의 맥을 잡는 데 적극적이었다고 할 수는 없다.
　여러 번 지적되었듯이 부닥친 현실을 외면하는 데 구실이 되기
도 했던, 소박하기 그지없는 전통 애호를 내세운 취향적 골동 취
미가 이 시기의 많은 학자들에게 작용하였음을 솔직히 인정치 않

을 수 없다.

일제하 우리 민속학계의 특징을 다음과 같이 간추려 본다.

1) 서구 및 일제 식민지 인류학자와 민속학자들의 영향이 초창기 민속학의 개안에 작용한 바는 있지만, 오히려 주체적 민족 의식의 수호라는 명분으로 도입되는 경로를 밟았다.

2) 위와 같은 상황에서 한편 취향적 경향을 완전히 불식시키지는 못한 채, 인접학에 있는 학자들에 의해서 여러 부문에서 산발적으로 접근되었다.

3) 특히 초기에는 사학·어문학 계통의 학자들에 의하여 문헌적 고찰에 의한 연구 방법이 지배적이었다.

4) 현지 답사를 통한 방법을 채택하게 된 후로도 개별적인 작업으로 진행되어서 종합적 결과를 얻는 데 값하지 못하고, 다분히 개인 취미적 한계를 벗어나지 못했다.

5) 민중의 문제를 바탕으로 하는 민속학이 오히려 반민중적 외세와 정면 대립을 피하며 대부분의 학자들이 외세와 타협한 결과, 직접 참여 속에서 얻어지는 현장학으로서의 결실을 얻지 못했다.

6) 위의 상황 속에서 '지식 계층의 서민스러운 취미'와 '다감한 자의 애족을 내세운 문학적 치레'의 풍토를 조성케 되어 오늘까지도 그러한 경향이 씻겨지지 않고 있다.

1945년 8·15 해방을 맞이하여 민속학계 역시 새로운 기운을 띠게 되었다. 1946년 송석하에 의한 '민속박물관'의 설립과, 송석하·손진태의 활약이 주목되던 때이다.

1946년 송석하·손진태·최상수 등의 발기로 '전설학회(傳說學

會)'가 생겨나고, 같은 해 홍이섭이 주간한 역사·언어·민속 연구지 《향토郷土》가 정음사(正音社)에서 창간되어 통권 9호를 내고 1948년에 중단되었다. 또한 일제 때부터 존속되던 '진단학회'가 회지의 발간 등 활발한 움직임을 보인다.

그러나 당시 사회 정세는 두 외세의 등에 업힌 양극화된 이념 충돌로, 급기야 민족 의지의 통일적 추진력을 분열·약화시킴으로써 갈피를 잡을 수 없는 혼란기로 빠져들고 만다.

1950년 동족 상잔의 6·25에 손진태는 행방 불명이 되었고, 그 이전에 송석하도 고인이 되었다. 그후는 최상수·임석재 등이 계속 이 방면에 관련된 움직임을 보여 왔다.

앞서 이루어진 '전설학회'가 1954년 '한국민속학회'로 개칭·발족되어, 1956년에 최상수의 주관으로 회지 《민속학보》 제1집, 1957년 제2집의 출간을 보았으나 그후 회지 발간은 중단되고 연구 발표회와, 최상수의 민속극·세시 풍속·전설 등에 관한 저서를 간행하였으나 지금은 거의 활동을 중단하고 있는 상태이다.

1956년 이후 '국어국문학회'에서도 고전 연구와 민속 연구의 긴밀성과 필요성에서 민속분과위원회를 두고, 회지 《국어국문학》에 민속학에 관계되는 많은 논문을 게재하며 연구발표회도 가진 바 있다.

1958년 '한국문화인류학회'가 임석재·김동욱(金東旭)·김정학(金廷鶴)·이두현(李杜鉉)·임동권(任東權)·장주근(張籌根)·강윤호(康允浩)·김기수(金基守) 등이 발기하여 결성된 바, 실제적으로 활동을 중지하고 있던 '한국민속학회'의 뒤를 이어 세워진 격이 되었다. 발족 당시 명칭에서 드러나는 것은, 인류학적 방법에 의한 새로운 학회인 듯했으나 기존의 민속학회 시절과 눈에 띄는 방법이론의 차이는 보여 주지 못했다.

창립 발기인 중의 한 사람인 임동권은 다음과 같이 말하고 있다. (제1회 국제민속학술회의 〈종합 토의에서 발언〉, 원광대학교, 1971. 10. 24.)

처음에는 학회의 명칭을 한국민속학회라고 할 예정이었습니다만…… 그때 최상수 씨가 한국민속학회라는 학회를 가지고 있었어요. 그래서 대한민속학회라고 이름을 고치는 것도 이상하고, 마치 무슨 대립된 단체 같으니까 그럼 우리 민속학회라는 말을 빼고 미래를 내다보는 의미에서, 또 요새 민속학이 작업이 끝나면 그때 비약을 할 것이 아니겠느냐 그런 의미에서 이 회의 명칭을 한국문화인류학회라고 정하자고 해서 한국문화인류학회가 발족한 것입니다. 그런데 실제에 있어서는 그때 문화인류학회의 이론 기초를 가진 분들이 문화인류학회를 구성한 것이 아니라 민속학을 하는 사람들이 모여서, 민속학회라고 하는 다른 학회가 있으니까 편의상 문화인류학회라는 이름을 가진 것입니다.

민속학의 발단이 그러했듯이 문화인류학 역시 그 발단의 계기나 개념의 규정이 명료치 않은 상황에서 시작됐던 것이다.

현재 회지 《문화인류학》을 5집까지 내고 있으며, '월례 연구 발표회'를 계속하고 있다.

1969년 임동권·김태곤(金泰坤)·인권환(印權煥) 등의 발기로 '한국민속학연구회'가 결성되었다. 임동권이 주관하여 회지 《민속학연구》 5집을 냈으며, 1971년에 명칭을 '한국민속학회'로 바꾸어 오늘에 이르고 있다.

1971년 조동일(趙東一)·이보형(李輔亨)·심우성(沈雨晟) 등이 발기하여 '한국민속극연구소'를 결성, 심우성이 주관하여 회지 《서낭당》4집을 출간했다.

한편 대학의 민속학 관계 부설 연구소로는 고려대학교의 '민족문화연구소'와 원광대학교의 '민속학연구소' 등이 계속적인 업적을 보이고 있다.

또한 특기할 일은 1968년 이래 문화공보부 문화재관리국 주관으로 '전국민속종합조사'가 실시되고 있음이다.

해마다 1개도씩 순차적으로 종합 조사단을 파견하여 '조사보고서'를 간행하고 있는 바, 아직 계속 사업중에 있다.

1958년부터 연례적으로 열리고 있는 '전국민속예술경연대회'는 각도별로 지방의 민속 예술·연희를 발굴·발표하는 기회가 되고 있어 많은 성과를 올린 바 있으나, 경연대회란 성격상 쓸데없는 경쟁에 의한 민속의 조작과 변질을 초래하는 부정적인 면이 없지 않아 해가 거듭할수록 그 진위에 의아심을 갖게 되는데, 이 점은 수정되어야 할 일이다.

민속 관계 박물관을 보면 8·15 해방 전에는 서울대학교와 고려대학교에 '민속 관계 참고실'이 있었을 뿐이나, 현재는 위의 두 곳을 비롯해서 문화재관리국에서 세운 '한국민속관'과 원광대학교 '민속박물관,' 그밖의 여러 대학에서 '민속관' 또는 '참고품실'을 설치하여 많은 민속 자료를 모으고 있다. 사설 민속박물관으로는 진성기(秦聖麒)가 세운 '제주민속박물관'이 있다.

1950년대 이후 오늘에 이르기까지 민속학계에서 활약하는 사람을 분야별로 보면 다음과 같다.

1) 신앙 —— 임석재(任晳宰) · 김택규(金宅圭) · 장주근(張籌根) · 현용준(玄容駿) · 김태곤(金泰坤) · 이강오(李康五) · 홍윤식(洪潤植) · 최길성(崔吉城)

2) 산업 · 기술 —— 예용해(芮庸海) · 김광언(金光彥) · 이종석(李宗碩)

3) 설화 —— 장덕순(張德順) · 김열규(金烈圭) · 조동일(趙東一) · 인권환(印權煥) · 서대석(徐大錫)

4) 민요 —— 고정옥(高晶玉) · 임동권(任東權) · 김영돈(金榮敦) · 진성기(秦聖麒)

5) 음악 —— 이혜구(李惠求) · 성경린(成慶麟) · 박헌봉(朴憲鳳) · 장사훈(張師勛) · 이보형(李輔亨) · 박황(朴晃)

6) 무용 —— 김천흥(金千興) · 최현(崔賢) · 정병호(鄭昞浩) · 김기수(金琪洙) · 김세중(金世中)

7) 연극 —— 최상수(崔常壽) · 이두현(李杜鉉) · 심우성(沈雨晟) · 강용권(康龍權) · 정상박(鄭尙坋)

8) 복식 —— 석주선(石宙善) · 김동욱(金東旭) · 박경자(朴京子)

9) 음식 —— 황혜성(黃慧性)

10) 풍속 —— 방종현(方鍾鉉) · 김사엽(金思燁)

이밖에도 많은 신진들이 각 분야에서 활약하고 있다. 현재 대학에 있어서 '민속학' 강좌는 대개 국문학과에서 개강되고, 타 사회학과에서는 선택 과목으로 되어 있는 것이 일반적이 현상이다.

1946년 국학대학(전 우석대학, 현 고려대학교와 합침)에서 처음 '민속학' 강좌가 개설된 이래 1947년 숙명여자대학교, 1951년 경희대학교, 그후로 서울대학교 · 동국대학교 · 청주대학교 · 대전대학교·감리교신학대학·고려대학교·성균관대학교·원광대학교 등에서 계속 개설되고 있다.

그러나 아직 독립된 학과는 없이 보조학으로 선택되고 있는 형편이다.

오늘의 민속학계 특징을 다음과 같이 간추려 본다.

1) 고속(古俗) 내지는 고전 연구의 대상으로 다루어지는 관계로 민속학 본래의 현장학으로서의 성격이 희박하다.

2) 아직도 사학·어문학계에서 보조학으로 연구하고 있는 경향이 짙다.

3) 분야별·학자별로 산발적인 작업이 계속되고 있어 종합적 민속지(民俗誌)의 작성이 어려운 형편이다.

4) 극히 소수의 학자들에 의하여 민속학의 주체성 문제가 논의될 뿐 여전히 복고 취향에서 벗어나지 못하고 있다.

5) 그러나 계속 나오고 있는 이 방면 젊은 전공자의 출현은 현실을 직시한 자각을 통해서 이루어지고 있다는 점에서 앞날에 기대를 걸 수 있다.

그러니까 근대적 민속학의 시작을 1920년대로 잡는다면 불과 50년의 역사를 지니고 있다.

그동안의 발자취 역시 평탄치 못한 가운데 오늘에 이름에 비추어, 엄격한 뜻에서의 시작은 이제부터라 하겠다.

오늘의 과제

돌이켜볼 때, 오늘 우리가 당면하고 있는 민족의 분단, 경제·사회의 낙후상은 그 연원이 비자생적이었던 아시아에 있어서의 근대화 초기 과정에서부터 타의에 의하여 획책되어진 것임을 알게된다.

그것이 식민 제국에 의한 반역사적 결과라 하더라도 우리가 한시도 여기에 머무를 수는 없다.

조선 왕조 양반 관료층이 빠졌던 열등 의식 속에서, '폐쇄된 자아'에 묶인 채 그뒤를 이은 조작된 식민지 근성에 물든 일부 지식인들의 고질화된 노예 근성이 오늘의 눈초리에서 발견되는 것은 아닌가. 주체적 사관의 정립이 토막난 민족을 하나로 잇는 기초적 몸부림으로 대두되는 이 마당에, 민중사의 줄기를 꿰뚫어 오늘에서 어제를 보고, 내일로 이어질 맥을 잡으려 함에 민속학이 갖는 과제는 바로 당면한 일이 된다.

우리가 이겨내기 어려운 벽에 부딪쳤을 때, 그것을 애써 밀고 나가는 용기 있는 정진을 하는 것이 아니라 얄팍한 꾀로써 닥친 현실을 도피하려는 잘못이 때때로 보이고 있다. 국내외 정세는 말할 것도 없으려니와, 스스로가 오늘의 민족 문제를 해결하는 데 가장 가능성 있는 단서를 쥐고 있는 것이 민속학이란 학문이 갖는 본래의 뜻이며 대상이기도 하다. 서구에서의 민족학 내지는 인류학이 자칫 범하기 쉬운 타민족의 내력을 캐내 식민지화하려는 데 쓰이는 것이 아니다. 스스로의 문제를 해결하는 데 긴요하게 요구되는 것이 자신의 문제를 정확히 파악하는 일이다.

전라도와 경상도의 풍습이 어떻게 다른가 함을 살핌은, 서로의 사이를 어떻게 이간질시킬 수 있는가의 자료가 아니다. 오늘의 양극화된 남과 북을 어떻게 하나로 이을 수 있느냐 하는 문제의 실마리가 민속학도에 의해서 찾아져야 할 것이며, 또 찾아낼 수 있는 것이다.

1900년대초의 일제 식민주의자들에 의하여 조사·이용된 우리의 관습 자료들이 겨레의 자생적 공동체 의식을 내재적으로 파괴하고 지방과 지방 사이, 도회와 농촌 사이에 의도적인 벽을 조작하여 이간질을 하고, 개인과의 신뢰심을 와해하여 서로 눈치보게 만드는 데 이용되었음은 뼈아프게 알고 있는 사실이다.

그러함에도 오늘 이 시각까지 그들 일제의 식민지 민속학자들에게 존경의 마음을 금치 못하며, 한국의 민속학을 세우는 데 없어서는 안 되었던 은인으로 착각하는 잘못이 한구석에 도사리고 있다.

새로운 역사의 장이 열리려면 먼저 왜곡된 반역사적인 잔재는 청산되지 않으면 안 된다. 너무도 상식적인 일이지만, 학문이란 다수 민중을 위한 것이지 소수 특수층이나 학문 그 자체를 위한 것이 아님은 명백하다.

민중의 문제를 다루는 민속학이 민중의 이익과 떠났을 때, 그것은 스스로를 망치는 남을 위한 정보 자료 구실밖에 할 것이 없다.

지금 문화공보부 문화재관리국에 의하여 '전국민속종합조사'가 연차적으로 진행되고 있다. 모처럼의 큰 규모의 민속 조사로 훌륭한 기획이며, 또 결실을 얻어야 할 중요한 사업이다. 그런데 해야 할 일에 비하여 그 예산의 영세함이나, 그것이 소수의 조사자에 의해서 이루어지고 있다는 데 우려를 갖게 하는 것이다. 또한 조사 분야의 분류·조사 방법 등 전문적인 면에서도 문제가 있다. 지금까지 출간된 보고서의 내용에 있어서도, 살아 있는 오늘의 민속을 대상으로 했다기보다는 좀 옛스러운 것의 발굴에 더 관심을 두고 있다든가, 보편적인 것의 발견보다는 희소하고 기괴한 것에 대한 호기심에 끌리고 있음을 발견하게 된다.

좀더 있는 대로의 종합적 '민속지'로서의 내용을 갖춘 '민속종합보고서'가 되어야 할 것이다.

지금까지 우리 민속학계의 제반 문제에 대하여 개괄적이며 상식적인 고찰을 해봤다. 앞에서 제시하고 의견을 낸 여러 문제들은 앞으로 이 방면의 다른 전공자에 의하여 부단히 수정·정리되어져야 하고, 또 새로운 의견과 방법으로 보완되어야 할 것이다. 처음 시도하고 제시하는 문제들이어서 생소하고 무리스러움이 있다 하더라도, 이러한 문제들은 언제라도 우리의 손으로 모두 해결되어야 할 일들이다. 민속학이 이제껏 이루어 놓은 내용에 비하여 당장 우리 사회가 민속학에 부여하는 과업이 무거운 것임을 통감하는 바이다.

민속학계의 실정으로 볼 때, 많은 사람이 편의상 민속학자란 명칭을 붙이고는 있지만 실제로는 거의 국문학·사학 등 인접학계의 학자들이 일시적인 보조학으로 접근하는 경우가 많으며, 한편 각자의 전문적 분야가 명료치 않은 가운에 민속학 전방에 걸친 만물박사 노릇을 함은 과도기적 현상으로 돌려야 하겠다.

하루속히 각자의 능력과 한계를 찾아 전공 분야에 밀착하여 정진함이 없이는 민속학 자체의 존립까지도 우려되는 것이다.

한편 근자에 일고 있는 젊은 세대의 민속학에 대한 향의(向意)를 정확하게 잡아 그들을 정상적으로 민속학의 연구 과정에 끌어들이는 일도 시급하다. 그러기 위해서 당장 민속학과를 신설하기가 어려운 것이라면 정규적인 '민속학' 강좌라도 열어야 한다.

또한 각 예능계 대학에서는 민속 음악·민속 무용·민속 연극이 정규 과목으로 편입되어져야 한다. 인문·사회과학의 각 분야에서도 당해 분야의 민속 자료가 스스로의 학문을 전개하는 데 기초 자료로서 발굴·활용되어야 하는 것이다.

이와 같은 경로를 거쳐 각 분야에서 배출된 부문별 전공자에 의해서 우리 민속학은 비로소 소기의 결실을 얻을 수 있을 것이다. 가능한 인적 자원을 동원하여 '남북을 일괄하는 정확한 민속지'의 작성이 요청되는 것이다. 그것은 먼저 남과 북의 양심적인 민속학자에 의하여 서로의 가능한 지역에서만이라도 신속하게 이루어져야 하며, 결국 이 두 개의 기초 자료가 한자리에서 거리낌없이 분석·종합되어져야 한다. 민중의 절실한 아픔이 무엇이며 또 기쁨이 무엇인지, 그동안의 분단 상태에서 어떠한 이질성이 조장되어 왔는지, 또 서로가 얼마만큼 그리워하고 있는지가 현장 답사를 통한 조사·통계 자료에 의해서 표출되어져야 한다. 본래 한 줄기였던 민중의 음악·무용·연극·놀이가 서로 떨어져 사는 동안에 어떠한 외적 작용에 의해서 얼마만큼 변질되어졌는지도 밝혀져야 하겠으며, 그렇다면 어떠한 방법으로 오늘의 간격을 하나로 합칠 수 있는가 하는 문제에 지혜를 모아야 한다.

가장 바람직한 해결의 열쇠는, 우리 민족은 둘로 갈라져서는 살 수 없는 한 생존권 속의 하나의 동체(胴體)임을 확인하고 행동하는 일이다. 오늘의 한국 민속학은 본래의 학문적 목적과 시대적 요구가 하나로 되는 시기에 서서 힘겨운 과제를 부여받고 있는 것이다.

(1973)

2

조선학(朝鮮學)의 선각자
이능화(李能和)

개안(開眼)의 한 사람

서구 제국주의 열강 및 군국 일본의 강점이란, 부정적인 과정을 통하여 이루어진 우리 나라의 이른바 근대화가 식민 통치의 질곡 속에서 그 나름으로 추진되지 않을 수 없었다고 보게 될 때, 암흑기의 문화를 담당했던 지식인들의 고뇌의 폭과 인간적 갈등의 심도를 짐작케 하고도 남음이 있는 것이다.

지식인들은 암흑 시대 속에서 혹은 변절하기도 하고, 신문화의 접목에 급급한 나머지 민족의 정통적인 의식을 훼절시키기도 하였다. 그러나 이러한 점을 인정한다손 치더라도 암흑기의 문화 담당자를 무조건 질타함은 온당치 못한 태도인 것이다. 가장 어려운 시대의 상황을 이겨낸 그들의 안간힘이 있으며, 또 그들의 선구적 노력이 오늘의 문화에 이바지했음은 틀림없기 때문이다.

일본에 나라를 빼앗겨 주권을 상실했을 때, 우리의 역사·지리·민속 등 여러 방면에 걸쳐 스스로를 알고자 하는 노력이 선진적인 학자들에 의하여 진행되었음을 본다.

그것은 일제에 대한 간접적인 저항이기도 했으며, 민족의 혼을 살리려는 힘겨운 노력이기도 했다. 이러한 조류 속에서 전인미답(前人未踏)의 분야를 스스로 개척한 선각자 중의 한 사람이 이능화이다.

이른바 개화기를 전후한 시기에 '조선학(朝鮮學)'에 관한 관심은 크게 고양되기에 이른다.

신채호(申采浩) · 최남선(崔南善) · 정인보(鄭寅普) · 문일평(文一平) 그리고 이능화 등은 조선학의 개척에 선구자적 역할을 담당한 사람들이다. 이러한 조선학에 대한 관심의 연원은 대체로 임진(1592년) · 병자(1636년)의 난을 겪은 뒤에 대두하기 시작한 실학파의 학자들에까지 거슬러 올라가게 된다.

그러나 이러한 관심이 체계 있는 학문적 연구로 시도된 것은, 1894년의 갑오경장에서 1919년의 3 · 1 운동을 전후한 이른바 신문화 운동의 초창기에 이르러 비로소 본격적인 궤도에 오르기 시작하는 것이다. 그럼에도 개화라는 것이 자생적인 발단에 그 계기가 주어지지 못한 채 다분히 외압의 영향과 봉건 지배 체제의 내부 모순에 대한 돌파구로서 나타났다는 사실은, 그 이후의 학문연구에 있어서도 그 성격을 이루는 데 중요한 몫을 차지하는 바가되었다.

양반 관료 체제가 무너지면서 그 지배력을 상실한 세력들에 의하여 조선학에 대한 관심이 고조되었다는 사실은 다분히 회고적이거나 정서적 자긍을 강조하게 되었던 것이며, 나아가 개화가 일본에 의한 주권의 박탈로 나타났을 때에는 학문적 관심보다는 독립 운동의 일환으로서 조선학은 강인한 자기 욕구의 표현을 갖추게 된다. 앞서 말한 선구자들과, 그리고 학자이기보다 독립 운동가로서의 농도가 더 짙은 신규식(申圭植)의 《한국혼韓國魂》, 박은식

(朴殷植)의 《한국통사韓國痛史》 등은 이의 대표적인 예이다.

이러한 시기에 최남선과 이능화는 한국 민속학의 개척에 있어 다같이 선구자였으면서도 대비되는 몇 가지 측면을 가지고 있다.

즉 최남선은 주로 문헌학적인 방법에 의한 상고사(上古史)의 연구에서 조선학에 접근함을 시도했고, 이능화는 주로 종교사(宗敎史)의 기초로서 이 방면에 공헌하였다.

최남선의 〈살만교차기薩滿敎箚記〉와 이능화의 〈조선무속고朝鮮巫俗考〉라는 두 편의 장편 논문이, 1927년 《계명啓明》 제19호에 발표된 것이 근세 민속학의 여명을 불러 왔던 것은 사실이다.

그뒤에 최남선은 단군 신화에 대한 몇 편의 논고를 발표한 외에도 모두 개설적이요 단편적인 역사·풍속에 대하여 논급했을 뿐 별다른 이 방면의 학적 전개는 보여 주지 않았으나, 이능화는 《조선불교통사朝鮮佛敎通史》·《조선기독교 및 외교사朝鮮基督敎及外交史》·《조선도교사朝鮮道敎史》 등 종교사의 처녀지를 개척한 노작들을 발표하였다.

그러나 오늘에 이르기까지 이능화의 독보적 업적에 대한 평가는 보편화되지 못하고 있는 형편이다. 이와 같은 현상은 그의 학문적 업적이 과소 평가된다는 이야기가 아니라, 아직도 학계의 학문적 수준이 이능화의 업적을 보편화시킬 만큼 활발하지 못하다는 결과가 된다.

이능화의 학문은 당분간 독보라는 형용사가 붙어다니게 될 것이다. 그만큼 그의 학문은 광범하여 남이 감히 손댈 수 없는 분야에 미치고 있는 것이다. 그러기에 그의 이름은 그가 섭렵한 분야에 관심을 가진 사람들에게 너무나도 크게 잘 알려져 있다고 하겠지만, 그밖의 사람들에게는 그만큼 또 알려져 있지 않고 있다.

가톨릭에서 불교에의 개종(改宗)

이능화가 태어난 것은 시대의 풍운이 휘몰아치기 시작한 조선 왕조 고종 6년인 1869년이다. 그의 부친 이원긍(李源兢)은 당시에 법부협판(法部協辦)을 지냈으며, 비교적 그의 가문은 안정되어 있었고, 흔히 그랬듯이 그도 양반집의 자제였다.

그러나 그의 아버지는 몰락해 가는 조선 왕조의 관료였으면서도 독실한 가톨릭 신자였다는 것이 다른 사람들과는 다른 점이라 하겠다. 그리고 그의 아버지는 철저한 개화주의자였다고 한다. 따라서 그의 어린 시절은 한문을 배우면서, 다른 한편으로 성당에 가서 미사를 올리는 일이 자주 반복되는 그런 생활이었다.

고향인 충청북도 괴산을 떠나 서울로 올라온 것이 16세 되던 1884년경이라고 보여진다. 21세 되던 1889년에 그는 정동 영어학당(英語學堂)을 마쳤고, 이어 1895년에는 관립 법어학교(法語學校)에서 프랑스어를 익혔다.

이처럼 그가 영어와 프랑스어를 배우고자 했던 노력은 그의 외국어에 대한 관심이 빨랐음을 말해 주는 것이다. 프랑스어를 익힌 지 2년 뒤인 1897년에 벌써 그는 졸업 전이었음에도 불구하고 우리 나라 사람으로는 처음으로 관립 법어학교에서 프랑스어를 가르칠 만큼 어학에 뛰어난 재질을 보였다.

이때를 전후하여 그는 중국어에도 능통하여 청나라 사람들과 필담이 아닌 중국말로 대화가 가능했다고 한다. 그러기에 유창한 외국어를 구사하여 주로 이 땅에 와 있던 선교사와 친교를 맺을 수 있었다.

이러한 선교사와의 접촉은 외국의 견문을 넓힐 수 있는 계기가 되었다. 즉 그는 선교사들을 통하여 외국의 책자를 받아 보게 되어 한국에 대한 견문록과 외국의 풍물 등을 살펴볼 수 있었고, 이러는 동안 스스로를 알고자 하는 각성이 싹트게 되었을 것으로 짐작된다. 이와 같은 경위가 그 이후에 그가 관심을 집중한 민족문화학계에 몸을 담게 한 직접적인 계기가 되었을 것이다.

1896년 그는 처음이자 마지막인 조선 왕조의 관직 생활을 경험하였으니, 그에게 맡겨진 직책은 농상공부(農商工部)의 주사(主事)였다. 그러나 그것은 극히 잠깐이었고, 1906년에는 사립 일어야학회(日語夜學會)에서 일본어를 공부하면서 이른바 국문연구소(國文研究所)의 위원직을 맡게 되었다.

1906년 9월 3일, 칙령 제45호로 학부직할(學部直轄) 학교직원정원령(學校職員定員令)의 제정에 따라 같은 해 10월에 관립 한성법어학교(漢城法語學校) 교장에 임명되었고, 이어서 1909년 법어학교·일어학교 등이 통합·단일화되어 관립 한성외국어학교로 학제가 개편되자 학감(學監)으로 취임하여, 한일 합방 이후 1911년 학교가 폐쇄될 때까지 외국어 교육을 통한 인재 양성에 전념하였다.

1907년 3, 4월에는 조선 왕조의 특명으로 일본을 시찰한 일도 있었다. 이 시기를 전후하여 그는 교육의 필요성을 절감하고 있었던 것으로 보인다.

한일 합방이 된 2년 후인 1912년에는 자신이 능인사립보통학교(能仁私立普通學校)를 세워 3년 동안 교장으로 재직하였는데, 이는 교육에 대한 그의 집념을 말해 준다. 또 그가 언제 가톨릭에서 불교로 개종했는지 명백치 않지만, 그가 불교계에서 활약하기 시작한 것이 1915년 전후로 짐작된다.

그의 아버지 이원긍이 임종할 때, "너는 중놈이니까 교회의 일은 아예 돌보아 주지도 않을 터이고……"라고 했다는 것을 보면 그의 개종은 30세를 전후한 때인 것 같다.

그는 한일 합방 직후부터 일기 시작한 불교계의 계몽 운동에 직접 참여하였고, 1915년에는 30본산(本山)의 주지와 50여 명의 신도를 중심으고 하여 서울의 각황사에서 발족을 보게 된 불교진흥회의 중추적인 산파역을 맡고 있었다.

그리하여 이 단체의 간사로 취임하였으며, 1917년부터는 이사직을 맡아 보았고, 전후 5년간은 《불교진흥회월보佛敎振興會月報》·《불교계佛敎界》·《조선불교총보朝鮮佛敎叢報》 등의 불교 교양 잡지를 발간하였다. 이때에 그는 활발한 포교 활동과 더불어 불교진흥회를 '민족 문화 수호 운동의 핵심체'로서 육성시킬 각오를 표명하고 있었다.

대체로 그는 한일 합방이 된 후부터는 불교의 진흥을 통한 민족 문화 수호 운동과 틈틈이 저술 생활을 함으로써 40대를 보냈던 것이다.

그러나 그의 학문 연구에 대한 집념은 그에게 보다 안정된 생활을 요구했으며, 그 결과 그는 불행하게도 일제에 협력하게 되었고, 일생 동안 의식의 갈등 속에서 살았다. 이것은 이 시대의 유약한 지식인들이 겪은 뼈아픈 방황이었다.

자책 속의 연구 생활

3·1 운동 이후, 1922년에 접어들어 일제는 새로이 표방한 문화

정책의 일환으로 '조선사편수회(朝鮮史編修會)'를 조직하고 이능화를 그 위원의 한 사람으로 위촉하기에 이른다. 이때 이능화가 그 위촉을 수락하였으니, 이 사실은 그가 자신의 일생을 줄곧 괴롭힌 자업자득이 되었다. 그러면서도 여기에 몸담았던 16년의 기간 동안——1936년 이후로는 잠시 이왕직(李王職)에 나갔다가 노경(老境)에는 칩거하였다——그가 연구한 방대한 저술은 오늘날 그 귀중한 가치를 지니고 있다. 즉 '조선사편수회'의 편수관(編修官) 또는 편수위원(編修委員)이었다는 사실은, 비록 자신이 선택한 것이었다 할지라도 그에게는 너무도 혹독한 부담이었고, 반면에 이 기간 동안에 그의 저술은 엄청난 업적을 남겨 놓게 되는 계기가 되었으니 뼈아픈 양면성을 보이는 것이다.

'조선사편수회'에 관계하면서부터 이능화가 스스로 자기의 호를 '무무(無無)'·'무능거사(無能居士)'(이밖에 侃亭·尙玄 등)라 하여 자조하고 있음을 볼 때, 그의 자책과 의식의 갈등은 심각하였다 하겠다. 또 그가 일흔이 넘어서 지인(知人)을 만나면 입버릇처럼 뇌었다는, "총독부 시궁창에 발을 담갔으니 내가 학문을 한들 무엇에 쓰리오……"라는 말은, 심각하게 자기 비판하고 있음을 입증하는 것이다.

한편 생전의 면모를 그의 아드님 이응주(李應周)가 쓴 다음 글에서 살펴볼 수 있다.

선친께서는 우리들에게 엄(嚴)과 관(寬)을 함께 하시고, 학(學)에 열을 다하신 어른이었다. 1910년 일본에게 나라가 망하자 한국문화의 연구에 전념하시어 유교·불교·도교·기독교·무속·여속(女俗)·의학·신화 및 국사 등에 걸쳐 섭렵하고, 적기(摘記)하고 정리하고 저술·출간하셨다.

책을 보려고 먼길을 멀다 안하시고 가서는 신문지·창호지를 가리지 않고 쓸 수만 있는 것이면 거기에 초서(草書)로 적기하셨고, 그 유고(遺稿)가 지금도 내 머리맡에 있으니……

또 궁색한 가운데도 고희(古稀)가 넘도록 연구하시고, 방문한 젊은이들을 가르쳐 주시며 그들과 뜨거운 토론을 하시기도 했다. 못다 하시고 남긴 많은 유고는 출판 직전에 6·25로 인하여 타버리고 말았는지 그 행방을 알 수가 없고, 몇 개 남은 원고는 출간을 서두르고 싶으나 여의치 못하니 안타까울 따름이다. (〈조선무속고〉 영인본 발문 중에서)

아무튼 민족문화학의 발전에 신기원을 이룩한 많은 저술의 대부분이 그가 '조선사편수회' 위원 시절에 집필한 것이다.

1930년 조선학의 연구를 위해서 와 있던 일본인 학자들의 주동으로 '청구학회(靑丘學會)'가 발족되었을 때에 이능화는 평위원으로 추대되어 1939년 '청구학회'가 해산될 때까지 관계를 맺었으며, 또 조선총독부의 '보물고적보존회(寶物古蹟保存會)'의 위원으로도 있었다.

그런가 하면 1931년에는 박승빈(朴勝彬)·오세창(吳世昌) 등과 더불어 계명구락부를 설립하여 민족 정신의 계몽과 앙양에 앞장서기도 했다. 동국대학교의 전신인 중앙불교전문학교에서 '조선종교사(朝鮮宗敎史)'를 강의한 것도 이 무렵이었다.

그러나 그의 조선총독부와의 관련은 앞서 본 그의 술회와 자책에 비추어, 비록 현상으로서는 떳떳한 일이 아니었을지라도 그러한 시궁창이 그로 하여금 민족 문화에 대한 더할 수 없는 애착을

촉진시켜 준 일면이었을 것으로 보는 견해도 있다.

그의 성격은 침착하고 정결하여, 외향적이며 사교적인 성격은 아니었다고 전한다. 따라서 교우 관계 또한 평범한 것이 못 되었다. 주로 연구 관계로 국학 관계의 학자들과 교유가 잦았으며, 여러 면에서 같은 상황에 있었던 최남선과 접촉이 제일 빈번하였다 한다.

"끝내 왜놈은 망할 것이다"라고 입버릇처럼 외던 그가 해방이 되기 직전인 1945년 4월, 77세를 일기로 영면하게 될 때까지 저술한 책자와 연구 논문은 우선 그 양의 방대함에 찬탄을 금할 수 없고, 그 질적·학문적 가치와 깊이에 다시 한 번 놀라게 된다.

그리고 그가 남긴 많은 문헌 속에 담겨져 있는 소박한 민족애는 친근감과 더불어 그의 체온을 더욱 가깝게 느끼게 해주고 있다. 또 그의 저서에서 인용되고 있는 외국의 저서와, 우리 나라 상고사 관계 기록의 색인과 왕조실록 및 풍속·잡기(雜記) 등에서 인용한 해박한 한문학의 경지는 오늘날에도 타의 추종을 불허하고 있다.

우선 그가 남기고 간 저서와 논문 중에서 중요한 것만 들면 다음과 같다.

〈조선무속고朝鮮巫俗考〉·《조선여속고朝鮮女俗考》·《조선불교통사朝鮮佛敎通史》·《조선도교사朝鮮道敎史》·《조선해어화사朝鮮解語花史》·《조선기독교 및 외교사朝鮮基督敎及外交史》·〈조선유교 및 유교사상사朝鮮儒敎及儒敎思想史〉·〈조선신사지朝鮮神事誌〉·《조선질병사朝鮮疾病史》·〈조선십난록朝鮮十難錄〉·《조선잡고합편朝鮮雜考合篇》·〈조선신화고朝鮮神話考〉·〈조선신교원류고朝鮮神敎源流考〉·〈조선신사고朝鮮神史考〉·〈풍수 사상의 연구〉·〈묘지에 관한 풍수 사상〉·〈도성에 관한 풍수 사상〉·〈풍수사

상고風水思想考〉·《춘몽록春夢錄 —— 한시漢詩 춘향가春香歌》·
〈조선상제예속고朝鮮喪祭禮俗考〉·〈조선 부인의 생활 내용〉 등.

이밖에도 많은 연구 논문이 있으며, 아직 미발표의 유고(遺稿)
도 상당한 양에 이른다. 더구나 그가 그토록 애써 연구한 논문들
이 8·15와 6·25의 혼란통에 회진(灰塵) 또는 유실되었음은 실
로 애석한 일이 아닐 수 없다.

앞으로 그의 저서와 논문들을 대상으로 하여 그의 학문에 보다
체계적으로 접근하는 계기가 있어야 할 것은 후학들의 시급하고
도 긴요한 과제인 것이다.

우리 민속학의 효시

1927년의 〈조선무속고〉에 이어서 역시 같은 해 초간된 《조선여
속고》와 그뒤를 이어 《조선해어화사》를 발간하였고, 《조선사회사
朝鮮社會史》라는 거질(巨帙)의 저술을 탈고하였으나 이 원고는 조
선도서출판기념관에 있다가 '조선어학회 사건' 당시 행방 불명이
되었다고 하니 안타까운 일이다.

어떤 의미에서 이능화는 그 학문 연구의 방법이나, 그 양과 깊
이에 있어 심오하고 방대한 양면을 겸하고 있어 근대적 민속학의
시작은 그로부터 비롯된다 해도 과언이 아닐 것이며, 더욱이 그가
민중의 생활, 민중의 역사, 민중의 신앙에 깊은 관심을 가지고 있
었다는 사실은 한국 민속학의 본격적인 시작을 말해 주는 것이기
도 하다.

그의 민중의 생활·습속·신앙에 대한 관심의 표현으로서 연구

발표한 논고로는 〈조선신교원류고〉·〈조선신사지〉·〈풍수 사상의 연구〉·〈조선상제예속고〉 등의 토속 신앙 및 풍속·의례 등에 관한 광범한 연구가 그것이다.

그의 학문적 성격과 내용을 알기 위하여 우리는 당시 학계의 상황을 살펴볼 필요가 있다.

대개의 경우 자료의 소개에 그치거나, 아니면 단편적인 접근만이 성행하였고 현지 답사를 통한 생생한 자료의 수집이나 민중의 생활에 관심이 집중되어 전개된 것이 아니었기 때문에, 다수 민중의 생활사에 초점을 둔 민중 운동사의 연구를 통한 사회 구조의 변천을 본다든가, 생산 수단의 발전을 통한 사회 구조의 변천을 본다든가, 생산 수단의 발전을 통한 산업 발달사의 고구(考究)에 접근함이 없이 비교적 상층 계급의 세시 풍속과, 그와 연관되는 신앙 관계에 치중하고 있을 따름이었다.

또 종교학자와 사학자, 그리고 어문학자가 민속학의 일익을 통일성 없이 담당하는 경향을 보였던 것이다. 이러한 경향은 차츰 학적 분화가 뚜렷해지면서 민속학 본연의 방향으로 심화되고, 따라서 민간 신앙·민요·속담·신화·설화·민담·음악·무용·연극·연회·복식·산업·기술·주택·풍속 등 각 부문에 걸쳐 전문적 연구가 시작되기에 이르는 것이다.

이러한 분야를 연구함에 있어 역시 문헌학적인 고구이기는 하지만 거치지 않으면 안 될 만큼 다방면으로 채집·정리한 사람이 바로 이능화였다. 그후 이들 분야가 분화됨에 따라 이능화의 연구 업적을 소화·발전시키는 데 있어 주도적인 역할을 한 사람이 다음 시기의 손진태(孫晉泰)·송석하(宋錫夏)이다.

이능화가 〈조선무속고〉를 발표한 1927년은 한국 민속학의 시작의 해라 할 만큼 진경(眞境)을 보인 해로서, 앞서 말한 최남선의 〈살만교차기〉가 발표되었으며, 《동아일보》는 〈내 고향의 풍속 습관〉을 모집·연재하였고, 입장은 다르지만 일본인 아키바 다카시〔秋葉隆〕는 《경성일보》(2월 24~26일)에 〈민속의 조사에 대하여〉라는 논문을 발표하여 관심을 끌었던 것이다.

민중 속의 생활·풍속·신앙

우리 나라 민속학의 효시로는 이능화의 〈조선무속고〉를 들지 않을 수 없다. 그는 무속 가운데서 우리의 민중 문화를 찾아볼 수 있다고 확신하고 무속에 관한 사료(史料)를 모아 정리하였을 뿐만 아니라 학적인 연구를 깊이 하였던 것이다. 고대 무속의 유래에서부터 시작하여 고구려·백제·신라의 무속과 고려·조선의 무속에 이르기까지의 무속의 역사·제도·신격(神格)·의식(儀式) 등을 분석했고, 또 민중 사회의 무속과 각 지방의 무속 등을 사적 문헌을 통하여 세밀히 정리하였으며, 나아가 중국과 일본의 '무(巫)'에 대한 연구까지를 곁들여 비교 연구하기에 이르렀다. 따라서 그의 무속에 관한 이와 같은 연구는 우리 나라에서 최초의 토착 신앙에 대한 전적(典籍)의 위치를 차지하게 되었다. 아울러 그의 이러한 연구는 후학들에게 무속의 신앙성과 신화성·문학성·음악성·무용성을 비롯해서 민중의 집단 회의로서의 역할, 맹인무당의 유래와 지방별의 차이, 맹인무당과 광대와의 관계 등 무속이 갖는 사회 기능적 측면에 이르기까지 구체적 항목들을 과제로 남겨 놓은 셈이 된다.

무속과 불교·도교·현대 기독교와의 관계, 중국·일본·만주 및 시베리아 무속과의 비교 연구, 서구의 기독교적 관점에서 본 샤머니즘과 무속과의 차이, 무속이 우리 문화에서 차지하는 성격과 기능에 관한 연구도 우리에게 남겨 준 과제이다. 이러한 점에서 〈조선무속고〉는 원문이 한문이어서 불편한 점은 있으되, 이 방면의 유일한 안내 또는 입문서가 되는 것이다.

다음으로 《조선기독교 및 외교사》를 들지 않을 수 없다. 이 저서는 아마도 그의 아버지의 영향을 받아 정리하게 된 것이 아닌가 여겨진다. 그의 아버지 또한 가톨릭 신자이면서도 한학(漢學)에 정통하여 기독교사의 연구에 상당한 업적을 남겨 놓고 있었다 한다.

이 저술의 서론이 1925년에 집필되었음을 보면 이미 훨씬 이전에 사료를 채집·초출(抄出)·정리하였던 것이다. 반세기가 지난 오늘날에 와서도 한국에 있어서의 기독교사를 사상·문화·사회·정치면에서 다루고자 하면 우선 이 책에서 입문의 길을 찾는 것이 첩경이다.

그는 가톨릭의 전교나 신교의 선교가 서구 문화의 전래, 즉 구미 자본주의의 동점(東漸)과 궤를 같이하고 있음을 밝히고, 이러한 서구 문물의 전래와 이에 대처하는 한국의 외교사를 상고(相考)하여 정확한 증거와 자료로서 이 저술을 남겼던 것이다. 더욱이 불교에 귀의하였던 그가 이와 같은 논저를 저술한 것은, 어떻게 보면 그 입장이 다르므로 해서 더욱 정확성을 기할 수 있었던 것이 아닌가 여겨진다.

1927년에 초간된 《조선여속고》 또한 이능화의 대표적 저술 중의 하나인 바, 여기에서 그는 우리 나라 고래(古來)의 신화적 전설로부터 고조선 및 삼국 시대를 거쳐 고려 및 조선 왕조에 이르기까지, 여속에 관한 혼인·축첩·산육(産育)·복장·신분·권리·노동·교육 등에 걸쳐 모든 자료를 각 장에 따라 간명하게 분류·정리하고 있다.

실상 우리 나라에는 여성 문제를 다룬 문적(文籍)이 거의 없다. 또 간혹 있다 하더라도 그것은 여성을 위한 것이라기보다는 여성을 비인화(非人化)·시녀화하는 데 쓰여진 것들이었다. 그러나 이능화는 이러한 불합리성을 깊이 깨닫고《조선여속고》서문에서 그의 뜻을 다음과 같이 밝히고 있다.

불합리한 점들을 시정하고, 사회 생활에 필요한 여성에 관한 지식을 더 밝히기 위하여 수삼 년에 걸쳐 자료를 수집·정리하여 본 저를 완성시켰다.

다음에 대표적인 저술로 빼놓을 수 없으며, 동시에 특이한 내용으로 된 것이《조선해어화사》이다.

여기서는 기생의 유래를 밝히고 있으며, 우리 나라의 민중 예술에 있어 기생이 차지하는 역할에 상당한 관심을 표명하고 있다. 여기서 그는 사회에서 천시되어 오던 기생의 문제에 관하여 연정·치정·색정·질투·음행·해담(諧談)·가무·기악(妓樂)·정절(貞節)·시화(詩畵) 등 여러 면에 걸쳐 애정을 가지고 다루고 있다.

그가 미처 기녀의 사적(史的) 형성 과정이나 그 변천 과정에 있어 지배 계층의 역할 내지는 순수 일반 민중과의 관계 등에까지는 못 미쳤지만, 이러한 본격적 연구의 토대가 될 문헌적인 측면은 충분히 감당하고 있는 것이다.

이상과 같은 문헌학적 내지는 사실적 자료를 망라한 《조선해어
화사》는, 《조선여속고》와 더불어 우리 나라 여성 문제 연구서로서
귀중한 문헌인 것이다.

그는 '조선사편수회'에서 주로 제4편(광해군~경종)과 제6편(영
조~갑오경장)을 맡았는데, 여기서 그는 실학 사상에 깊이 심취하
였고, 발해사(渤海史)를 조선사에 편입시키는 결정적인 역할을 하
였다. 또 '건국 신화'를 역사 속에 포함시킨 것도 그의 강력한 주
장에서 비롯되었다 한다.

이밖에도 《춘향전》을 한시(漢詩)로 풀이한 《춘몽록春夢錄》을 간
행하기도 하였다. 또 6·25 사변 때 산일(散逸)된 〈조선유교 및 유
교 사상사〉·〈조선신화고〉·〈조선십난록〉·〈조선의약발달사朝鮮
醫藥發達史〉 등을 살펴볼 수 없음은 크게 유감된 일이다.

이제 그가 타계한 지 30년이 가까워 오건만 그간 우리 민속학
계에는 이렇다 할 진전이 없었다고 보여지며, 이 점은 후학의 한
사람으로 부끄러움을 금할 길이 없다.

더욱이 그의 연구 업적을 소화·발전시키지 못하고, 도리어 그
가 남겨 놓은 귀중한 문헌마저 정리하지 못한 채 회진되었거나 행
방 불명된 것이 많고, 간혹 남은 문헌들도 희본(稀本)이 되어 입수
하지 못하고 있는 형편에 있음을 돌이켜볼 때 선학(先學)에 대해
민망스러움을 금할 수 없다.

하루속히 유저(遺著)들이 정리되고, 남겨진 유고들이 출간되어
지기를 바라는 마음 간절하다. (1973)

3

방법론의 개척자 손진태(孫晉泰)

온돌 문화에의 집념

우리 나라가 일본의 식민지로서 그 암흑기를 지나는 동안 비록 제한된 영역에서였지만 우리의 문화, 우리의 역사를 탐구하고자 하는 이른바 '조선학'의 연구는 활발히 진행되었다.

대체로 이러한 작업은 그 시대가 갖는 특수한 조건, 즉 우리 땅이 일제의 식민지였다는 사실과 밀접한 관련을 갖는다.

이러한 노력은 나라를 잃은 민족이 스스로 얼·역사·문화를 탐구하고, 또 이를 민중에게 계몽함으로써 민족적 긍지를 일깨우려 하는 애족적 자각에서 비롯되었던 것이다. 그것은 또 일제의 어용 학자들이 우리 나라의 역사·문화를 왜곡·변질시키는 데 반하여 좌시할 수 없었던 민족 감정의 표현이기도 하였다.

따라서 이 시기에 활동한 사람들의 업적은 그 학문적 성과에서 찾아지기도 하려니와, 그 계몽적·애족적 측면에서도 찾아지는 것이다. 더욱이 신규식·신채호·박은식·안재홍(安在鴻) 등에 있어서는, 그들의 학문적 업적이 오히려 그들의 생생한 독립 투사로서의 후광(後光) 속에 묻혀지고 있음을 보게 되는 것이다.

그러므로 이러한 애국적 충정에 밑받침된 조선학의 탐구는 조선심(朝鮮心)·조선 정신, 즉 '조선의 얼'·'조선의 사상'이라는 신비적인 요소마저 깃들여 있는 것이다. 그들은 신비적이기도 했던 표현을 빌려 민족의 긍지를 일깨우고, 일깨워진 민중의 힘으로 독립을 쟁취하자는 합목적성 위에 그들 학문의 토대를 마련코자 했던 것이다.

손진태(호 南滄, 1900~?)는 엄밀한 의미에서 이러한 사람들과 궤를 달리하지만, 그들의 영향에서 벗어나 있던 것은 아니었다. 그러면서도 그는 이들과는 다소 다른 측면을 보여 주고 있는 것이다. 즉 이들이 일반적으로 그 애국적 동기로부터 출발하여 역사, 특히 상고사를 연구하였음에 반하여, 손진태는 민족의 설화·민담·습속 등 주로 민속 문화의 측면을 연구하였다는 점이 이들과 다른 점의 하나이다.

다른 하나는, 이들은 그 연구가 바로 민족의 독립과 민족의 긍지를 되찾는 직접적·애국적인 동기에서 출발하므로 해서 갖게 되는 학문적인 한계성이 있었음에 반하여, 손진태는 학문 연구의 방법론에 있어 학문의 체계화·과학화를 시도하였던 것이다.

이러한 결과는 아마도 손진태가 일본의 와세다대학 문학부 사학과에서 정규적인 역사학을 전공하였던 데 영향된 바 크다고 하겠다. 그는 사학과에서 역사학을 전공하는 동안 과학적인 학문 연구의 방법론을 체득할 수 있었으리라 본다.

그리고 그의 학문 연구의 진행 과정 또한 그의 학문적 성과에 따라 종합적인 체계화가 이룩되고 있는 것이다.

1927년 28세의 나이로 와세다대학을 졸업하고 귀국한 그는, 바로 그해 8월 잡지 《신민新民》에 〈민족의 설화〉를 발표하여 그의 관심이 민족혼의 탐구에 있음을 보여 주었다. 또 그는 같은 해에

《조선 및 조선 문화》에 〈온돌 문화 전파고〉를 기고하였고, 1930년
에는 일본어로 《조선민담집朝鮮民譚集》·《조선신가유편朝鮮神歌
遺篇》 등을 발표하였다.

　이와 같이 그는 우리 나라의 설화·민담·신화·온돌 문화 등의
연구를 통하여 우리 민족 문화의 우수성을 확인하고, 또 그에 대한
인식을 주지시키는 한편으로 그의 학문적 체계화에 박차를 가하
였다. 민속학에 대한 연구로부터 점차 역사학으로 확대하였고, 이
러한 과정을 통하여 해방 이후인 1948년에는 《조선민족문화의 연
구》·《조선민족설화의 연구》를 펴냄으로써, 이제까지의 학문적 성
과를 총합·체계화하여 그의 사관을 확연히 제시하기에 이르렀다.
　그의 사관은 앞서 지적한 시대적 조건이나, 다소 국수주의적 경
향을 띠고 있는 학자들의 영향으로부터 완전히 벗어나 있는 것은
아니지만 훨씬 과학적이며 논리적인 체계를 지니고 있는 것이다.
이렇게 볼 때 그는 일본 제국주의 치하에서 활동하였던 학자들 가
운데서 가장 학자다운 학자가 아니었던가 여겨진다. 이제 그의 주
요 연구 대상이었던 민족 설화를 중심으로 한 민속학에 있어서의
그의 연구 업적과, 그의 학문적 성과의 귀결인 그의 사관을 살펴
보기로 한다.

세계 속의 민족 문화

　우리의 민족 문화는 우리 문화로서의 특색이 있는 것이지만, 그
러나 그것은 요원한 고석(古昔)으로부터 결코 고립한 문화가 아니
요, 실로 세계 문화의 일환으로서 존재했던 것이다.

위의 인용문은 손진태의 대표적 저서 중의 하나인 《조선민족설화의 연구》의 서설(序說) 가운데 일절이다. 여기서 그는 우리 민족문화가 결코 고립된 것이 아니라 세계 문화와 부단히 교류하면서 성장·발전해 왔다는 것이다. 그의 민족 설화에 대한 연구의 목적과 태도는, 민족 설화를 통하여 우리의 민족 문화가 세계 문화의 일환임을 밝히는 것이었다.

민족 설화를 연구하기로 결심한 이면에는 일제가 그들의 정치 수단으로 삼기 위하여 우리 나라의 민속 설화·민담을 수집하고, 또 정리함으로써 이러한 것들이 왜곡되어 있으므로 이에 대한 그 나름의 저항의 방편이기도 하였다. 그의 손을 거친 무속·민담 및 민간 신앙 일반에 걸친 다양하고도 광범위한 채록은 이 방면의 선구적인 것이다.

그의 또 하나의 중요한 업적은 채록한 자료들을 정리했다는 점이다. 고인돌·장승·솟대·누석단(累石壇)·가옥 구조·혼인 형태 등, 민속학적인 분야에 있어서의 수다한 업적은 말할 것도 없거니와 《조선민족설화의 연구》에 집성된 민담 연구는 특기할 만하다.

민담의 분포·전파·변이·유형 등에 관한 연구를 비교민속학적인 입장에서 체계적으로 진행시켰다.

민담에 관한 서구적 이론이 도입되기 이전에 이미 근대적인 방법론을 밑바탕에 깔고서 연구해 나간 그 공적은 기념비적인 것이었다.

1945년 8·15 해방 이전에 있어 우리 나라의 민속학은, 손진태에 이르러 비로소 이른바 딜레탕티슴이나 아마추어리즘을 탈피했다 해도 과언은 아닐 것이다.

그 이전까지 민속학의 진전이 전혀 없었던 것은 아니지만 그것은 현장 작업이 아닌 탁상의 작업, 즉 문헌에 의한 것들이었다. 예를 들자면 이능화의 〈조선무속고〉·《조선여속고》·《조선해어화사》 등은 근대 초기 민속학의 중요한 문헌들이긴 하지만, 거의 현장 작업의 소산은 아니었던 것이다.

우리 나라에서 최초로 설화를 내용에 따라 분류하여 체계화한 것도 역시 그의 업적임은 앞에서 밝힌 바 있다.

설화를 신화, 전설, 민속 신앙에 관한 설화, 우화(寓話), 돈지설화(頓智說話), 소화(笑話), 기타의 민담으로 분류하였다. 그리고 이것을 비교민속학적인 견지에서 연구하였다는 점은 특히 괄목할 만한 점이다. 그는 설화를 통하여 앞서 말한 바와 같이 민족 문화가 세계 문화의 일환임을 증명하고 있는 것이다. 인용하면 다음과 같다.

옛날 어떤 초부(樵夫)가 있었는데, 그 아내는 절세의 미모를 가지고 있었다. 그런데 동네에 있는 초부의 친구 하나가 이 미모의 초부 아내를 탐내어, 어느 날 둘이 나무하러 산에 간 기회에 초부를 절벽에서 떼밀어 죽이고 말았다. 초부는 입에서 거품을 내며 죽었는데, 그 초부의 친구는 그리고 나서 태연하게 초부의 아내한테 돌아와 실족하여 죽었다고 속이고 그 초부의 아내를 돌보아 주는 일에 헌신적으로 노력하여 마침내 결혼을 하게 되었고, 얼마 안 되어 아들 형제와 딸 형제를 낳았다. 이렇게 사는 가운데 어느 날 마침 비가 와서 지붕에서 낙숫물이 떨어지고 있었는데, 남편이 허허하고 혼자 웃기를 마지아니하매 그 아내가 이유를 물었더니 그 남편의 대답이, 초부는 실족하여 죽은 것이 아니라 자기가 죽였는데 죽을 때 입에 거품을 물고 죽었으며, 낙숫물을 보니 그것이 회상되어 웃었다고 실토하였다. 아내는 몰래 사실을 관가에 고발하게 되었고, 따라서 남편은 사형에 처해졌다. 그 아내 또한 자기의 미모가 두 남편을 죽였으니 어찌 혼자 살 수 있느냐 하고 자결하였다.

이것은 경상남도 창원 지방에 전해 오는 설화로서, 손진태가 직접 채록한 것이다. 이 설화는 전부(前夫)에 대하여는 열(烈)이요, 후부(後夫)에 대하여는 불열(不烈)이기 때문에 '열불열설화(烈不烈說話)'라고 불리는 것으로, 이 전설에서 가장 중요한 문젯거리는 '거품'이다. 이 전설의 일설에는 낙숫물이 물거품이 되었다 꺼졌다 하는 것을 보고, 인생도 저 물거품과 같은 것이라 하고 혼자 웃었다고도 한다.

다음에 손진태는 이 설화가 우리 나라에만 있는 고유한 것이냐 하는 점에 대하여, 중국 설화와 상통하고 있다는 점을 구체적으로 예시하고 있다. 즉 당나라 때 소악(蘇鶚)이 지은 《두양잡편杜陽雜編》에 있는 전설을 들어 이를 입증하고 있는 것이다. 대개 줄거리는 비슷하나 다음과 같이 몇 가지 점이 다르게 나타난다.

동네 장사꾼이 미모의 여인의 남편과 장에 가게 되었는데, 사람이 아무도 없는지라 물에 밀어넣어 버렸다. 그 여인의 남편은 죽으며 물거품을 가리키면서 뒷날 마땅히 네가 나를 죽인 것이 증명되리라고 말하였다……. 그 여인이 그 이유를 물으니, "나는 당신을 사랑하기 때문에 당신의 전남편을 죽였소. 그가 죽으면서 물거품을 가리키며 물거품이 증명이 될 것이라 하였는데, 지금 내가 보건대 어찌 물거품이 내가 그를 죽인 것을 밝혀 줄 수 있으랴. 그래서 내가 웃었소." 이에 여인이 몰래 관가에 고발하여 남편은 사형에 처해졌는데, 여인은 강에 빠져 죽음으로써 첫번째 남편을 따라갔다.

이와 같이 손진태는 설화라고 해서 독립적으로 일정한 지역에만 고립되어 전해지는 것이 아니라, 전세계적으로 그 나라마다 그 나라의 특수성에 맞추어 변질되기는 하지만 공통적인 내용을 가지고 있다는 것을 밝히고 있는 것이다. 그는 이 공통점을 찾기 위하여 러시아·시베리아·중국·일본·유럽·터키 등 여러 나라의 설화나 전설을 구체적으로 들고 있는 것이다.

민속학에 바탕한 신민족주의의 전개

손진태의 민속학 연구의 입장을 보면, 이 시기의 이른바 실증주의 역사학의 인사들과도 긴밀한 관계가 있었지만, 그의 민족주의적인 입장과 그 학문(民俗學)의 성격은 그로 하여금 민족적인 학풍에 젖게 하였고, 또 그 스스로도 그러한 학풍을 조성해 나가는 데 전심하였음을 알게 된다.

그리하여 그가 후일 자신이 몸담아 오던 민속학에서 역사학이란 다른 차원의 영역으로 옮기게 되었을 때 민족사학의 역사 이론, 즉 민족사관에 의거하여 그 민족의 발자취를 새로운 각도에서 종합·정리하여 새로운 체계로서 그 대계(大系)를 세우게 되었음은 오히려 당연한 일이 아닐 수 없다. 그가 이른바 신민족주의 이론에 의하여 우리의 역사를 체계화하려 한 것이 바로 1948년에 간행된 《조선민족사개론朝鮮民族史槪論》이며, 1949년 간행된 《국사대요國史大要》를 꼽을 수 있다.

그의 신민족주의 이론은 이른바 지금도 흔히 볼 수 있고 또 쉽게 말하여지는, 이를테면 종래의 민족주의와는 다른 것이었으니,

굳이 그 맥락을 찾는다면 안재홍의 신민족주의 이론과 대체로 흡사하다 하겠다.

그는 종래의 민족주의는 장차 필연적으로 청산되어져야 한다고 보고 있다. 즉 그는 전통 사회에 있어서의 민족주의의 본질은 민족 내부에 계급적 차별을 내포하고, 자본주의 사회에 있어서의 그것은 자본가의 권익을 옹호하는 것이라 보고 있는 것이다. 따라서 그에 의하면 종래의 민족주의는 쇄국적·배타적·독선적임을 벗어나기가 어려운 것이 된다. 그리하여 그는 오늘날에 있어서의 민족주의는 현대 사회에 적합한 신민족주의가 아니면 안 된다고 하였다.

그의 저서 《조선민족사개론》의 서문을 인용하면 다음과 같다.

왕자(王者) 1인만이 국가의 주권을 전유(專有)하였던 귀족 정치기에 있어서도 민족 사상이 없었던 것은 아니요, 자본주의 사회에서도 또한 민족주의란 것이 있다. 그러한 민족 사상은 모두 진정한 의의(意義)의 민족주의는 아니었다. 그것은 민족의 미명하에 그들 지배 계급만의 권력과 부력을 획득·유지하려는 극히 불순한 가면적이요 무마적인 것이었다. 진정한 민족주의는 민족 전체의 균등한 행복을 위하는 것이 아니면 안 될 것이다.

민족 전체가 정치적으로, 경제적으로, 사회적으로, 문화적으로 균등한 의무와 권리와 지위와 생활의 행복을 가질 수 있을 때에 비로소 완전한 민족 국가의 이상이 실현될 것이요, 민족의 친화와 단결이 완성될 것이다. 가장적(假裝的)인 민족주의하에서 민족의 친화·단결의 현실이 명백하게 이것을 증명하고 있다.

민족의 단합 없이 민족의 완전한 자주 독립은 있을 수 없고, 따라서 민족 문화의 세계적 발전에의 기여도 있을 수 없는 일이다. 그리고 민족의 단합은 오직 진정한 신민족주의에서만 얻을 수 있을 것이다. (중략)

진정한 민족의 번영은 민족 내부의 반목과 투쟁에 있지 않고, 민족의 전체적 단결에 있는 것이다. 이 세계적인 기운과 민족적 요청에서 민족사관은 출발하는 것이며, 민족사는 그 향로(向路)와 방법을 명백하게 과학적으로 지시하여야 할 것이다.

이와 같은 그의 신민족주의는, 말하자면 세계의 제 민족에 대하여는 개방적이요 교호적이며, 국내의 사회 계층에 대하여는 정치·경제·사회·문화에 있어서 평등적이고 친화적일 것을 전제로 하는 것으로서, 그는 이것을 '민주주의적 민족주의, 곧 신민족주의'라는 말로 표현하기도 하였다. 그리하여 그는 현대의 우리나라가 지향해야 할 진로는 곧 신민족주의에 있다고 규정하고, 민족사의 진로와 방법을 과학적으로 지시할 수 있는 그러한 신민족주의적인 입장에서의 역사 서술, 즉 현대적인 의미에 있어서의 민족사관이라고 파악하였다. 여기에서 그 스스로도 민족사의 체계를 구상·실천하였던 것이다. 그의 저서의 첫머리에 "나는 신민족주의의 입지에서 이 민족사를 썼다"고 한 것이라든가, 또 "상술한 민족주의, 곧 신민족주의의 입지로서 나는 이 책에서 우리 민족사의 대강령을 논술한 것이다"라고 한 것은 그러한 그의 역사관을 천명함이었다.

그가 이와 같이 폭넓은 민족주의를 체득·발견할 수 있었던 것은 그의 민속학 연구에서 비롯되었을 것이다. 그는 문화사적인 연구에서 우리 민족사의 주체로 간주되어 오는 지배 귀족층이나, 그

문화 이외에도 피지배층으로서의 민중과 그 문화가 있다는 것과 그 중요성을 인식하였고, 또 우리의 민족 문화는 우리 문화로서의 특색이 있는 것이지만 그러나 그것은 요원한 옛날로부터 결코 고립된 문화가 아니요, 실로 세계 문화의 일환으로서 존재하였다는 것을 인식하였던 것이다. 그러기에 그는 민족사의 체계화나 민족 문화의 발전을 인식함에 있어서는 민족 문화 전체에 관련된 제 문제가 종합적으로, 그리고 과학적으로 이해되어야 한다고 보는 것이다. 즉 어떤 특정한 문제나 그것을 파악하기 위한 특정한 방법론이 우리 역사, 우리 문화의 이해를 위한 전체로서 대치될 수는 없다는 것이다.

한 예로서 계급사관을 들고 있는데, 그는 그러한 사관은 현시점에서는 우리 역사를 인식하기 위한 최선의 방법론이 될 수 없는 것임을 명백히 하였다. 그러기에 그는 "계급의 생명은 짧고, 민족의 생명은 긴 것을 인식할 때 민족사의 나아갈 길이 오직 신민족주의에 있을 것을 스스로 알게 될 것이다"라 하였고, 또 그 당시 계급사관을 지니고 있었던 백남운(白南雲)의 역사 서술 태도에 대하여, "그러나 나의 견지에서 보면 그는 '우리 자신'의 일부만을 발견하였고, 우리 자신의 전체를 발견하지는 못했다. 그는 피지배 계급을 발견하기에 너무나 열중한 나머지 '민족의 발견'에 극히 소홀하였다"라고 통탄하고 있는 것이다.

하나의 사회 계급은 민족이라고 하는 전체 속의 일부에 지나지 않는 것이며, 따라서 그러한 사회 계급간의 대립·알력·항쟁의 문제는 민족사 내부에 있어서의 한 문제에 불과한 것으로 본 것이다. 그리하여 손진태가 도달한 민족사의 이론은, 대내적으로는 민족을 구성하는 전사회 계급의 모순 관계와 의식의 문제를 사회 발전의 체계 속에서 인식하고, 대외적으로는 우리 민족의 타민족에 대한 투쟁과 문화 교류를 통한 민족 문화의 성장을 사회 발전의 논리와 연결시켜, 이를 전민족의 성장과 발전이라는 명제(命題)를 설정하고 그 체계 속에서 전개하려는 것이었다.

다시 말하면, 민족 성장의 논리와 사회 발전의 윤리를 하나의 논리로서 종합함으로써 우리의 역사를 보다 더 폭넓은 민족사로서 파악하려는 것이었다. 그의 주요 저술인 《국사대요》와 《조선민족사개론》에는 역사의 발전을 민족의 성장 과정으로서 시대 구분하고 있으나, 그것이 동시에 사회 구성의 발전 과정을 의미하는 것이었음을 알 수 있는 것이다.

현장학으로서의 민속학에 바탕하여 이루어 낸 그의 학문적 업적은, 한 마디로 민족사의 나아갈 길을 가늠하는 데 큰 본보기가 되어 주었던 것이다.

그러나 1950년 6·25를 당하여 납북된 이래 일체의 음신(音信)을 듣지 못함은 안타깝기 그지없는 일이다. (1974)

4

《조선민속朝鮮民俗》과 송석하(宋錫夏)

민속학의 근대적 출발

우리 나라에 있어 근대적 의미의 민속학이 대두된 때를 1800년 대말에서 1900년대초 사이로 잡는 것은 학자들간에 거의 일치된 견해이다.

물론 그 이전에도 복합적이긴 하지만 다양하고도 귀중한 문헌 자료들이 있어 오늘의 민속학을 형성하여 주는 데 밑받침이 되었음은 말할 나위도 없다.

몇 가지 큰 것만 예로 들어도 삼국 시대의 역사를 기록한 《삼국사기三國史記》·《삼국유사三國遺事》 및 《고려사高麗史》 등은 많은 신화와 전설을 전하고 있으며, 《계림유사鷄林遺事》·《고려도경高麗圖經》·《동국이상국집東國李相國集》 등도 중요한 민속학적 자료집이라 할 수 있겠다.

《조선왕조실록朝鮮王朝實錄》·《문헌비고文獻備考》·《동국세시기東國歲時記》·《열양세시기洌陽歲時記》·《경도잡지京都雜志》·《임원경제지林園經濟志》·《오주연문장전산고五洲衍文長箋散稿》·《어우야담於于野譚》 등이 역시 우리 민속학의 기초가 될 수 있는 지난 시대의 자료를 전해 주는 것이다.

그러나 민속이 학문적 관심에 의해서 다루어지기 시작한 것은 조선 왕조 중엽 이후 실학파의 학자들에게서 발견하게 되며, 그후 체계 있는 학문적 논구(論究)가 시도된 것은 갑오경장(1894년)에서 3·1 운동을 전후한 이른바 신문화 운동의 초창기로 잡는다.

1870년대로부터 서구인의 〈조선기행朝鮮紀行〉·〈조선견문록朝鮮見聞錄〉 등이 간행되어 이 방면에 관심을 일으키게 하였고, 침략자 일제에 의한 것이었지만 1900년에 일본의 《인류학잡지人類學雜誌》에 가와스미 세이사보로오[川住鉦三郎]의 〈조선에 있어서의 토속상의 견문〉의 뒤를 이어서 조선총독부의 사업으로 〈관습조사보고慣習調査報告〉가 연차적으로 간행되기에 이른다. 이것들은 일제의 식민지 통치 수단의 기초 자료로 되어진 것이긴 하지만, 이 방면의 우리 나라 학자들에게 많은 영향을 주게 된다.

우리는 이 시기 학계의 특징을 앞의 다른 글에서 설명하여 중복되는 것이지만 다음과 같이 간추려 볼 수 있겠다.

우리 나라가 일본의 식민지로서 그 암흑기를 지나는 동안 비록 제한된 영역에서였지만 우리의 문화, 우리의 역사를 탐구하고자 하는 이른바 '조선학'의 연구는 활발히 진행되었다. 대체로 이러한 노력은 그 시대가 갖는 특수한 조건, 즉 우리가 일제의 식민지였다는 사실과 밀접한 관련을 갖는 가운데 이루어졌다.

이러한 노력은 나라를 잃은 민족이 스스로의 얼·역사·문화를 탐구하고, 또 이를 민중에게 계몽함으로써 민족적 긍지를 일깨우려 하는 애국적 자각에서 비롯되었던 것이다. 그것은 또 일제의 어용학자들이 한국의 역사, 한국의 문화를 왜곡·변질시키는 데 대하여 좌시할 수 없었던 민족 감정의 표현이기도 하였다.

이러한 상황 아래서 앞서도 지적했지만 1927년 최남선(1890~

1957년)의 〈살만교차기薩滿敎箚記〉와 이능화(1869~1945년)의 〈조선무속고朝鮮巫俗考〉가 《계명啓明》 제19호에 함께 발표되기에 이르러 우리 민속학의 근대적 여명을 보게 된다.

근대 우리 민속학의 개척자인 이능화와 최남선의 뒤를 이어 역시 초창기 민속학의 형성에 기여한 학자를 들면 다음과 같다.

권상로(權相老)·안확(安廓)·이중화(李重華)·차상찬(車相瓚)·문일평(文一平)·함화진(咸和鎭)·정노식(鄭魯湜)·김윤경(金允經)·이은상(李殷相) 등이 신앙·연회·무예·의복·세시 등에 대한 논고와 저서를 발표하였다. 다시 이들의 뒤를 이은 학자로는 이병도(李丙燾: 사학·신앙)·김영수(金映遂: 불교학)·백남운(白南雲: 사회경제사·신화)·김태준(金台俊: 문학·신화)·유홍렬(柳洪烈: 사학·신앙)·유창선(劉昌宣: 사학·속담)·김두헌(金斗憲: 윤리학·가족 제도)·이상백(李相佰: 사회학·가족 제도)·양주동(梁柱東: 문학·지명)·고유섭(高裕燮: 미술학·민예) 등이 있다.

그러나 민속학을 독립적인 학문 분야로 삼고 많은 업적을 남긴 사람은 손진태(1900~?)와 송석하(1904~48년)이다.

이들이 주동이 되어 우리 나라 최초의 민속학회를 만들게 되고, 기관지 《조선민속》을 발간함으로써 명실공히 민속학의 정착·정립을 꾀하게 된다.

이 소고(小考)는 우리 나라 민속학의 출발이기도 했던 조선민속학회의 형성·배경과 기관지 《조선민속》의 내용 분석을 통하여 그 서지적(書誌的) 고찰을 겸하여, 앞으로 엮어질 한국민속학사에 보탬이 되고자 하는 것이다.

조선민속학회의 배경

1932년 4월, 우리 나라 최초의 민속학회인 '조선민속학회'의 발족을 보게 된다. 그동안 필자는 창립 당시의 발기인과 그밖에 관계했던 분들을 찾아보았으나 아직 정확한 창립 일자는 제보받지 못하고 있다.

조선민속학회를 처음 발의한 이는 송석하이며, 여기에 뜻을 같이한 손진태·정인섭(鄭寅燮)과 일본인 아키바 다카시〔秋葉隆: 당시 경성제대 교수〕·이마무라 도모에〔今村鞆: 당시 조선총독부 囑託〕로 알려져 있다.

조선민속학회의 구성 및 사업 내용을 보기 위하여 그 '회칙'을 다음에 원문 그대로 소개한다.

〈朝鮮民俗學會 會則〉

第一條 本會는 朝鮮民俗學會라 稱함.

第二條 本會는 民俗學에 關한 資料의 探探 及 蒐集을 하며 民俗學 知識의 普及 及 研究者의 親睦交詢을 主로 하고 並하야 外國學會와의 聯絡 及 紹介를 함.

第三條 本會의 目的을 達成함에 左記事業을 行함.

　一. 機關紙《朝鮮民俗》을 발행함.

　二. 時時 例會 及 講演會를 開催함.

第四條 本會 會員은 本會 趣旨目的을 贊同하고 會費 全納한 者에 限함.

第五條 本會 會員은 本會 及 講演會에 參席함을 得하고 雜誌 無

料受覽의 權利가 有함.

第六條 本會 事業을 遂行키 爲하야 會員中 若干名의 委員을 置하고 委員은 會員中 互選에 依함.

第七條 倭員中 幹事를 選하야 編輯會計庶務를 執擔함. 幹事 及 其數는 倭員이 決定함.

附 則

本會의 決議에 依하야 本會則을 變更할 수가 有함.

(《朝鮮民俗》제1호, 1933년 1월 18일 발행 所載.)

위의 회칙 내용으로 볼 때, 다분히 초창기 학회의 성격을 대변하는 듯 '민속 지식의 보급과 연구자의 친목 교환'을 앞세우고 있음을 알 수 있다. 창립 발기인 중 현존한 유일한 증인인 정인섭은 다음과 같은 회고 기록을 전하고 있다. (《民族文化》제2호, 고려대학교 민족문화연구소, 1966.)

나는 언양면(彦陽面: 경남)에 살고 있었고, 그(宋錫夏)는 그와 접경한 상남면(上南面)에 살고 있었으니 거리를 따지면 옛날에는 10리라고 하나, 오늘은 1리에 불과하다. 그러니 보통학교도 같은 데서 공부했다. 나이는 나보다 두어 살 위였으니 학년은 좀 달랐다. 이때는 그다지 친근하게 지낸 것이 아니었지마는, 그의 부친이 울산 읍내로 가서 살게 된 후로는 몇 해 동안 서로 상종하지 못했다. (중략) 이렇게 해서 내가 대구고등보통학교를 졸업하고 일본 동경에 유학을 하게 되었는데, 그때 송석하는 부산상업학교를 졸업한 후 일본에 가서 동경제국대학의 하나인 상과대학 예과에 입학해서 공부를 하고 있었다. 나의 형님 정인목(鄭寅穆)과 가까웠던 이유는,

나의 형님도 부산상업학교를 졸업한 동기동창이었기 때문이다. 송석하는 처음에는 가정이 넉넉해서 학비에 아무 지장이 없었으나 중간에 복잡한 가정 문제로 그의 부친의 후원을 받지 못하게 되었다. 그때부터 송석하는 고학의 길도 밟았고, 그러다가 학업을 이어 가지 못하고 겨우 1년밖에 못 다닌 채 중도 퇴학을 하고 말았다. 그후로 그는 여기저기 유랑한다는 소문만 간접으로 들었고, 자세한 소식은 끊어졌다. 모두들 애석하게 생각하고 있었고, 아마 이것이 그로 하여금 유랑의 나그네가 되어 이곳저곳 민속의 수집으로 이끌어 간 것이 아닌가 생각된다. 나중에 내가 대학을 마치고 귀국해서 조선민속학회를 만들 때까지 서로의 교섭은 중단된 셈이다.

그런데 이야기는 다시 되돌아가서, 내가 일본 도쿄에서 1년 동안 욱문관(郁文館) 중학을 다닌 후 와세다대학 제1고등학원에 입학한 때부터 한국 학생들끼리 동창회를 만들게 됐다. 양주동(梁柱東)·한림(韓林)·조헌영(趙憲泳)·김윤기(金允基)·전진한(錢鎭漢)·이선근(李瑄根)·김한용(金翰容) 등이 있었다.

그런데 기관지 《알》이란 것을 발행하는데, 첫해는 양주동이 그 편집을 맡았고, 다음해는 내가 그 편집을 맡았다. 양주동·손진태는 같이 중동학교(中東學校) 출신으로서 서로 잘 알고 있었기 때문에 나는 자연 손진태를 가깝게 알게 되었고, 또 손진태는 나와 같은 경상도 출생으로 그가 부산에 인접한 구포(龜浦)에서 태어난 것도 잘 알고 있었다. 또 내가 학교 안에서 영어를 잘 한다고 소문이 나서 손진태는 내게도 접근하였다. 그는 사학과에 진학했는데, 특히 한국의 신화·전설에 취미가 있어서 그 방면을 연구한다고 했다. 그는 과거의 한국 역사에서보다도 새로운 방향으로 한국의 역사를 다루어 보고자 와세다대학의 니시무라(西村)라는 동양역사

교수 밑에서 정진하고 있었다. 그래서 가끔 우리 전설과 동화 같은 것을 가지고 나하고 이야기가 잦았다.

　그런데 나는 처음에는 정경과(政經科)에 적을 두었었는데, 나의 소질이 어문학(語文學)에 더 있다는 것을 내 스스로 발견한 후부터는 영문학에 기울어졌고, 영문학 책을 읽다가 애란(愛蘭) 민족의 비애가 영국의 속국인 데 있는 것을 알고, 일본의 지배하에 있던 우리 나라의 운명과 동일하다는 점을 깨닫자, 나는 애란 문예부흥 운동을 연구하게 되고, 그 근원이 윌리엄 예이츠가 시작한 애란의 민간 전설의 발굴에 동감하여 영어로 된 그의 저서 《애란고담집愛蘭古談集》을 읽었다. 그후부터 나는 한국의 이야기를 일본말로 쓰기 시작했고, 어릴 때 누님에게서 들은 이야기, 또 책에서 읽은 것 등을 모두 원고로 옮겼더니 그것이 재미있다고 해서 그때 영어 교수 이이다 토시오[飯田敏雄]가 추천해서 일본에서 《온돌야화溫突夜話》라는 이름으로 출판되었다. (중략) 손진태, 그는 역사학도요, 나는 문학도이지만, 방향이 비슷한 것을 알고 서로 협력해서 우리 민속의 계몽에 노력하자고 약속했다. 나는 그의 의견을 참작해서 〈조선의 향토 예술朝鮮の鄕土藝術〉에 대한 논문을 1928년 일본민속학회 잡지 《민족예술民族藝術》에 발표하였다. (중략) 나는 손진태와 민속에 대한 공감이 짙어 갔다. 그는 곧 《조선민담집朝鮮民譚集》이란 책을 일본말로 써서 1930년에 향토연구사(鄕土研究社)에서 출판했다. 그의 책에는 비교민속학의 견지에서 우리 설화의 출처와의 대비를 위해서 중국의 문헌 부록에 다수 기록해서 연구에 편의를 도왔다. (중략) 손진태의 저서는 좀더 사학 연구의 재료로서 이것이 토대가 되어 그후 그의 저서 《조선민족설화의 연구》가 나왔고, 이것이 그의 졸업 논문의 테두리라고 기억하고 있다. (중략) 한

동안 소식이 없던 송석하가 그동안 가끔 발표한 가면극에 대한 논문이 주목을 끌었고, 그가 각지를 돌아다니면서 민속에 대한 많은 재료를 구했다는 풍문이 자자했다. 또 손진태는 보성전문학교(普成專門學校)에 재직하면서 그의 민속 연구가 깊어 갔다. 그런데 하루는 송석하가 내가 봉직하고 있는 연희전문학교에 찾아와서 민속학회를 발기하자고 했고, 손진태와 3자가 합석하기도 하여 어느 식당인가 지금은 기억이 나지 않으나 우리 셋이 모여서 대략 발기회를 꾸몄다. 그리고 사람으로는 그 당시 경성제대(지금 서울대학교의 전신)의 아키바(秋葉隆) 교수와, 한때 경기도 경찰부장을 지낸 이마무라(今村鞆)를 가입시키기로 했다. 그 이유는 전자 아키바는 우리 무당 연구에 특히 취미를 갖고 상당한 연구를 거듭하고 있어, 학자로는 그가 우리 민속 연구에는 제1인자라고 할 수 있었고, 후자 이마무라는 우리의 바가지·부채 등등 기타 민속에 대한 연구가 상당하였다. 그리하여 《조선민속朝鮮民俗》이란 잡지를 3호까지 내었다.

그러니 처음 조선민속학회의 발기는 송석하·손진태·나 그렇게 3인으로 시작되어, 여기에 아키바·이마무라를 합해서 5인이 그 핵심이었다. 그래서 이상 5인이 가끔 만나서 저녁 식사를 같이하면서, 우리 민속 연구에 대한 한담도 하고 의견 교환도 했다. 한때는 세검정으로 넘어가는 길 바른편에 있는 무당집을 찾아 그 집에 있는 무당 방을 같이 참관한 일도 있었다. 지금의 효자동 종점에서 궁정동으로 들어가는 바로 입구에 두서너 채 가서 바른쪽에 이층집으로 된 이 주택에 이마무라가 살고 있었는데, 거기는 그들 부부 단둘이 살고 있었다. 1936년인가, 내가 아직도 31세쯤의 젊은 나이였을 때인데, 그는 그때 벌써 50세 가까이 보였다. 그는 아들 둘이 있었는데 다 커서 병으로 죽었다면서 쓸쓸히 살고 있어, 오직 한국의 민속에 취미를 갖고 세월을 보낸다고 했다. 그가 《조선만담朝鮮漫談》이란 책을 냈는데, 단편적으로 설화와 풍속에 대한 재료를 수집하기도 하고, 그 당시 총독부의 연구 보조금을 받아 가면서 특수한 풍속 연구를 하고 있는 사람이었다. 경찰관을 지냈다고 하지마는 성격은 참으로 활달하고 호인으로 생겼었다. 아키바도 특별 연구비를 타서 무속 연구를 거듭하고 있었지만, 송석하나 손진태나 나는 그들과 같이 관청에서 돈 한푼 보조받은 일도 없이 오직 자기들의 어려운 살림살이에서 애쓸 따름이었다. 그 중에서 이 두 일본학자와 자주 만난 것은 송석하인데, 이 두 사람을 이용해서 자기의 여행이나 재료 참관에 편의를 본 것만은 사실이다.

그런데 송석하는 집안 문제가 일단락되고 해서 그때 재동에 있는 경기고등여학교(京畿高等女學校), 지금은 창덕여고(昌德女高)로 되어 있는 바로 뒷담 앞으로 커다란 여관을 경영하고 있었다. 이 집은 상당히 큰 옛날 집으로 무슨 벼슬아치가 살았던 모양이다. 안국동 예배당 바로 건넛집이다. 송석하는 여기서 생활의 여유도 있고 해서, 그가 좋아하는 민속 재료 수집에 열중하였고, 진본(珍本)과 고서(古書) 등도 모으고 있었으며, 그가 각지로 돌아다니면서 모은 가면과 기타의 재료를 모아서 장차는 민속박물관을 세우겠다고 생각하고 있었다. (후략)

(朝鮮民俗學會, 記憶나는 대로)

이상과 같이 조선민속학회 발기인 중의 한 사람인 정인섭은 발족 당시의 상황을 소상히 전하고 있다.

오늘날 송석하에 대하여 한편에서는 '민속학자이기보다도 딜레

탕트(dilettante)로서 아취(雅趣)를 추구하며 살았던 사람'이라는 평가를 내리고도 있으나, 그의 희생적인 선각자적 공헌이 없었던들 민속학이란 분야가 오늘의 위치를 유지할 수 있었을까 의심스러운 바이다. 오히려 그가 일으켜 올린 성과의 배경에는 이미 조선민속학회의 발기인 중에서도 일제 고등경찰 출신 등 달갑지 않은 인물이 끼어들고 있으며, 은연중 음흉한 식민지 사관에 영향받고 있음이 문제가 되는 것이긴 하다. 그러나 비단 민속학 분야뿐만 아니라 각계 각층에서 겪어야만 했던 이 불합리한 여건을 극복하기 위하여 어떻게 대처했느냐 하는 것이 당시의 상황을 판단하는 데 중요한 뜻을 갖는 것이기도 하다. 당시 조선총독부에 의해서 채록·정리되고 있던 왜곡된 자료들과 맞서서 우리 나라 사람들의 노력에 의해서 독자적 진로를 개척코자 했다는 데 일단 찬사를 보내야 할 것이다.

앞서 정인섭의 자상한 회고적 기록에 의해서 조선민속학회의 성립 배경에 대하여는 충분히 설명이 되었다고 본다.

1932년 4월 창립 이후 가장 큰 사업으로 벌였던 《조선민속》의 발간이 마지막 호를 낸 1940년 사이에 불과 3권밖에 내놓지 못하고 있다. 당초에는 계간 정도를 계획한 듯하나 제1호를 1933년에, 제2호를 1934년에 내고는, 무려 6년 후인 1940년에 제3호를 내고 끝나고 만다.

당시의 '조선학'의 탐구를 통한 민족의 얼을 되찾자는 지식인층의 일반적인 추세에 힘입어 발기되었던 것으로 믿어지는 조선민속학회는 창립 초기부터 불투명한 일인(日人) 학자들과 영합하지 않을 수 없었으며, 끝내 폐간호가 되고 만 《조선민속》제3호에 이르러 발행인이 일본인 아키바로 둔갑하고 만다. 제3호가 '이마무라 옹〔今村 翁〕 고희기념호(古稀記念號)'로 되었다는 데도 씁쓸한 마음 금할 수 없다. 이마무라의 저서 중에 언뜻 눈에 거슬리는 것만 적어도,《충청북도 조사》(융회 3년 간행)·《이마무라 경찰부장 훈시록》(융회 3년 간행)·《조선경찰 일반》(융회 4년 간행) 등이 말하듯이 이미 일제 침략 초기로부터 이 땅에 깊숙이 파고들었던 자임을 알게 된다.

소박한 민족애로 시작하여 지능적 일제의 식민지 어용세를 극복하지 못한 채 복고 취향에 떨어졌다가, 결국은 일제의 손에 먹히고 만 것이 조선민속학회의 발자취라 하겠다.

그러면서도 송석하·손진태·정인섭 등의 정력적이며 선각자적인 노고는 아낌없이 기록되어야 할 것이다.

《조선민속朝鮮民俗》의 내용

《조선민속》의 부피나 조선민속학회의 구성에 비하여 《조선민속》의 내용이 눈에 띌 만큼 다양하고 충실함은 당시의 집필자들이 얼마만큼 철저한 연구에 임했는가를 말해 주는 것이다. 서구 민속학의 수입 경로가 일본을 거쳤다는 점과, 또한 발기 편집자들이 일본 유학을 갔다 온 사람들이었다는 데서 비롯되었을 것이지만, 일본 민속학계의 영향이 컸음을 알 수 있다. 그런 가운데도 독자적 영역을 개척하려 했던 안간힘이 또한 곳곳에서 보이고 있다.

송석하가 쓴 《조선민속》 제1호에 있는 창간사가 당시 조선민속학회원 및 집필자들의 심중을 잘 대변(그의 매부 梁在淵 교수의 증언)하고 있는 것으로, 다음에 소개한다.

創刊辭

朝鮮에도 民俗學의 發達이 顯著하게 된 지도 벌써 몇 해가 되는데, 同攷者의 聯絡·交詢·資料 蒐集·發表를 統一할 만한 機關이 없어 恒常 섭섭한 뜻을 느껴 오던 터이다.

統一할 만한 學會가 設立하여야 할 時期는, 익었다기보다도 차라리 晚時의 嘆이 있다. 英國 같은 나라에는 十九世紀 中葉에는 벌써 民俗學이 學問으로서의 獨自의 씩씩한 걸음을 걷기 시작하여, 四分之一世紀 지난 後에는 英國民俗學協會가 設立되어서, 많은 貢獻을 至于今껏 하고 있다.

固有 民俗資料는 하나둘씩 湮滅하여 간다. 시냇물 소리와 낮닭의 소리를 伴奏로 부르든 純樸한 民謠는 自動車 바람에 사라지고 말았고, 草童의 〈산영화〉는 治道 다이너마이트 소리와 함께 俗謠 〈아리랑〉으로 變하였다. 이는 차라리 다시 探探할 方法이나 있겠지마는 承繼者의 生命에는 限이 있어 한번 他界로 가면 貴重한 資料는 永劫히 찾아볼 꾀가 없는 것이다. 處容舞를 傳하던 唯一의 老妓 죽은 지 오래고, 阿峴의 山臺 없어진 지가 또한 몇 十年이다.

楊州別山臺와 栗旨대광대도 이 길을 밟았으며, 安城女社堂이 分散한 것이 그 例요, 果川 '육홀넝이'도 史的 人物로 돌아갔다. 이와 같이 늦었다 할지라도, 이제부터는 꼭 資料 採集은 해둘 생각이다.

雜誌라고 만들어 놓고 보니, 恰似히 노고지리 새끼 같아 보기 흉하고 未成한 곳이 많으나, 將來에 쉰 깃 떨 때가 있으리라고 여러 會員들과 같이 期待한다.

먼저 우리 나름의 독자적 학회와 발표 기관의 필요성을 역설하고, 외국의 민속학계로 눈길을 넓히고 있다. 고유 민속 자료가 급

속도로 인멸되어 감을 지적하여 자료 채집의 시급함과, 늦었으나
마 오늘(당시)의 자료가 앞으로 이 방향 연구에 힘을 덜어 주게 될
것을 예언하고 있다.

다음에 출간된 《조선민속》 총3권의 간행에 대한 변천을 보면 다
음과 같다.

◇ 第一號(創刊號) 菊版 46面

　　著作兼 發行者 宋錫夏

　　發行所 朝鮮民俗學會

　　　　　京城府 安國洞 52番地

　　印刷者 江口寬治

　　　　　京城府 觀水洞 1354番地

　　印刷所 合資會社 大和商會印刷所

　　　　　京城府 觀水洞 1354番地

　　　　　昭和 8年 1月 15日 印刷

　　　　　昭和 8年 1月 18日 發行

　　　　　册價〔定價 35錢〕

◇ 第二號 菊版 82面

　　著作兼 發行者　宋錫夏

　　發行所 朝鮮民俗學會

　　　　　京城府 桂洞 133番地

　　　　　振替 京城 20773番

　　印刷者 金琪午

　　　　　京城府 鍾路 4丁目

印刷所 金光堂印刷所

　　　京城府 鍾路 4丁目

總販賣所　漢城圖書株式會社

　　　京城府 堅志洞 32番地

　　　電話 1479番

　　　振替 京城 7660番

　　　昭和 9年 5月 21日 印刷

　　　昭和 9年 5月 25日 發行

　　　冊價 〔定價 25錢〕(送料 4錢)

◇ 第三號 菊版 96面

　　著作兼 發行者　秋葉隆

　　　京城府 竹添 3, の13

　　發行所 朝鮮民俗學會

　　　京城府 桂洞町 72番地

　　　振替口座 京城 20773番

　　印刷者 金容圭

　　　京城府 堅志町 111

　　印刷所 株式會社 大向出版社

　　　京城府 堅志町 111

　　　昭和 15年 10月 3日 印刷

　　　昭和 15年 10月 5日 發行

　　　冊價 〔定價 1部 80錢〕(送料 6錢)

위의 간기(刊記)에서 보이듯이 그 출판·제작 과정이 지극히 어려웠음을 알 수 있다. 제1호의 편집 후기에서 "昨年 4月에 學會 設立한 後 곧 發刊한다는 것이, 陳奪好事多魔를 再用하게 된 것이 遺憾이외다. 첫째 原稿 없고 餘裕 없어 雜誌가 되지 못하였습니다. (中略) 初號인 만큼 資料欄이 貧弱하오니, 日後로는 계속 資料를 보내 주시기 바랍니다. 雜誌는 當分間 年 4刊으로 하겠습니다. 會員 2백 名만 있으면 大端經費에 힘이 들리겠습니다. 此彼勸誘 加入토록 하여 주소서"하여, 원고의 수집과 제작비의 마련이 다같이 어려움을 시사하고 있다. 연 4회, 즉 계간을 낼 것을 공약했으나 제2호를 1년 후에 발행하며 편집 후기에 다음과 같이 적고 있다. "創刊號 豫告와 같이 上梓케 되고 보니 무엇이라고 사죄할 말이 없습니다. (중략) 資料欄이 貧弱하니 讀者諸氏의 寄稿를 期待합니다. (후략)" 그로부터 6년 후의 제3호는 앞서 말한 '이마무라 옹 고희 기념'으로서 제1·2호에서의 저작자 및 발행자였던 송석하가 일인 아키바로 바뀌었고, 제1·2호에서는 그나마 우리말과 일어의 논문이 섞여 실렸던 것이 완전히 일어 논문으로 되고 말았다.

다음에 《조선민속》의 총목차를 보면 다음과 같다.

◇ 第一號 目次

會告

朝鮮民俗學會 會則

創刊辭

柱考……孫晉泰

五廣大小考……宋錫夏

資料

晉州五廣大탈놀음……鄭寅燮

山, 城隍堂, 長柱と수살

英國民俗學會의 請囑

受贈誌

編輯後記

宅〉……宋錫夏

　　村英晚 著〈朝鮮傳來童話集〉……宋錫夏

　이상에서 볼 때, 매호 매편의 논고가 귀중한 것이나, 특히 손진태와 송석하의 논문에 주목하게 되는 것이다. 일인 학자 이마무라·아키바·아카마쓰〔赤松智城〕·무라야마〔村山智順〕 등은, 한편에서 조선총독부의 '관습조사보고'를 비롯한 식민지 정책 사업으로서의 '조선학'의 조사·정리를 본업으로 하면서 이미 조사·발간된 것을 부분적으로 《조선민속》에 재발표하는 경향이 짙었고, 그 내용에 있어서도 의도적으로 왜곡하고 있음이 눈에 띄는 것이다. 그밖의 우리 나라 집필자에게도 이상 골동 취미에 빠져 지난 시대의 잔존 문화를 대상으로 함이 민속학인 양 잘못 인식하고 있음을 발견하게 된다.

　특기할 것은 백낙준·송석하 두 사람에 의해서 우리 나라의 민속학 관계 논저가 외국에 소개되고, 또 구미의 조선 민속학 관계 논저가 우리 나라에 소개되었다는 사실이다. 조선 민족학계의 기관지를 자처하며 연 4회의 발간을 약속하고 시작되었던 《조선민속》은, 근 8년 동안에 얄팍하지만 귀중한 3권의 작은 책자를 남기고 영 사라지고 말았다. (1973)

5

민속 문화와 민중 의식

민속은 민중 의식의 현장

'민속 문화'에 대한 관심이 커지고 있음은 민속이 과거에 속하는 유물이기 때문이 아니다.

민중이 있는 한 민속은 옛부터 있어 왔고, 역사의 외피(外皮)가 어떻게 변하든 민속은 역사의 내온(內溫) 속에서 끊임없이 흘러가는 것이다.

오늘날 민속에 관한 관심이 다분히 역설적임을 발견하게 된다. 즉 민속이란 곧 미신적·무교적(巫敎的), 샤머니즘인 어떤 것, 혹 세무민(惑世誣民)하는 것, 상놈의 옛스러운 짓 등으로 오해하는 입장이 보다 보편적으로 저질러지고 있는 형편이다.

이러한 견해가 마치 정당한 것처럼 인식되고 있는 것은 대체로 보아 두 가지 입장에서 연유되고 있다.

조선 왕조 기층 질서 속에서 사대부 계급들이 내세운 실천 강령, 즉 예법(禮法)이나 향약(鄕約)을 강제하기 위해서 민중의 것, 민중의 정신적 지주이며 민중 자신이 창조하고 즐기는 그들의 의식을 분열 내지 파괴시키고자 하는 의도가 영향을 준 것이 그 하나이며, 또한 일제하에 일본 총독 정치가 민족 문화 말살 정책에 따른 민족의 투쟁적·저항적 정신과 통일된 의식을 파괴·분열시키려는 고의적인 의도가 36년간이나 계속되어 왔다는 것이 그 둘째이다.

따라서 역사의 발전과 더불어 민족적 전통의 이어짐이 민중 스스로가 아닌 타율적인 힘, 외세나 양반 세력·지배층 등에 의해서 차단당했고 왜곡되어 왔다는 역사적 사실이 이 문제를 제기시키고 있는 것이다.

그러나 때로는 문제의 제기가 전혀 엉뚱하게 나타남을 볼 수도 있다. 즉 "민속 문화가 소멸되어 가니 안타깝다"라든가, 민속을 골동시하거나 박제시해서 이른바 '고유적'이라 하여, 문화 매매(賣買)의 제재로서 가치가 있다는 식의 문제 제기가 그것이다. 이러한 경향은 노동의 신성함과 그 역동성, 그에 따른 기쁨을 농사의 현장에서 구가하는 대신에 예쁜 여자로 구성한 '농악대'로 하여금 무대에서 춤추게 해서, 그 근로악적 전통을 계승한다고 떠드는 경우와 같은 것이다.

이러한 문제 제기 방식은 어떤 의미로 민속 자체의 파괴를 꾀할 뿐만 아니라, 실제 민중과는 아무런 관계도 없는 상업주의의 외적 표현의 하나로 간주될 수밖에 없다. 이러한 의식은 항상 "민속 문화가 단절되게 되었다"는 묘한 견해를 애써 내세우고 있다.

그러나 민속이란, 그것이 비록 찢기거나 변화를 강요당하거나 변질되거나간에 어디까지나 민속일 수밖에 없다. 민속의 주체는 민중이며, 민중이 생활하고 생존하는 한 민중의 의식은 부단히 발전하는 것이다.

다시 말해서, 민속은 역사 발전 과정에 나타나는 다른 모든 부문과 마찬가지로 객관적 상황과 주관적 의지의 접합점에서 자기 발전을 거듭하는 것이다. 그것은 단번에 끊어지거나 엉뚱한 변괴를 가져오는 것이 아니라, 시대를 반영하는 끈질긴 전승의 과정인 것이다.

민속은 시대에 조응하는 민중 의식의 현장이며, 질적 변화를 동반하는 까닭에 멈춰질 수 없는 것이다. 그 변화 과정은 그대로 민중 의식의 변화 과정으로서, 민중이 있고 그에 대응하는 불합리한 지배 질서가 있는 한 민속은 민중의 것으로 존재하게 된다.

민속이란 과거에 속하는 유물이 아니라 항상 현재를 포괄하는 민중 의식의 현장이다.

민간 신앙의 바탕

근래에 활발히 논의되고 있듯이 '당굿'은 결코 미신과는 구별되어야 한다.

그것은 토착적 민간 의식이다. 마을을 굽어보는 고갯마루 서낭당에 동네 사람들이 모여든 가운데 무당의 한 차례 사설이 시작된다.

제석삼불(帝釋三佛) 여시는 길에 은하수로 다리 놓소 바람과 구름 간데 안개 순풍에 나리시오······. (〈제석〉 노랫가락 중에서)

이와 같이 '당굿'의 서두인 '신(神)맞이굿'을 벌이는 것이다. 이것은 부군당이면 부군님을, 산신당이면 산신님을 모셔 드리는 단계에 해당된다. 그리고 다시 이렇게 계속된다.

구능아방 왕장군이 홀아비 나무꾼으로 지내고 있는데, 하루는 동해 용왕의 아들이 서해 용왕과의 싸움에서 불리하다고 구원을 청해 왔다. 왕장군은 응낙하고 가서 서해 용왕을 사살하고 사례로 벼루 상자를 받아왔는데, 그 속에서 나타난 미인과 같이 살면서 세 아들을 낳고……. (〈군웅본푸리〉 중에서)

위와 같은 '본풀이'가 시작된다. 제주도 속담에 "귀신은 본(本)을 풀면 신나락만 나락하고, 생인(生人)은 본을 풀면 칼선 다리가 된다"라고 하였듯이, 신은 그 내력을 밝혀 주면 더욱 좋아해서 서낭당이나 산신당에 '고부레가는'(스며 들어가는) 것이다.

부군님과 산신님은 마을 사람들과 똑같은 평범한 인간이었는데, 민중의 적과 결투하면서 온갖 고생을 겪고 드디어는 초인간적인 힘을 갖게 되는 것이 '본풀이'의 공통된 내용이다.

평범한 인간이 신통한 힘을 발휘하게 되는 과정을 일일이 밝혀 내는 것은 마을 사람들로 하여금 신나게 하는 대목이 아닐 수 없다.

마을 사람들은 그들의 적과 싸우는 부군님·산신님의 내력을 들으면서 하나의 공동체 의식을 갖게 된다. 그들의 희원(希願)을 일체화시키고 있을 때, 자신들의 안전과 행복을 지키는 부군님·산신님의 신통력과 자신을 합치시키고 있을 때 '당굿'은 '하정굿'의 단계로 넘어간다.

제물(祭物)과 공대(供待)를 바치는 이들의 마음속을 관류하는 의식은 자기 인식과 결심의 계기로 변하고, 자신들의 미래에 대한 뿌듯한 자부심을 갖게 되는 것이다.

'당굿'의 마지막 단계에 속하는 '매듬굿'은 이 모든 과정을 통틀어 절정에 오르는 여흥 부분을 같이하고 있다. 춤과 노래를 드높이고, 마련한 음식을 먹으며 기세를 올린다. 이 여흥은 단순한 즐김이 아니라 내일을 위한 재창조이며, 어제의 질곡을 파괴하는 무한한 가능성의 몸부림인 것이다.

우리 나라의 민간 신앙은 크게 두 가지로 분류되고 있다. 지금도 그 편린을 찾을 수 있는 것으로, 방금 살펴본 '당굿' 및 '장승굿'(장승을 세워 마을의 수호신으로 삼는 것)·'수구막이'(마을의 凶事가 흘러나가지 못하게 길목에 큰돌을 세우고 굿을 하는 것)·'솟대굿'(솟대를 세우고 마을의 수호나 풍요, 질병의 퇴치 등을 기원하는 것) 등의 마을 공동 신앙이 그 하나이고, '제수굿'·'성주굿'·'병굿'·'진오기'·'오구굿'·'시왕굿'·'사자굿'·'망자굿' 등으로 나타내는 개인 또는 가족의 문제와 연결되는 사적 개인 신앙이 또 하나이다.

이러한 민간 신앙의 기원을 말할 때, 그것은 먼저 정령(精靈)이나 영혼을 인정하고 인간과 그들의 관계를 주술로써 연결시키며, 인간의 입장에서 이들과 일치하기 위해 여러 가지의 금기를 갖는 원시 신앙에서 출발하고 있다고 풀이되고 있는 것이다. 여기에서 생활과 밀접한 관계를 맺고 있는 각종 질병 및 농경 사회의 기본인 토지(社神)·곡식(稷神)·하늘·바람·산천·별과 각종 영험한 동물의 신격화 과정이 어우러져 발전하게 된다.

이러한 토착 신앙이 시대적·역사적 제 조건 속에서 발전해 온 과정은 민중 의식의 발전 형태를 보여 주고 있는 것이기도 하다.

이들 민간 신앙의 형태가 발전한 과정은 대체로 공동 의식이 개인 의식화하는 경향을 띠고 있음을 발견하게 된다.

원시 사회에서는 제의(祭儀)가 개인적으로 진행된 것이 아니라, 거대한 집단의 행사로 실시되었던 것이 점차로 왕권의 강화와 함께 국가적 행사로 발전함으로써 정례화되어, 이에 따라서 민중들의 신앙 형태와는 개별화되도록 되었던 것이다. 도우(禱雨)·기우(祈雨)는 이미 삼국 시대부터 왕실의 행사로 되어 민간에게는 금지되기까지 했었다. 추측건대 '당굿'이나 '장승굿' 등 마을 공동 신앙은 이러한 경향에 대한 반동으로 성행한 것으로 이해되어지며, 서낭당·산신당에 관련된 기록이 고려 중기부터 많이 눈에 띄는 것도 이것을 뒷받침하는 것으로 보인다.

민간 신앙과 외래 종교(불교·도교·유교)의 관계가 항상 병존(並存)의 관계로 나타나는 것을 볼 수 있다. 외래 종교가 왕권이나 귀족의 이해와 밀접한 관련을 갖고 수입되었고, 따라서 민중적 이해와 일치하는 바가 적었으므로 왕권·귀족의 강화와 함께 민간에게 그 영향을 끼칠 수 있었으나 지배적인 것으로는 미치지 못하고 있다.

팔관회(八關會)·연등회(燃燈會) 등은 오히려 어떤 의미로 이들 민간 신앙이 승화 작용을 한 예로서도 지적되고 있는 것으로, 이 병존 관계는 지배층의 자기 보호 의도와 보다 은밀한 연관을 맺고 있다고 보게 되는 것이다.

특히 고려 후기로부터 시작하여 조선에 걸쳐 왕실 및 지배 계층의 이들 민간 신앙에 대한 태도는 금압(禁壓)으로 나타나지만, 한편으로는 이를 제도적으로 수용 내지 고정화하려는 움직임도 있었다.

무격(巫覡)을 개인 자격으로 조정의 각종 행사에 동원시키는 제도로부터 시작하여, 무청(巫廳)·성수청(星宿廳)·활인서(活人署)를 설치하는 과정에서 우리는 매우 재미있는 사실을 발견할 수 있다. 즉 개인 신앙의 부분 중에서도 무술(巫術)에 관한 부분을 지배 계층이 수용하고 있다는 점이다. 무술이 의술과 점복(占卜)으로 통하는 것인 까닭에 그러한 결과로 되었으리라 추측된다. 그러나 공동 신앙의 연대 의식은 국가적 행사로 통합하여 통치 형식의 한 방편으로 수용함으로써, 오히려 민중과는 이간하려 했던 것으로 이해된다.

그러나 민간 신앙은 기층 질서의 보호하에 있는 개인 신앙과 병행되면서도 민중 다수를 수호하는 공동 신앙을 더욱 발전시켜 나옴을 보게 된다. 외세의 침략과 항전의 경험은 이러한 경향을 더욱 촉진시키는 것이 되었으며, '당굿'은 단순한 의식이 아니라 민중 스스로가 그들의 오늘과 내일을 토의하고 행동 원칙을 결의하며 단행하는 자리를 겸한 신앙적 통로로서, 민중의 자기 발전과 투쟁의 터전으로 구실하였던 것이다.

일제가 모든 형태의 대동제(大同祭)는 물론이거니와, 그와 함께 진행되는 전투적 행사(줄다리기·편싸움·동채싸움·나무쇠싸움)를 강제로 못하게 한 것은, 이 땅을 강점함에 있어 이러한 민간 연희가 무엇보다도 방해가 된다고 생각했기 때문인 것이다.

이와 관련해서 이른바 일제 총독이었던 사이토 마코토[齋藤實]의 다음과 같은 소행이 있다. "조선 사람의 고유 문화를 발전시키고 재래의 풍습에 관해서는 미풍을 장려한다"는 허울 좋은 미명 아래, 그것도 '무꾸리'·'미신'·'판수' 등을 골라서 비호한 것(皇祖敎神崇神敎會·崇神人組合·敎神敎會·橋正會·靈神會 등)은 이러한 허황된 조직을 통하여 민중 의식을 분열시키고 미혹에 빠뜨리려는 간교한 술책임이 명백한 것이며, 이 점은 오늘에 있어서도 자성해 볼 여지가 있는 것이다.

민속 문화의 연구에 있어 가장 중요시되는 것은 전승의 문제를 살펴보는 일이다.

이제 지난날 일제에 의한 민간 신앙의 박해와, 그에 따른 분열과 변질로 그 보편적인 형태와 그 속에 투영된 민중 의식의 바탕을 찾는 일은 어려운 만큼 시급한 것이 되고 있다. 더욱이 다시 뒤를 이은 기독교·천주교와의 대결 과정 및 그 사회·경제적 배경이 충분히 밝혀지지 못한 현단계에서는 더욱 그러하다.

민중 의식의 꾸밈없는 맥락을 보이는 것이 민간 신앙인 만큼 그것은 가장 집중적으로 밖으로부터의 저해를 받아 온 것이 사실이다.

한 마디로 민간 신앙은 그 뿌리를 대다수 민중에 두고 있다는 데서 이러한 외세의 핍박을 받아 온 것이라면, 그 바탕이 무엇인지 대답은 저절로 얻어지는 것이다.

표현 형식의 발전

하늘에는 별도 많다
쾌지나 칭칭 나네
강변에는 잔돌도 많다
쾌지나 칭칭 나네
솔밭에는 옹이도 많다
쾌지나 칭칭 나네

이것은 아직도 영남 지방의 곳곳에서 널리 불려지는 〈쾌지나 칭칭 나네〉의 몇 구절이다. 이것을 바로 옛부터 전해 오는 우리 노래의 본보기로 볼 수는 없는 것이지만, 이러한 구절들에서 선인(先

人)들의 의식을 대변하는 한 자료를 볼 수 있을 것으로 생각된다. 우선 이 노래의 소재는 하늘·별·강변·잔돌·솔밭·옹이 등 인간 사회를 에워싼 자연물 중에서도 가장 비인공적 자연물, 즉 원초적인 자연물들을 동원하여 '풍성'을 노래하고 있다. 이렇게 원초적인 자연 환경 속에서 풍성한 생활 감정을 소박한 표현 기교로 노래함으로써 당시의 자연 신앙과 더불어 민중 의식을 표현하고 있는 것이다. 그러나 생을 영위하는 과정에서 자연의 위력(폭풍·홍수·한해·병충해 등)과의 대결이 뒤따르게 되자, 이것들을 해결할 수 없던 그들에게는 초인간적·초현실적 힘을 필요로 하게 된다.

명월각시와 궁산이가 결혼을 하여 살고 있는데, 궁산이가 게을러서 나무를 하지 않았다. 명월각시는 자기를 못잊어하는 궁산이에게 자기의 화상을 그려 주고 나무를 해오라고 했다. 그런데 궁산이가 나무하는 사이에 그 화상이 날아가서 배선비네 집에 가 떨어졌다. (중략) 명월각시는 쇠고기 넣은 옷과 바늘·실을 궁산이에게 주고, 궁산이를 데리고 배선비를 따라 배에 오른다. 가는 도중 궁산이를 섬에 버리니, 궁산이는 옷에 든 고기를 먹고 바늘과 실로 낚시질을 하여 연명한다. 그러다가 학의 새끼를 살려 주고, 그 학의 등을 타고 섬을 벗어나 빌어먹는다. 명월각시는 배선비를 졸라 걸인 잔치를 열고 잔치석상에서 궁산이를 만난다. 이에 명월각시는 구슬 날개옷을 내어놓고 깃을 찾아 입을 줄 아는 사람이 자기 낭군이라고 하니, 궁산이가 구슬옷의 깃을 찾아입고 공중에 올라갔다 내려온다. 배선비도 구슬옷을 입고 공중에 올라갔으나 내려올 줄을 몰라 솔개가 되고, 궁산이와 명월각시는 다시 모여 일월(日月)의 신이 되었다. (〈일월노리푸념〉 중에서)

이와 같이 그들은 결코 초인적 · 초월적 힘을 전혀 외적인 것만
에 의존하고 있지는 않다. 물론 이러한 식의 서사무가(敍事巫歌)
의 주인공들은 비현실적이고 비과학적인 출생을 하고, 기적적인
생애를 가지고 있으나, 일반인과 조금도 다를 바 없는 평범한 인
격의 신으로 화하고 있는 것을 볼 수 있다. 무가(巫歌)가 치병(治
病) · 축사(逐邪) · 소복(召福)의 내용도 포함하고 있는 까닭에 신
비적인 표현이 많음은 사실이나, 결코 황당무계한 것만은 아닌 것
이다.

〈창세가〉·〈초감제〉·〈시루말〉 등의 설화에 나타나는 자연관, 바
리공주 설화 등에서 보여 주는 태생(胎生)의 신비와 〈군웅본푸
리〉·〈문전본풀이〉 등에 나타나는 기적 등, 그 모든 것이 민중의
소박한 염원을 담고 있는 것이다. 이러한 무가(巫歌)를 전하는 사
람은 무격(巫覡)들로서, 그들은 무가의 소재를 전해 내려오는 신
화·민담·전설 등에 두었으니, 이러한 것들이야말로 민중 속에서
탄생되고 성장했기 때문에 그 효용에 편승하지 않을 수 없었다고
이해되어진다. 이러한 여러 무가는 민중 의식의 발전 과정을 보여
주는 좋은 본보기라 하겠다.

신비적 · 초월적 · 초인간적 · 절대적 존재에 대한 민중의 갈망은,
시대가 지남에 따라 점차적으로 인간적이고 범인적(凡人的)인 것
으로 관심을 이행시키고 있다. 이러한 과정은 필경 인지(人智)의
발달 및 역사적 체험과 결부되며, 인간의 주체적 노력이 자연을
변개시킬 수 있다는 소박한 자신감을 포함시키고 있는 것이다.

이와 같은 경향은 또한 점점 탈인간화해 가는 지배 질서의 위
선을 기본으로 하는 제도에 대한 반항을 의미하기도 한다. 사실
민중은 한자(漢字)를 몰랐으므로 〈경기체가京幾體歌〉와 같은 창작

시가나 다른 문학적 형식에 참가하지 못하고, 전래의 설화나 민요 등에 즉흥적인 변화를 주는 가운데 보다 인간다운, 보다 감정적인 차원에서 그들의 의지를 전개해 온 것이다.

이러한 경향과 더불어 주목할 만한 새로운 내용이 민중의 입을 통해서 형성되고 있으니, 즉 귀족 정치 제도 내지 봉건 제도하의 학정을 표현하는 것이 바로 그것이다. 고려 시대에 나타난 〈사리화가沙里花歌〉는, 비록 민중 속에서 불리어진 것 그대로는 아니고 한자로 번역·기술되어 있기는 하나 당시의 민중 의식의 일단을 엿보게 해준다. 그 내용은 "고독한 가운데 홀로 농사를 지은 홀아비가 논밭을 갈았건만 아무 소용이 없게 되니 원망만이 남는다 黃鳥何方來去飛, 一年農事不曾知, 鰥翁獨自耕盡耕藝了, 耕盡田中禾黍爲"는 것이다.

또한 인간다운 생활을 노래한 〈후전진작後殿眞勺〉 등 고려 시대의 민요 49편이 '사리부재(詞俚不載)'란 고루한 지배 계층의 관념 때문에 전해지지 않는 것은 유감스러운 일이다.

이밖에도 '당굿'의 여흥으로 많이 놀아 온 탈놀음의 재담〔臺詞〕이나 수많은 민요들이 민중 의식을 표현한 가장 직설적이고 실감 있는 표현 의지를 보여 주는 것으로, 그때그때의 시대상을 민감하게 포괄하면서 발전하고 있는 바, 이것은 뒤에서 따로 다루기로 한다.

민속 연희의 내용

우리의 민속 연희는 주로 세시 풍속과 밀접한 관계를 맺고 있다.

'설'·'대보름'·'입춘'·'사월 초파일'·'단오'·'백중'·'한
가위' 등과 관련된 놀이의 수는 참으로 많다. 이들 민속 연희는
앞에서 살펴본 제반 민중 의식과 밀접하게 결합되어 있음은 물론
이다.

정월 대보름과 팔월 한가위가 무척 대조적인데, 한가위의 연원
은 신라 시대의 길쌈 장려라는 정치·경제적 의도와 결부되어 있
으나, 정월 대보름은 궁중 행사에서 기록이 드문 것으로 보아 진
정 민중의 명절이었음을 알 수 있다. 이 날의 대표적인 민속 연희
로는 줄다리기와 편싸움[石戰]을 들 수 있는데, 주로 도시에서는
편싸움이 성했고 시골에서는 줄다리기가 광범위하게 놀아졌다. 그
리고 지역적으로 한강 이북은 편싸움, 이남은 줄다리기의 분포를
보여 주고 있다.

한강 양연안과 대동강 연안, 그밖의 크고 작은 마을이 편을 가
른 이 용맹스러운 겨룸은 장관을 이루었는데, 이 날 "이마에서 피
가 흐르지 않는 아들을 둔 어머니는 부끄러워하였다" 하니 그 정
황이 가히 짐작되는 것이다. 이와 같은 겨룸을 통하여 오랜 옛날부
터 이 땅을 넘보는 외적의 침입에 대비하는 민중 의지의 상징으로
이 놀이는 전해 온 것이다.

시골에서의 줄다리기 역시 큰 규모의 집단 연희이다.

경기도 일원에서는 '줄다리기,' 충청도에서는 '강다리,' 전라도
에서는 '줄땡기' 또는 '강다리,' 경상도에서는 '줄땡기'로도 불리
는 대동놀음[大同演戱]이다.

놀이가 시작되기 며칠 전부터 집집에서 볏짚을 모아 큰 줄을 만
들고, 음식을 장만하는 등 상당한 준비 기간을 갖는다. 보름이 되
면 암줄과 수줄을 비녀목(두 줄을 잇는 큰 막대)으로 결합시킨 다

음, 두 패로 나누어 힘을 다하여 서로 당기게 되는데, 이 놀이는 경우에 따라서는 며칠씩이나 계속되는 것이다. 당장 승부를 가리는 데 그치는 것이라면 간단히 끝낼 수도 있는 것이겠으나, 이 줄다리기의 묘미는 누가 이기고 지는 문제를 초월하여 양편이 서로 힘을 다하여 당겼을 때, 서로 다른 두 개의 큰 힘이 어느쪽으로도 쏠리지 않는 팽팽한 협화의 팽배감을 만끽하는 것이다. 즉 승부의 관념보다는 양편이 서로의 막강한 힘으로 균형을 이룰 때 민중은 힘을 통한 의지의 승화를 즐기는 것이다. 근자에 '전국민속예술경연대회'에서 이러한 놀이 정신과는 상관없이 왜줄(일본식 줄다리기)식으로 변작하여 승부에만 급급한 기형의 놀이를 꾸며내고 있는 것은 어처구니없는 짓이라 하겠다.

단오를 전후한 그네와 씨름, 백중의 풍물[農樂], 그밖의 10월 상달에 열리는 '당굿'에서 갖는 여러 놀이와 탈놀음 등 모든 연희는 대체로 두 가지 면에서 민중 의식의 핵심을 보여 주고 있다.

하나는, 모든 행사에 민중 전체가 참여하도록 되어 있다는 점이다. 참여하는 민중의 일체감을 목적으로 하고 있는 것이다. 전체의 일체감, 의지의 통일, 공동 이익의 기원을 목표로 진행되는 것이다.

또 하나는, 모든 민중 연희에는 외세의 침입과 그것에 대비하는 민중 의식이 담겨져 있는 점이다. 편싸움을 비롯한 모든 전투적 집단 연희는 진취적 민중 의지의 발현으로 이 땅을 지켜 온 힘의 원천이 되어 온 것이다. 그것은 물론 막판에는 승부가 나게 마련이다. 그러나 그 궁극의 목적은 승패에 있는 것이 아니었다. 이웃끼리 패를 나누어 함께 겨루는 데서 자신들의 큰 힘을 형성해 보는 것이다. 개인이 아니라 집단 전체가 모두 참여하여 모든 사람이 함께 즐기려는 민중 의식의 산물인 것이다.

러일 전쟁 이후 일제가 이와 같은 행사를 적극 탄압하고 원천적인 소멸을 시도했던 것은 바로 이런 연유에서였다.

그후 민중 연희는 이러한 일제의 직접적 탄압과 생활 양식 및 경제 구조가 농경 사회를 벗어나게 되었다는 사실 등에서 쇠퇴한 듯하지만, 그러나 그 민중 연희의 기본적 흐름은 오늘에도 미래에도 이어지는 것이다.

거듭하거니와 민중 연희는 단순히 과거의 것이 아니라 항상 현재 진행형의 형태로 흐르고 있는 것이다.

멈추어 폐쇄된 것이 아니라 역사적 전개 과정에 자연스럽게 형성되어진 민중 의식의 표현인 것이다.

자기 실현의 줄기

민중은 자신들의 역사 의식을 나타낼 수 있는 표현 수단으로서 행동을 가졌을 뿐 기록은 갖지 못했다. 그러나 16세기에 이르러 나타난 '서민 문학'과 일부 양반에 의해서 씌어진 해학·풍자 소설은, 양반에 의한 민중 의지의 표현이자 이들 양자간의 합의의 일단으로 풀이된다.

한편 민중 의식의 행동적 표현인 '당굿'에 있어서도, 자연과 인간의 갈등을 해소시키고자 하는 주술 행위에서 점차 사회적인 갈등을 표현하는 형식으로 발전하기에 이른다.

제의 형식이 중요시되던 과거와는 달리 실제 서민들의 공동의 관심사를 토의하고 결행하는 문제와, 울분의 돌파구이기도 했던 놀이 부분에 관심이 집중되는 과정을 보여 주게 된다.

양반들의 제사에서처럼 조용히 몰래 축문을 읽고 절을 하는 형식과는 달리, 민중의 그것은 애초부터 그러했거니와 모든 것을 공개하는 가운데, 어떤 특정한 개인이 아닌 마을 전체의 이익을 위하여 토의·기원하는 대동회(大同會)의 성격을 갖는 것이었다. 이러한 과정에서 가장 두드러지게 나타나는 자기 실현을 위한 민중의식의 표현 양태는 반봉건으로 집약된다.

1년에 한 번씩 열리는 당굿을 통해서, 또는 그밖의 대소 명절에 가졌던 마을 사람들의 모임을 통해서 이러한 의식은 더욱 발전을 할 수 있었던 것이다.

여기서 남사당패놀이 중에서 탈놀음인 '덧뵈기'를 예로 들어 그 일단을 살펴보는 것이 그 줄기를 이해하는 데 도움이 되리라 생각한다.

'덧뵈기' 4마당의 내용을 순서대로 보면 다음과 같다.

첫째 마당 : 마당씻이
  놀이판을 정하고 정갈히 함.
둘째 마당 : 옴탈잡이
  옴탈(外勢)과의 싸움에서 이겨 쫓아냄.
셋째 마당 : 샌님잡이
  샌님(封建支配者)을 매도함.
넷째 마당 : 먹중잡이
  먹중(외래 문화 또는 종교)을 몰아냄.

이상이 노는 순서이자 그 줄거리이다. 다시 '마당씻이' 장면에 있는 '고사풀이'의 일부를 소개한다.

　강남은 뙤뙤국 우리 나라는 조선국 십이지국에 열두 나라 조공
을 바치러 넘나들던 호구별성 손님마마 쉰세 분이 나오신다. 어떤
손님이 나오셨나 말을 잘하며 귀변이요 (중략) 무슨 배를 잡았더
냐 나무배는 쌀을 실코 독에 돌배는 명을 실코 명과 쌀을 가득 실
코 (중략) 북을 둥둥 뚜다리니 강남서 떠났구나 서축을 바삐 저어
라 일일 경내 앞바다 서해 바다 건너오니 조선 땅의 초입이라 의
주 용천 가산 철산 안주 박천 순안 순천을 얼른 지나 평양 같은
대목안 인물 추심을 하옵시고 하룻날을 뚝 떠나 대동강을 얼른 지
나 황주 봉산 서흥 신막 남천리를 얼른 지나 개성 같은 대목안 인
물 추심하옵시고 이튿날 내달아서 파주 장단을 건너 작은 녹번리
큰 녹번리 무악재를 훨훨 넘으니 모화문 거므러지고 독립문이 우뚝
섰다 억만 장안에 팔만 가구 인물 추심을 다니실제……. (후략)

　이것은 바로 실제로는 빼앗기기만 했던 민중이 뙤국(중국)으로
부터 공물을 받아들여 오는 대목을 그리고 있는 것으로, 절실한 염
원의 표현이라 하겠다.
　호구별성(마마귀신)으로 표현되는 외세를 쫓아내고, 봉건 질서의
내적 모순인 샌님(지배 계층)을 매도하며, 옴(가려운 병)중[僧]인
외래 종교를 비판함으로써 가차없는 민중 의지를 발현하고 있는
것이다.
　봉산탈춤에서 말뚝이와 양반 삼형제가 어울려 노는 '양반춤 마
당'을 보면,

말뚝이 : (한복판에 나와서) 쉬이 (장단과 춤 멈춘다.) 양반 나오
신다아! 양반이라고 하니까, 노론·소론·호조·병조·옥당(玉堂)
을 다 지내고 삼정승 육판서를 다 지낸 퇴로재상(退老宰相)으로 계
신 양반인 줄 알지 마시오. 개잘량이란 양자에 개다리소반이라는
반자 쓰는 양반이 나오신단 말이오.

　　양반들 : 야아, 이놈 뭐야아!

　　말뚝이 : 아, 이 양반들 어찌 듣는지 모르갔소. 노론·소론·호
조·병조·옥당을 다 지내고 퇴로재상으로 계신 이생원네 삼형제
분이 나오신다고 그리하였소.

　　양반들 : (합창) 이생원이라네!

　　(굿거리장단으로 모두 춤춘다. 도령은 때때로 형들의 면상을 치며
논다. 끝까지 그런 행동을 한다.)

　　말뚝이는 양반 삼형제의 종이다. 그럼에도 불구하고 말뚝이는
양반을 기량껏 조롱하여 무능한 인물로 만들어 버린다. 이러한 내
용은 놀이판에 참여한 모든 민중으로부터 갈채를 받는다. 이들 민
중은 기층 질서하에 찌들린 인간 이하가 아니라, 양반을 풍자하며
그들과 대응하는 입장에 서는 것이다.

　　여기서 다시 강령탈춤의 '노장 마당'을 예로 든다.

　　말뚝이 : 저어 서쪽이 껌껌하니 웬일이냐?

　　일　동 : (말뚝이가 가리키는 쪽을 보며) 자아 이거 뭐일까? 한번
가보자.

　　말뚝이 : 그럼 가서 자세히들 보자.

　　일　동 : (노장이 엎드려 있는 곳으로 엉금엉금 가서 들여다보고

놀란다.) 야아 이거 뭐냐?

　말뚝이 : 자아 이게 뭔가 한번 물어보자. 네가 사람이냐?

　노　장 : (무언)

　말뚝이 : 짐승이냐?

　노　장 : (무언)

　말뚝이 : 귀신이냐?

　노　장 : (무언)

　(중략)

　말뚝이 : 그럼 네가 뭐란 말이냐?

　노　장 : (무언)

　말뚝이 : 아무리 생각해도 장삼을 입은 것을 보니 네가 중놈이
아니냐?

　노　장 : (엎드린 채로 고개만 끄덕끄덕한다.)

　말뚝이 : 네가 중놈 같고 볼작시면 절깐에서 불도나 숭상헐 것
이지 이런 사가에럴 무슨 뜻으로 왔단 말이냐?

　이렇게 득도(得道)의 상징인 노장(老丈)은 민중 앞에 그 정체가
드러나며 비판의 대상이 된다. 무릇 모든 민중 취향의 '탈놀음'에
서 그들은 관념의 세계를 질타하고 현실의 세계를 구가하며, 인간
다운 삶의 진수를 풀이하는 것이다.

　이러한 반봉건·반외세 의식의 전개는 민속 연희에서 뿐만 아
니라 다양한 방향으로 진행되고 있음을 본다. 민요·동요에서는
물론 일상적 이야기판에서도 철저히 구사되고 있다.

　그럼에도 불구하고 조선 왕조의 지배 계층이 이것을 금압(禁壓)
할 수 없었던 것은, 이들 모든 행위가 탄탄한 민중 의식에 뿌리박

고 있었기 때문이기도 하지만 기층 사회의 무능에도 큰 원인이 있었을 것이다. "사대문 열고 나비잠만 잔다"는 동요가 보여 주듯이 이미 봉건 질서는 무기력의 대명사가 되었고, 민중의 놀림감으로 떨어지고 만다.

다시 말하자면, 가혹한 자연과 대결해야 했던 원시 사회의 민중 의식은 점차 자신의 터전을 가다듬기 위하여 사회적 혼돈과 그 첨예화된 질곡과 대결을 시도하게 된다. 이러한 대결은 외세, 특히 일본 세력의 한국 침략과 더불어 자각된 또 하나의 대결이 포함되고 있는 것이다.

따라서 민중 의식은 이제 자연과 사회 질서·외세와의 삼중 대결을 벌이게 된다.

포곡은 운다마는 논 있어야 농사하제. 대승아 나지 마라 누에 쳐야 뽕따것다. 배가 저리 고프거든 이것 먹고 쑥국새 목이 저리 갈하거든 술을 줄까 제호조 먹을 것이 없어거니 거견을 기르것다.

이렇게 기층 질서의 희생물이 된 농민의 원망은 또 한편 '새타령'에서도 나타난다. 자기 한탄과 회오, 그리고 갈등이 더욱 구체화되는 과정에서도 때로는 깊은 역사적 행위는 준비되고 있는 것이다. 그러한 역사 속의 민중적 실천은 항상 좌절되어 왔지만, 그 좌절을 단순한 패배로 돌리지 않는 현명함을 지니기도 한다.

패배와 승리의 갈림길은 이미 민중에게 있어서는 숙명이 아니라 역사 의식 바로 그것으로 나타나고 있는 것이다.

새야 새야 파랑새야

너 어이 나왔느냐
솔잎 댓잎 푸릇키로
봄철인가 나왔더니
백설이 펄펄 훗날린다
저 건너 저 청송녹죽(靑松綠竹)이 날 속였네

여기에서 새는 민중의 상징이요, 민중 그 자체이다. 민중의 구체적 반항이며, 새시대의 서막인 동학 혁명에 대한 치밀하고도 정확한 역사적 평가는 바로 민중 자신 속에서 일어나고 있는 것이다.

"사대문 열고 나비잠만 잔다"는 상태는, 봉건적 지배 질서의 무능으로 끝내 나라를 일본에게 송두리째 빼앗기고 말았다. 이제 반봉건 의식은 다시 반외세 의식과 합쳐져서 차원 높은 저항의 형태로 발전하고 있으며, 이들의 표현도 구체적이고 직접적이 된다.

이씨의 사촌이 되지 말고
민씨의 팔촌이 되려무나
남산 밑에다 장충단 짓고
군악대 장단에 받들어 총만 한다
아리랑 고개다 정거장 짓고
전기차 오기만 기다린다
문전의 옥토는 어찌 되고
쪽박의 신세가 웬 말인가
밭은 헐려서 신작로 되고
집은 헐려서 정거장 되네
말깨나 하는 놈 재판소 가고

일깨나 하는 놈 공동산 간다

아깨나 나을 년 갈보질하고

목도깨나 메는 놈 부역을 간다

신작로 가상사리 아카시남믄

자동차 바람에 춤을 춘다

먼동이 트네 먼동이 트네

미친놈 꿈에서 깨어났네

　마음과 마음으로 불리어지던 이러한 민요는, 그 어떠한 수식이
나 표현 기법보다 민중의 의식을 분명하게 나타낼 수 있었으며,
역사 의식 또한 정확하고 명쾌한 것이다. 사실 이 민요가 보여 주
는 역사에 대한 정확한 인식은 민중 의식의 요체였으며, '미친놈
꿈에서 깨어' 나게 하는 바탕인 것이다.

　이러한 표현 형식과 관련된 민중 의식의 형성 과정은, 우리가 보
아 온 바와 같이 대체로 네 개의 단계를 거치고 있다.

　1) 자연과 인간과의 갈등을 해소시키려는 주술(呪術) 중심의 단계.

　2) 점차로 인간의 능력과 창조성을 인식하여 인간의 신격화가 이
루어지는 인간화의 단계.

　3) 다시 인간과 사회적 제도와의 모순이 인지되는 관계.

　4) 민중 의식이 반체제의 의지를 표현하고, 외세와의 교접 과정
에서 반외세의 의지로 집약되는 단계.

　이러한 변화 속에서도 민속 문화는 과거의 것과 전혀 다른 어
떤 새로운 창조의 연속이 아니라, 과거에서부터 있어 온 것을 시대

상황에 조응시켜 가면서 내적 연속성을 이룩하는 것으로 나타나고 있는 것이다.

이러한 자기 실현의 과정은 쉬임이 없었고, 과거에도 그러했듯이 현재에도 끊임없이 진행되고 있는 것이다.

맺음말

이제까지 우리는 민속 문화, 특히 민간 신앙·연희·민요 등에 나타난 민중 의식을 살펴보았다.

거꾸로 민중 의식은 바로 앞에서 제시한 여러 형식들을 통해서 나타나는 것이다. 그러므로 민중 의식과 이러한 형식들은 표리의 관계에 있는 것이다.

민중 의식을 내용으로 하고 있는 민족적(독창적) 형식이 곧 민속인 것이다. 역사 발전에 따라 민중 의식의 내용은 당연히 발전적인 변화를 이룩하는 것이다. 민족적 형식에 기초된 민중 의식의 발현, 그것은 정지되어 있는 것이 아니요, 틀지워져 있는 것이 아니다. 그것은 부단히 발전하며, 그 양적인 발전은 또 역사적 조건과 결부되어 질적인 발전으로 전환되어진다.

우리는 앞에서 민중 의식의 발현 과정이 조국의 역사적·외피적 조건 속에서 어떻게 흘러왔는가를 살펴보았다.

역사적 상황을 몸으로 체득한 결과가 민속의 모든 형식을 통하여 발현될 때, 그리고 그러한 민중 의식을 감당할 만한 지배층의 능력이 없을 때, 민중 의식은 지배층으로부터 부단히 도전을 받으며, 때로는 심한 압박도 받아 왔다.

이때 민중 의식은 일차적으로 저항의 형태로 나타난다. 민속 문화가 반봉건·반외세의 성격을 띠었다 함이 그 단적인 예이다.

이러한 역사적 사실에서 우리는 우리의 민속이 어떠한 현실 조건에도 막힘이 없이 도도히 흘러가는 도정을 알게 된다. 신앙·연희·민요 등등 모든 형식을 통하여 나타난 민중 의식이, 그 시대가 갖고 있는 모순의 해결을 그 내용으로 하고 있다는 사실에서 그것은 더욱 명백한 것이 된다.

즉 역사 속에 항상 무명의 집단으로 흘러오면서도 실제로는 역사와 생활과 생활 의식을 형성해 온 민중이야말로 가장 주체적인 단위이다.

이것이 우리의 민중사에 표백되어져야 할 민중 의식이다.

우리는 역사 속에서 지배층, 또는 다른 민족의 악랄한 탄압과 질시 속에서도 스스로 자기 발전을 해왔던 꿋꿋한 민중 의식의 발현 과정을 충분히 보아 왔다. 우리는 그 속에서 진정한 민중의 힘을 확인하고 역사에 대한 확신을 가져야 한다.

어설픈 복고 취향의 민속 애호론자나 왜곡된 민속을 조작하려는 일체의 움직임도, 민속이 그 내용으로 가지고 있는 도도히 흐르는 민중 의식의 흐름은 막을 수가 없는 것이다.

다만 그들은 역사에 대한 잘못된 인식으로 하여 반민중세에 유리한 짓을 저지르다가 곧 쓰러져 갈, 자기 무덤을 파는 결과를 초래할 뿐이다.

우리의 민속을 올바르게 이해하기 위하여는 우리가 바로 민중임을 확인할 수 있을 때 가능한 것이다.

민속에 대한 올바른 이해는 그 이상도 그 이하도 아니다. (1973)

제2편
부문별 개설

1

민속춤—오늘의 과제

'민속춤'에 대한 개념의 혼미

우리는 춤을 생활 속에서 즐겨 온 민족이면서도 근세로 접어들면서 춤이 실제 현실 생활과는 괴리되면서 일방적인 구경거리화되어 가고 있음을 지적하게 된다.

이러한 상황에서 특히 민속춤에 관한 살핌은 기본 개념의 혼미를 극복하기 위한 단서가 되리라는 생각이다.

아주 상식론이지만 '민속'이란 '민중의 습속'의 준말일진대, 민속춤이란 역사적인 생활 경험의 축적을 통하여 창출된 실제적이고 구체적인 삶의 표현이 육체 언어를 빌려 전승되는 것이라 하겠다.

흔히 '서양춤'과 대비되는 말로 '한국춤' 하면 고전춤·궁중춤·민속춤을 들게 되는데, 그 가운데 민속춤이란 춤의 전문인이 아닌 일반인의 춤이라는 데 일단 초점을 두어야 한다.

그런데도 오늘날 민속춤이라면 1900년대초 이후에 몇몇 전문가에 의하여 다시 짜여진 형태의, 이른바 '신무용' 내지는 충분히 민중성까지를 담는 데는 미치지 못한 또 다른 안무가들에 의한 이른바 '민속 무용'을 염두에 두게 된다.

우리의 근대화 과정이라는 것이 다분히 비주체적이었듯, 춤에 있어서도 거의 근대화가 '서양 그릇에 담는 동양 정신'으로 잘못 인식되어 서양스런 '조선춤'을 만드는 데 전념한 한 부류가 있는 가 하면, 이와는 달리 전통적이고도 민중적인 바탕에서 시작하여 이른바 예술적인 차원으로 발전시키는 데는 일정한 성과를 거두지만, 민속춤이란 결국 궁중춤의 한 줄기에 불과하다는 상층 지향성에 걸려 그것을 역사화하는 데는 한계성을 드러낸 또 다른 부류가 있음을 우리는 익히 알고 있다.

그리고 크게 보아 위의 두 부류가 오늘의 춤판을 이루는 데 주도적 역할을 해오고 있다.

한편 민속춤의 전문화는 시대의 변화 · 발전에 따라 응당 거쳐야 하는 일이기도 하지만, 앞의 선배들로부터 민속춤에 대한 기본적 개념의 혼미가 있었음을 발견하게 되는 것이다.

여기서 전제로 삼고자 함은, 민속춤이란 그것이 단순히 복고 취향성을 띤 예술 행위이기에 앞서 삶의 미적 충족의 확대를 위한 희열이요, 흐느낌이요, 몸부림이라는 점이다.

그러기에 역사 인식을 떠나 민속춤을 분석한다거나, 더욱이 그 것을 변형 · 안무하는 일은 민속춤 그 자체를 전혀 이질적인 것으로 만들면서 그 춤의 생성 요건이기도 한 민중성을 왜곡시키는 결과를 가져올 뿐이라는 것을, 그동안의 시행 착오로 해서 우리는 점차 체득하기에 이르고 있다.

또한 지난 시대에 있어 민속춤이라는 것이 철저하게 일하는 사람들만의 생활 터전 위에서 추어져 온 것이기 때문에, 문자 소유층에 의하여는 일단 가치 평가를 받지 못한 것도 우리는 알고 있다.

어느 면 그러했기 때문에 오늘날까지도 다양하고 신선한 축적된 춤으로 전승될 수 있었지 않았을까도 여겨진다.

1964년 이래 우리 나라는 전세계에서 세 나라(지정 순서로 일본·대만·한국)밖에 없는 '중요 무형문화재'라는 것을 지정하고 있는, 전통 문화의 실상이 대표적으로 불행한 나라 중의 하나이다.

역사 발전과 함께 주체적으로 발전해야 했을 독창적인 우리 문화를 그대로 두면 아주 없어지거나 외래적인 것에 의하여 뭉개지고 말 위험이 있기에, 인위적으로 잠정적 보존 조치를 한 것이 무형문화재의 지정이고 보면 그 상황은 더 설명할 필요가 없어진다.

그로부터 우리의 춤도 무형문화재로 지정된 춤 종목을 비롯하여, '보릿대춤'·'허튼춤'·'두레춤'·'무당춤'·'한량춤' 등이 새로운 관심의 대상으로 되면서 표면적으로는 아주 풍요해진 감이 없지 않다.

그러나 그동안의 경위를 살펴볼 때 긍정적으로 받아들여지지만은 않는다.

앞에서 말한 바 있듯이 주체적 생존의 역사를 담은 삶의 춤으로서가 아닌 다분히 복고 취향이거나 심지어 선정적 취향으로 받아들여지면서, '보이기거리'로서의 선별 기준에 따라 춤 정신 자체를 엉뚱하게 변질시켜 온 일면을 부인할 수 없다.

이러한 잘못은 전문 춤꾼에게만 지어질 문제가 아니다. 실상 무형문화재의 발표회 자체도 냉정히 재검토되어야 한다. 예능 보유자 자신이 예능으로서는 탁월하다 하겠으나, 이른바 논리적으로 자기 의지를 발표하는 데 충분치 못하고 보니 설익은 전문가의 취향에 의하여 다분히 변질되어 왔음을 보는 것이다.

구체적인 예로 '전국민속예술경연대회'의 출연이나 국가에서 파견하는 '전통예술단'의 일원이 될 때, 그 변질은 더욱 심하게 나타난다.

이러한 상황들은 모두가 민속춤에 대한 인식의 빈곤에서 오는 것이다.

　우리는 지금 역사 민족이요 문화 민족임을 자처하면서도, 인도나 영국·프랑스와는 달리 무형문화재의 지정이란 불우한 법적 장치를 하고 있음으로써 두 가지 일을 함께 해야 하는 짐을 짊어지고 있다.

　그 하나는 잠정적이나마 민족문화재로서의 헝클어짐이 없이 일단 보존하는 일이요, 다른 하나는 그것을 하루속히 체득하여 오늘의 것으로 재창출함으로써 자생적 생명체로서 전승되게 하는 일이다. 재창출된 오늘의 우리 것이 생명력을 지니며 전승되게 될 때, 무형문화재의 지정 조치도 자연적으로 필요 없이 될 것이다. 우리는 지금 참으로 어려운 과도기를 지나고 있는 셈이다.

　생성의 동기와 과정이 다른 다양한 민속춤들이건만 일단 이것이 무형문화재로 지정되고 보면, 그저 막연히 조상 대대의 훌륭한 유산이란 부담감으로 흉내의 단계를 넘지 못한 채, 그 나름의 춤 정신까지는 관심의 대상마저 되지 못하고 있다.

　이밖에도 '보릿대춤'을 비롯한 흩춤이거나 겹춤이거나를 막론하고 민중 사회에 끈질기게 명맥을 이어 오는 것들이 일단 무대화의 과정을 거치게 되면 춤 정신, 즉 '배알' 빠진 알록달록한 '색강정'이 되고 만다.

　지난 시대에 있어도 민속춤은 제대로의 가치 평가를 받지 못하면서 면면히 축적의 과정을 거쳐 민중 생활의 저력으로 기능하여 왔음을 우리는 알고 있다. 이와는 달리 궁중춤 등은 나름의 평가를 그때그때 받으면서 특수 계층을 대상으로 전문성을 띠며 전승되고 있다.

새삼스레 이러한 분별을 하는 데는 어느것의 우열을 가리고자 함이 아니다. 이 두 부류는 요즘 일부에서 시도하고 있듯이 어설피 혼합하려 할 것이 아니라, 일단 개별적 발전을 기함으로써 춤 문화의 영역을 좀더 풍부하게 할 수 있으리라는 생각에서이다.

앞서 거론한 민속춤에 있어서의 '배알'이란 일상적인 삶 가운데 당면하게 되는 희로애락을 역동적이요 진취적으로 극복하려 하거나, 생동적 미 의식으로써 그것들을 감싸는 가운데 삶과 춤을 하나로 인식하게 해주는 것이다.

미적 범주에서 볼 때에도 민속춤이란 곱고 나른한 완상적인 것이 아니다. 투박함 가운데 우직함이 있다. 때로는 추함을 보이기도 하지만, 그것은 아름다움을 추구하기 위한 과정으로서 거치는 길목이었다. 이러한 것들은 어렵고 고달픔을 극복하기 위한 몸부림으로 해석되어야 한다.

넓은 뜻에서의 새로운 한국춤의 창출을 위하여는 민속춤이 그 어느 부류에 앞서 기초적 대상으로 받아들여져야 한다. 그것은 개인보다 공동체성에 바탕한 것이기에 더욱 그러하다.

민속춤 하나하나를 분석하고 체득하며 그를 통하여 우리의 춤을 전반적으로 부감할 수 있게 되기까지는, 비단 전문 춤꾼뿐만이 아니라 연관 분야의 다양한 인사들이 이 작업을 함께 밀고 나아가야 하리라는 생각이다.

전형성(典型性)의 재발견

우리 문화를 이야기할 때 한이 서린 문화라 한다.

그 '한'은 땅이 꺼질 듯한 '한숨'으로 비유되기도 한다.

아름다운 세상을 만들기 위하여 막힌 벽을 무너뜨리거나 자기 생존을 위하여 쳐들어오는 외세를 내모는 것이 아니라, 그저 지레 겁먹고 세상살이를 포기하면서 사사로운 사랑에서까지 버림받는 자의 허약한 푸념을 연상케 한다.

봉건적 잔재와 그뒤를 잇는 일본 군국주의의 강점기를 거치면서 일부에서 오염된 자기 비하의 여독이 벗겨지지 않고 있는 결과이다.

그러나 본디 '한'이란 전혀 그런 것이 아니다. 지금보다는 어떻게 바뀌었으면 하는 미래 지향적인 '회원'이 바로 그것인데, 여기에서 그 분명한 '바람'이 자포 자기의 열등감으로 둔갑되고 있다.

탈춤에서의 '헛맹세 지껄이'와 심한 '욕' 그리고 그에 따른 춤사위, 여기에 나타나고 있는 남녀의 방탕, 가정의 파탄은 세상이 그렇게 되지 않게 하기 위한 교훈의 대목이다. 실상 봉건적 가족 제도하에서 민중이 바라보는 지배 계층의 실상은 극중 표현보다 훨씬 더했을 것임을 오늘의 현실로도 미루어 짐작이 되는 것이다.

살풀이·승무를 비롯하여 숱한 '한량춤'들에서 일컫는 이른바 '한'을 엉켜 풀어지지 않는 숙명적 넋두리로 해석하거나, 또 그렇게 춤추고 있는 현실도 마찬가지로 기방 문화 내지는 그와 맥을 함께 하는 봉건적 잔재로 해석되어야 한다.

그렇다면 우리 민속춤의 전형이란 어떤 것인가를 알아보는 일은 아주 소중하다 하겠다.

하나의 '전형성'이란 어떤 종류의 본질적 특색을 나타내는 본보기를 말한다.

그러니까 '전형'이란 하나의 개별성을 뜻하는 것이다. 이때에 그 개별성이란 일반성과의 통일에서만 비로소 한몫의 성립을 이루게 된다. 이러한 개별성과 일반성의 통일 과정을 통하여 하나의 전형성을 획득하게 되는 것이다.

한 춤 문화가 이 전형성을 얻지 못했을 때, 그 독창성마저 없는 것이 된다.

하나의 전형성을 획득하는 데는 먼저 역사적 유산이 밑거름이 되어야 함은 말할 나위도 없다. 그리고 그것이 실제 현실 생활 속에서 어떤 기능을 갖고 전승되고 있는가를 분석하면서 오늘의 사회와 연관지어 그 가치가 판단되는 것이어야 한다. 물론 여기에서 외래적인 사조와 양식이 전혀 배제되어야 한다는 근거는 있을 수 없다. 이것들이 주체적 입장에서 수용하고 있느냐만이 문제인 것이다.

우리 민속춤의 지난 발자취를 더듬어 보아도 같은 문화권 내지는 다른 문화권과의 사이에서 겪는 상충(相衝)·상화(相和)를 통한 발전 과정이 있으며, 그러한 가운데 '고유성'보다는 '독창성'이 더 긴요한 것임을 알게 되기 때문이다.

위의 상황을 다른 말로 설명하자면, 개성을 전제로 한 통일만이 전형성을 획득하는 길이라는 이야기이다. 오히려 애매하게 지엽적인 고유 문화만을 되뇌임은 반역사적 수렁으로 빠져들기에 십상이다.

한 예로서 민속춤의 한 전형을 찾기 위하여 한숨 섞인 살풀이 춤만을 반복한다면, 그것은 한 구석진 조각이나 찌꺼기만을 답습하는 데 불과하다. 굵은 기둥이나 뻗어나는 가지를 놓치고 다 삭은 가지에 목을 매는 격이 된다.

우리 춤이 하나의 전형성을 지니려 할 때, 위에서 보는 바와 같이 역사성이 전제되는 것이기에 민속춤은 더 말할 나위 없이 기본적 바탕이 되어야 마땅하다. 실상 서구의 예술이 다 그런 것도 아니지만 유독 우리 나라에 들어오고 있는 것들이 상업주의적 볼거리 위주의 소비 성향성을 띤 것일진대, 우리의 춤만은 여기에 대응하여 본디의 생산적 춤 정신을 확보하기 위하여도 그의 건강한 전형성을 다지는 일이 아주 시급하다.

어떤 사람은 국제화 시대를 내세우고 있다. 이 지구촌 시대에 뒤늦게 무엇을 지키겠다는 것이냐며 꾸짖기까지 한다.

그러나 바람직한 국제화 사회는 독창성, 즉 전형성의 다양함이지 그것들의 얼버무림이 아니라는 것을 먼저 깨달아야 한다.

특히 우리 민족의 경우, 분단의 시대를 살고 있다. 혹시나 남과 북에서 같은 민속춤이란 명목으로 '일본춤 닮아 가는 한국춤'·'중국춤 닮아 가는 조선춤'으로 변질되어 가고 있지는 않는가 자책해야 할 부분도 있다.

또한 우리 민속춤은 그의 외향적인 면에서 보여지고 있는 부분보다 그 춤 안에 도사리고 있는 정신-철학에 가치를 부여해야 한다. 삶의 춤이요, 보다 나은 개혁을 위한 전위적 몸부림의 춤이기 때문에, 그의 철학을 바탕으로 하여 그에 걸맞는 오늘의 춤으로 발전시켜 나아가야 할 것이다.

우리의 민속춤이 역동적이라 해서 하나같이 그의 춤집이 활달하고 크기만 한 것도 아니다. 노련한 한 사람의 춤꾼이 한 손만 들거나 한 발만 들고 주위를 응시해도, 그 굳어진 듯한 자태에서 꿈틀대는 생동감과 잔잔한 감정의 흐느낌까지를 만끽케 하는가 하면, 소박하다 못해 치졸한 '보릿대춤'과 '허튼춤'에서 끈적한 핏줄을 의식하게 됨은 이 모두가 민속춤만이 지니는 독창적 전형의 세계라 하겠다.

이러한 전형성을 재발견·확인하여 오늘의 춤으로 다지는 데는 먼저 춤꾼들의 투철한 역사 의식이 전제되면서 민속춤들의 이론, 실제면에서의 수련도 뒤따라야 한다.

이러한 과정을 거쳐 우리가 창출해 내는 오늘의 민속춤 속에서, 이 겨레가 당면한 개별적이요 구체적이요 생동적인 형상들이 잉태·분출되어야 한다.

민속춤이라 내세우면서도 의도적으로 현실을 외면하여 다만 회고 취향으로 될 때, 그것은 역사의 도도한 흐름을 손바닥만한 꽃삽으로 막겠다는 어리석음이요, 나아가서는 반역사적인 현실 도피에 불과하다.

'민속춤과 오늘의 과제'는 더 말할 것도 없이 민속춤을 주체적인 '오늘의 춤'으로 발전시켜야 한다는 우리의 당면한 일거리를 일깨워 주는 큰 제목이 되는 것이다. (1990)

평등과 협화의 겨레 음악 '풍물'

풍물의 역사

흔히 쓰이고 있는 '농악'의 본디말은 '풍물'·'풍장'·'매구' 또는 '매굿'·'굿' 등으로 일러 온다. 우리의 대표적 겨레 음악으로 꼽게 되는 음악의 명칭이 농(農)으로 되어진 것은 아마도 조선 왕조 이후의 일로서, 첫째로 농사가 주업이었던 까닭으로 여겨진다. 여기에 다른 이유를 들자면, '농'이 '천하 대본'이라는 상황 속에서도 사대부가 이상 지배 계층에서는 실제로 농사를 짓지 않았기 때문에 '농사꾼'이 하는 음악이라는 뜻도 포함되어 있는 것이다. 그후 '농악'이 보편적으로 쓰여지게 된 것은 일제가 이 땅을 강점하면서 생겨난, 이른바 조선총독부가 '조선농악대회'를 연례적으로 개최하면서부터이다.

풍물의 역사를 말하고자 할 때, 첫머리에 흔히 인용케 되는 것이 진수의 《위지동이전魏志東夷傳》〈마한조馬韓條〉이다.

마한에서는 5월에 모심기를 끝내고 귀신에게 제사를 지낸다. 이때에 많은 사람들이 무리지어 밤낮을 쉬지 않고 춤추며 술을 마신다. 수십 명이 함께 일어나 서로 따르면서 땅을 밟으며 뛰었다 내렸다 하는데 서로 손과 발이 응한다. 절주(節奏)는 탁무(鐸舞)와 같다.

이처럼 삼국 시대의 축원 형태로 나타난 제천 의식의 기록에서 풍물의 시원을 찾고자 하는 것이다. 그러나 우리는 문헌의 기록에만 집착할 것이 아니라, 오히려 그 이전으로 소급하여 수렵의 과정에 있어서 짐승을 좇으며 일제히 소리쳤을 함성이나, 그 소리를 가중케 하기 위하여 두드렸을 몽둥이 등을 타음(打音), 또는 큰 짐승을 거꾸러뜨린 후 그 앞에서 질렀을 환호성, 엉덩춤 등의 반주악이 될 수 있는 타음의 조작을 생각할 수 있는 것이다. 물론 당시로서는 오늘날과 같은 사물(꽹과리·징·북·장구) 등이 구비된 것이 아니라 간단한 북과 같은 타악기로부터 시작되었을 것이다.

앞의 《위지동이전》에서도 볼 수 있듯이 봄철에 씨를 뿌리고, 가을철에 곡식을 거두어들이는 일은 옛날이나 오늘이나 변함없는 농사의 순서이다. 지금도 흔히 겪고 있는 일이지만, 농사의 성패는 그 해의 기상 조건과 밀접한 관계에 있다. 오랫동안 비가 안 내려 가뭄이 들면 농촌 곳곳에서 기우제를 지내는 것을 보게 된다. 하물며 옛사람들이 농사의 시작과 마감 때에 축제를 벌이고 귀신에게 제사를 올렸다는 것은 기상 조건이 순조로움을 빌어 풍년 들기를 기구하고, 농사를 마치게 되면 이에 감사하는 데 있다고 볼 때, 당연한 생산을 바탕으로 한 생존 과정의 한 의식으로 해석된다.

사냥이나 고기잡이에 나아가 많은 수확을 얻는 일이나, 또는 풍요한 수확을 거두는 농사를 위해서 투쟁하고 기원하는 마당에서 풍물의 원초적 형태인 타음의 조작이 이루어졌으리라는 의견에는 무리가 없을 것이다. 실제로 원시인의 생활 가운데 우리가 오늘의 입장에 서서 '생산성' 또는 '의식성'을 가리는 데는 자칫 오류를 범하기 쉽다. 그 당시로서는 생산을 위한 의식이겠고, 또한 모든 의식이란 바로 생산을 바탕으로 하는 것임이 분명할 것인데, 그것을 일방적으로 좁은 해석을 하는 실례를 왕왕 보게 되기 때문이다.

풍물의 발생과 또 그 형성·발전 과정에 대해서는 몇 가지 설이 제시되고 있지만, 그러한 면에서 볼 때는 흔히 거론되는 '안택축원설'·'군악설'·'불교 관계설'의 어느 한면만으로는 만족할 것이 못 된다. 오히려 원시인의 생산 과정에서 그들이 마음껏 두드리고 춤추는 가운데 공동체의 연대감을 공고히 하기 위한 방편으로, '일장단'으로서의 풍물이 발생되었고 발전해 온 것이라는 추론을 내세운다. 다시 다른 예를 들자면, 풍물의 형성 과정에 대해서 '축원'·'노작'·'걸립'·'연예'의 4단계를 들고 있는데, 이러한 순서는 오히려 '노작'·'축원'·'걸립'·'연예'로 보는 것이 한결 타당할 것이 아닌가 하는 생각이다. 원시인의 생활 전체를 무교적 제천 의식 속에서 찾으려는 속단으로 해서 도식적 판단의 수렁에 빠지는 예가 많기 때문이다. 당시의 당사자들로서는 생산의 과정에 있어 필수 불가결한 단계로서 축원 형태의 의식이 곁들여졌다고 보여진다.

앞에서 논급된 바 있듯이 우리 민족은 삼국 시대 이전부터 수렵의 단계를 거쳐 농사를 주업으로 한 관계로, 씨 뿌린 후와 수확을 거두어들이는 일이 끝나게 되면 먼저 하늘과 땅 그리고 조상신에 기원하고 감사드리는, 엄숙하면서도 환희에 넘치는 제의를 갖는 습속이 있어 왔다. 고구려의 '동맹,' 예의 '무천,' 삼한의 5월과 10월의 축제 등은 무속 신앙을 바탕으로 한, 바로 풍요한 생산을 바라고 또 그것을 구가하는 범민중적 잔치였다. 이렇게 놓고 볼 때 풍물과 무악은 불가분의 관련을 갖는 것이고, 그 연원도 하나로 이어지는 동원(同源)의 것으로 보아야 하겠다.

오늘날까지도 무의(巫儀)에서 행해지는 무악의 내용이나 구성이 풍물과 아주 흡사하여 이러한 심증을 더욱 굳게 해준다. 한 예로서 '진쇠장단'에서의 주악기는 꽹과리이며, '터벌림'에서의 동작선은 풍물에서의 '오방진(五方陣)'과 '가새(위)벌림'·'사통백이'와 다를 바가 없다. 풍물 악기인 '사물'이 그대로 무악이라는 점을 말하여 두고자 한다. 다시 거슬러 올라가서, 무속 신앙이 의식의 기둥이었던 시절에 베풀어졌던 대동놀음(大同演戲)의 성격을 겸한 '대동굿'에서는 모든 마을과 고을 사람들이 모여 며칠씩이나 마시고 춤추며 즐긴 것인데, 이때에 원초적인 무악·풍물 형태의 타악기가 창출되었으리라 믿어진다.

다만 아쉬운 것은 이러한 민중 취향의 겨레 음악으로서의 풍물이, 그 이후의 문자 사용 계층에 의해서 소홀시된 나머지 기록으로서 남기지 못하고 있다는 사실이다. 그러나 우리가 미루어 추측할 수 있는 것은, 그 당시의 풍물이란 오늘날처럼 악기가 갖추어졌던 것이 아니라 북에 해당하는 타악기가 효시였을 것이라는 점이다. 오늘에도 '북놀이'는 풍물에서 두들기며 춤추는 독창적인 독립된 연주로서도 전승되고 있음을 본다.

북을 풍물 기원의 시원적 악기로 가정하고, 여기에 꽹과리·징·장구와 소고·날라리 등이 뒤에 추가된 것임이 분명하다. 또한 풍물 악기를 다루는 잽이(樂士) 외에도 여러 가지 잡색(양반·광대 등)까지 합류하여 연희적 성격의 기능을 더해 온 것이다.

바로 고구려 시대를 전후해서 서역 및 중국 악기의 영향을 받아 추가되며 짜임새도 바뀌어졌으리라 본다. 《고려사》에 보면, 태조(918~43년) 때에 전쟁에서 적군을 무찌른 후면 '군악'과 '잡희'

를 놓았다고 기록되어 있는데, 여기에서도 군악은 풍물이었거나 그와 관련이 있는 것으로 짐작된다. 비단 농민뿐만 아니라 잡회 속에 포함되는 탈놀이·인형놀이, 그밖의 상무(尙武)적 민속놀이에 이르기까지 그 장단은 풍물이 맡았을 것이다.

조선 왕조에 들어서면서 풍물은 더욱 보편화되어 가는 한편, 연희적 기능이 급격히 추가되면서 의식성이나 노동 음악으로서의 기능은 줄어든 면이 없지 않다. 물론 조선조에서도 속악의 보존과 전승에 마음을 둔 군왕이 아주 없었던 것은 아니지만, 일반적인 숭유(崇儒) 정책으로 해서 시련을 받기에 이른다. 패속(敗俗)이란 구실로 뿌리 깊은 일상적 습속이 상스러운 것으로 잘못 매도되면서 풍물도 덩달아 푸대접을 받게 된다. 민중의 의지가 집결하는 당굿이 폄시되고, 무속 전체가 '무꾸리'란 이름으로 강압적으로 이간되면서 풍물도 넓은 서낭당의 굿판이나 들판의 일터에서 밀려나 골목과 소규모의 마당놀이로 변색되는 경향이 있다. 이러한 현상은 사회 구조가 점차 계층 사회, 즉 일하는 층과 일을 시키는 층으로 분화·대립·경직되면서부터 이루어진 결과이다. 그러면서도 풍물의 기능이 조선조에서 아주 쇠퇴했다고 볼 수는 없다. 세시 풍속에서 지켜지는 대소 명절과, 민심의 마찰을 꺼려 그런 대로 묵인했던 당굿과, 또 농사·어로의 일터에서 부단히 명맥을 이어 왔다.

풍물이 행해진 때를 대별하면 음력으로 정월·5월·6월·7월·8월·10월 등에 집중적으로 놀았으나, 이 시기는 농사를 기준으로 해서 농군들이 정한 것이다. 정월은 세초(歲初)로서 마을의 결속과 벽사진경(僻邪進慶) 및 기풍(祈豊)의 당굿에서 풍물이 구실했고, 5월은 농사가 가장 바쁜 때로 일의 능률을 높이기 위한 노동 음악으로 효용되었다. 논매기가 끝나는 7월은, 농군들이 잠시 허리를 펴고 '농상계(農桑契)'·'초연(草宴)'·'풋굿놀이'로 통하는 '호미씻이'를 즐기는 계절이니 이때에 풍물이 빠질 수가 없었다. 한 해의 수확을 거두어들이는 추수의 계절 10월의 타작 마당에서 다시 풍물은 울리게 마련이다. 한 해를 보내면서 다시 울리게 되는 당굿에서 풍물은 제의악으로, 신명진 놀이판에서의 여흥 음악으로 연주된다. 근세의 일이지만 동학 혁명군의 길군악이 곧바로 풍물이었다는 사실을 상기한다. 한 마디로 조선 왕조에 있어 풍물은 지배 계층의 폄시와 외면 속에서도 전체 인구의 8할을 차지했던 서민 대중에 의해서 전승되어 왔다.

그후 풍물의 자생적 전승에 결정적 먹칠을 한 것으로서 역시 일제의 식민 정책을 들어야 하겠다. 이른바 한일 합병 이후 서민 대중의 집단적 움직임을 가장 겁냈던 그들이기에 풍물을 곱게 보아 넘길 수가 없었을 것이다. 미신이란 명분으로 마을마다의 당굿을 강압으로 없애려 들고 '대동놀음'의 놀이판을 훼방하거나 교묘하게 그 기능을 변질시키던 차에, 1937년에 이르러 급기야 군수 물자의 헌납을 빙자해서 마을마다 풍물 악기를 몽땅 빼앗아 가고 만다. 쇠붙이인 '사물'을 칼과 탄환으로 둔갑시키고자 한 속셈에는, 우리의 민족 음악인 풍물을 함께 없애 버려야겠다는 이중의 계산이 도사리고 있었음을 깨달아야 한다.

1945년 8·15 해방 이후 잠시 풍물이 되살아나는 듯하더니, 서구 문물의 숨막히는 홍수에 밀려 다시 미개스런 광음(狂音)이란 반주체적 오판에 의해서 소박맞고 만다. 모처럼 장만했던 '사물'들은 전근대적 마을이란 불명예를 씻는다면서, 무지한 지도층(?) 인사들의 종용에 의해서 다시 버려지기에 이른다.

1950년대말에서 60년대초에 이르러 늦게나마 자각하기 시작한
'주체적 문화의 수립'이란 명제로 해서 되살아나면서 오늘에 이르
고 있다.

그러면 여기서 풍물의 몇 가지 기원설을 소개하고자 한다. 이것
은 이미 여러 인사에 의해서 발표된 내용을 다시 정리해 본 것이
다. (《國樂, 朴錦愛, 敎壇社, 1972 참조.)

농사 안택 축원설

풍물이란 농사의 시작과 끝인 파종과 추수 때에 풍년을 축원하
고, 그 해 농가의 매귀안택(埋鬼安宅)을 여러 귀신에 기원한다는
뜻에서 농민들의 토착 종교적 의식의 성격을 띤 축원 형태의 음악
이다. 이것은 예로부터 전래되는 두레기춤(농기춤), 풍물로 '매귀
굿'·'당산굿' 등이 있는데, '당산굿'은 마을의 수호신에 대한 축
원임을 알 수 있다. 또 풍물을 '굿'이라고 칭하는 것과 같이 '제
석굿'에서 연원하여 분화·전래된 것으로 보는 의견이 있다.

한편 농사철에 따라 모심을 때의 '모내기굿'과 김매기 때의 '두
레굿' 등이 있다. 모내기 때에는 '모방구'라 하여 큰북을 치면 많
은 농부들이 일제히 모여서 북소리를 들어 가며(맞추어서) 모내기
를 하고, 김매기 '두레굿'에서는 논 밖에서 북을 친다. 간단한 풍물
악기의 구성으로 소박한 가락의 '도드리풍장'·'재넘기풍장'으로
이루어진다. '모내기굿'에는 '상사소리,' '두레굿'에서는 '방개소
리'를 서로 주고받는데, 일이 다 끝나면 때로는 '술멕이풍장'을 치
고 즐긴다.

군악설

농군을 전쟁에 동원하기 위해서 군사로서 훈련시키는 방안의 하나로, 전시용 진법 전수를 목적으로 진법을 악무(樂舞)로써 지휘·훈련케 한 것이 점차 풍물로 발전한 것이라 한다. 다른 의견으로는, 일찍이 중국의 문무왕 때에 문신이었던 강자수(姜子守)가 걸주(桀紂) 대전(對戰)에 임해서 군사 모의의 도청(盜聽)을 방어하는 술책으로, 전립(戰笠) 쓴 위장병을 많이 세우고 징·북·바라 등의 악기를 울리게 한 것이 풍물의 기원이라고도 한다.

불교 관계설

조선 왕조에 들어와서 불교가 쇠약하여져 재원이 궁핍해지니, 절의 유지책으로 화주승 이하 수십 명의 중들이 집단을 이루어 머리에 불두화(佛頭花)를 단 화관(고깔)을 쓰고, 꽹과리·징·북·장구·자바라·저[笛] 등의 악기를 연주하며 민가를 찾아 걸립하던 '굿중패'가 생기게 되었다. 이것을 보고 민간에서도 '걸궁' 또는 '마당밟이'라 하여 마을의 공익 사업에 쓰일 자원을 염출할 목적으로, 대개 음력 정월 초순에 마을의 풍장 치는 사람을 모아서 '굿중패'와 같이 집돌림으로 굿을 치던 풍습이 바로 오늘의 풍물로 발전되었다고 보는 것이다. 이 풍물의 형태는 불교 의식이 첨가되어 있는 것이 특징이라 하겠다. 즉 머리에 화관(고깔)을 쓰고 자바라를 치는 것과, 잡색 가운데 중이 따르기도 한다. 악기의 '치배'도 발전하여 꽹과리·징·북·장구 등의 인원수가 각 2인에서 그 이상으로 증가하였고, 그밖에 나팔·날라리(胡笛·태평소 또는 쇄납이라 함)와 같은 취주 악기도 따르며, 여러 잡색과 더불어 진풀이를 하여 연희성이 짙은 풍물의 형태로 발전한 것이다.

이상 인용한 내용은 앞서도 밝힌 바와 같이 이것을 곧바로 풍물의 기원설로 보기에는 미흡하다. 풍물이란, 한 마디로 이 민족의 원초적 기원과 생산 과정에서의 풍요한 소득을 위한 노동 음악이란 복합적인 효용으로 해서 창출된 민족 음악으로 보아야 하는 것이기 때문이다.

한편 오늘에 전승되고 있는 풍물은 다분히 노작성(勞作性)이나 의식성을 벗어나 연희적 성격의 것으로 바뀌어졌음을 발견하게 된다. 이러한 현상을 다른 말로 설명하자면, 직접 풍물의 연희에 참여하는 사람을 위주로 놀아졌던 형태에서 그것을 구경하는 관람자를 위주로 하는 구경거리로 변하여 왔다는 사실이다. 노작과 축원에 효용되었던 풍물이 직접 풍물에 참여했던 사람 모두의 내적 욕구의 소박한 표현인 데 반하여, 연희 풍물이란 것은 구경꾼의 욕구를 충족하는 방편으로 변천된 것이라 하겠다.

수박 겉핥기였지만, 우리 민족 음악으로서의 풍물의 역사를 살펴보고자 하였다. 풍물의 역사를 규명하는 데는 앞으로 사회 · 경제사적인 부감이 있어야 함은 물론이다.

풍물의 신앙 · 제의성

정월 대보름에 마을 사람들은 풍물을 치며 마을의 진산(鎭山)에 올라 신을 모셔 내려온 다음 큰굿을 벌이고는, 다시 집집마다 들러 선신(善神)을 맞아들이고 악신을 쫓는 '지신밟기'를 한다. 사사로운 개인의 소망을 기원하는 '씻김굿' · '병굿'의 굿판에서도 풍물은 빠지질 않는다.

원초적 신앙의 터전이자 풍물의 발상지이기도 했던 서낭당은 본시 민중이 스스로의 현재와 내일의 문제를 기원하며 토의하고, 행동 원칙을 결의하고 단행하는 자리였음은 익히 알고 있는 사실이다. 이곳에서 당굿의 제의 음악으로 풍물이 구실하여 왔음도 앞서 지적한 바 있다.

한민족(韓民族)에 있어 꽹과리 소리는 가장 경쾌하고 박력 있는 소리인가 하면, 한편으로는 옷깃을 여미게 하는 섬뜩하면서도 경각심을 주는 가락이라 하겠다. 당굿에서 울려 퍼지는 낭랑한 쇳소리는 같은 쇳소리면서도 옷매무시를 하게 한다. 꽹과리뿐만 아니라 징과 장구도 옛부터 굿에서의 필수적인 악기로 쓰여 오고 있다. 이러한 풍물에서의 '사물'이 바로 무악의 악기로 함께 쓰이고 있음은, 풍물과 무악은 결국 동원(同源)이라는 한 단서가 되어 준다.

다시 서낭당의 얘기로 돌아오자. 서낭당이란 대개의 경우, 마을을 굽어보는 마루턱에 자리잡고 있다. 이러한 위치의 선정은 여기에서 자기의 마을을 지키고, 나아가서는 이 땅 전체를 지키는 요새로서의 구실 때문이었다. 그러면서도 이 서낭당의 기능은 토착 신앙이 정주하는 신앙적 통로로도 구실하고 있는 것이다. 여기에서 펼쳐지는 제의 음악으로서의 풍물은 '부군님'과 민중과의 결합·유대를 꾀하는 훌륭한 촉매제로서 효용되었다. 풍물을 신호로 해서 온 마을 사람들이 서낭당 넓은 마당에 모여졌고, 의식의 절차는 '쇠가락'과 '가림새'에 따라 함께 진행된다. 내우(內憂)·외침(外侵)에의 투쟁 및 자기 발전을 위한 민중의 의지가 전인적인 힘의 상징인 '부군의 집' 마당에서 모색되고 결행되었다는 면에서, 그것은 한갓 '무꾸리'이기 이전에 객관적이요 진보적이며 보편적인 내용으로 봐야 한다.

《동국여지승람》에 보면 4월과 10월에 귀신을 산 아래로 맞아 '종고잡회(鐘鼓雜戱)'를 베풀고, 원근 사람들이 한데 모여 제를 올린다고 씌어 있다. '종고잡회'에는 물론 풍물이 포함된다.

그러면 여기에서 무당이 주재한 굿에서 쓰이는 '신대'와 풍물에서의 '두레기(農旗)'와의 관계를 알아봄으로써, 풍물의 신앙성 내지는 제의성을 가려 본다. (이보형, 〈신대와 농기〉, 《문화인류학》 제8집, 1976 참조.)

산 나뭇가지에 백지·실·헝겊 따위를 단 신대는 무의식(巫儀式)에서 흔히 쓰이는데, 동제(洞祭)에도 이런 형태의 신대가 쓰이는 지역이 있다. 강릉별신제의 서낭대는 성황사 근처에 있는 수목 중에서 도끼로 벤 나무에 실·백지·헝겊을 달았고, 해운대 미포별신굿의 서낭당은 이파리가 그대로 붙어 있는 생죽간(生竹竿)에 백지를 길게 달았고, 고양군 사정동 산신제의 도당대는 잎가지가 붙은 7척 길이의 생잡목 가지에 백지를 단 것이다.

창녕군 영산 문호장굿의 서낭대는 잎가지를 쳐낸 죽간에 흰 광목을 감고 5색의 베를 기와 같이 달아서 신기(神旗)와 같은 모습으로 되어 있으며, 영산 죽전리 서낭대는 8미터 정도 죽간 끝에 꿩장목을 달고 서낭당에 보관되었던 5색보로 대의 아랫도리를 2미터 정도 감아서 신기와 같은 모습이다. 긴 죽간에 꿩장목을 달고 그 밑에 기폭을 단 신기는 은산별신제 대기, 평북 회천 성황신기, 김제군 서도 부락 용신기 등에서 보는 바와 같이 흔히 있는 것이다. 거꾸로 제주도 무의에 쓰이는 좌둣기·우둣기·큰대와 같은 '기매'는 생죽지(生竹枝)로 깃봉을 달고 있는데, 이것으로 미루어 봐서 신기의 깃봉에 꿩장목을 다는 것은 신대의 생목지와 같은 구조로 특징을 갖추고 있다. 큰대는 4,5미터의 장간(長竿) 끝에 푸른 댓가지를 묶어 깃봉을 달고, 깃봉 밑에는 '월덕기'와 같은 지제 기폭을 달기도 하지만 용형(龍形)의 '대통기'를 달았다. 깃대에는 푸른 솔잎과 방울을 달고, 긴 줄이나 긴 베로 만든 상버리줄·나부줄전기·신줄·대대리 등을 깃대에 달아 제상 또는 땅 위에 버티어 놓았다.

신기에 용형의 대통기를 다는 것은 서울 용강동 명덕당의 성황기, 서울 용문동 남이 장군당의 용기에서와 같이 기폭에 용을 그린 것과 같은 구조라 하겠다. 명덕당 성황기에는 용도(龍圖)와 함께 최영 장군 신상(神像)이 그려져 왔다. 신기에 신상이 그려져 있는 것은 경북 청송군 진보면 진보리 신기에 태조대왕 신상이 그려져 있는 것에서 볼 수 있다.

신기에 용·범 신상을 그리는 것과 같이 충남 대덕군, 전북 김제군에서는 용을, 충북 음성군에서는 거북을, 함남 북청군에서는 사자를 만들어 쓴다. 김제군 서도 마을 당제의 용신기는 흰 기폭에 사각의 검은 테로 용형을 도안화했고, 기폭 한편에 '신성용신기(新成龍神旗)'라 씌어 있다. 기폭에 기명(旗名)을 쓰는 것은 은산별신제의 '은산별신대기'·'은산별신사령기'에서도 볼 수 있는데, 이것은 함남 덕원군 적전면 동제의 신기에 '함남 덕원군 적전면 하리 하동 산천성황지신위'라 신위를 쓰는 것과 같은 구조라 하겠다.

제주도 '큰대'와 같이 신기의 깃대에 방울을 다는 것은 은산별신제 대기·하회 동제 서낭대에서도 볼 수 있다. 제주도 '큰대'에 상버리줄·나부줄전기·신줄·대대리와 같이 신기에 벌이줄을 늘이는 것은 은산별신제 대기, 평북 희천 성황신에서도 볼 수 있다.

이상 신대에 관한 소상한 고찰에서 다각도의 확인을 하게 된다.

이어서 두레기의 모습을 알리는 자료를 소개한다.

농기의 깃대도 신기와 같이 긴 죽간으로 되어 있는 바, 두레패 두레기의 깃대는 7,8미터로 길게 되어 있으나 걸립패의 서낭기는 3,4미터 정도로 짧아 운반하기도 편하다. 깃대의 꼭대기에는 신기와 같이 꿩장목으로 깃봉을 달았다.

강원도 농촌의 농기는 생목지로 깃봉을 달며, 전남 도서 지방에서도 꿩장목이 없으면 짚을 틀어서 만든 '유지지'나 '시노대앞'으로 깃봉을 달아서 신대와 같은 모습을 하고 있는 것도 있다. 두레기에 신기에서와 같이 방울을 다는 것은 전북 익산 지방의 '기세배' 두레기에서 볼 수가 있다. 또 두레기의 깃봉 밑에 놋쇠로 접시와 같은 것을 두 개 마주 엎어 끼우는 지역도 있는데, 이것은 방울과 같은 구조에서 나온 것으로 보인다. 그 놋접시 사이에 백지 서너 장을 끼우는 것은 신대에 백지를 다는 것과 같은 것으로 보인다. 백지 대신 짧은 깃줄을 달기도 한다.

두레기의 기폭은 세로 다는 지역도 있고 가로 다는 지역도 있는데, 신기도 역시 세로 다는 지역과 가로 다는 지역이 있음은 마찬가지이다. 두레기의 기폭에는 '농자천하지대본'이라 쓰는 것으로 알려져 있으나 옛날에는 두레패 농기의 기폭에 '신농유업(神農遺業)'이라고 흔히 썼었는데, 이것은 걸립패 서낭기의 기록에 'OO산 성황신위'라 신위를 쓰는 것과 같은 것이며, 이 점도 동제의 신기와 같다 하겠다. 두레기의 깃대에 벌이줄을 다는데, 신기에도 벌이줄을 다는 지역이 있는 것은 같은 경우라 하겠다. 이처럼 신대와 농기의 차이는 그 생김새에서 뿐만 아니라 그 표상하는 기능면에 이르기까지 아주 흡사한 것임을 알게 된다. 지금까지 농기라는 용어로 썼지만, 실제 지역별로는 농기라는 호칭보다는 '용당기'·'용둑(득 또는 듯)기'·'용기'·'서낭기'·'낭기'·'두레기'·'덕석기'·'농상기'·'동(洞)기'·'당(堂)기'로 쓰이고 있음을 봐도 오늘날의 두레기란 신대에서 파생된 것이라 믿어진다.

이보형의 〈신대와 농기〉에서 다음과 같은 결론을 내리고 있다.

신대는 흔히 생목지에 실·백지·헝겊을 단 형태로 되었던 것이나, 긴 죽간 끝에 꿩장목을 달고 방울과 벌이줄을 달며 용도(龍圖)를 그리거나 신위를 쓴 기록을 단 신기 형태로 진화된 것으로 보이며, 이러한 형태는 농기의 구조와 같은 것이다. 농기에도 생목지·백지·용도·신위·방울·벌이줄과 같은 신대의 특징을 갖춘 구조로 되어 있다.

뿐만 아니라 신대를 들고 행락하는 동제의 굿제나, 두레기를 들고 행락하는 굿패와 그 행락 편성은 '기'·'악수(樂手)'·'제관(祭官)'·'동민'이라는 점에서 같다.

또 동제의 의식은 당굿으로 마치기도 하지만, '당굿'·'가가순방' 혹은 '당굿'·'가가순방'·'본제'의 순서로 구성되는데, 걸립패의 의식이 '들당산굿'·'가가순방'·'날당산굿'으로 구성된 것과 비유될 수 있겠다.

동제의 신대는 당에서 신을 내리면 신체(神體)로서 기능을 가지며, 이 신체는 가가순방하여 가정에 축복도 주고 또 당에서 본제로 옮겨지는데, 걸립패의 서낭기도 같은 기능을 지닌다.

한편 극동 민족의 의식에 '도(刀)'·'창(槍)'·'간(杆)'·'치미(雉尾)'등 여러 종류의 깃봉이 달린 기가 쓰여지고 있으므로, 영기의 삼지창이나 농기 및 신기의 치미봉이 꼭 한국에서 발생한 것이라 고집하기는 어렵다는 의견을 말하고 있다. 그러나 동제에 생지(生枝)를 깃봉으로 쓰는 것은 극동의 제 민족에서 볼 수 있는 것이므로, 신대의 생기가 금기로 되는 경우와 같이 여기에 쓰이는 깃봉도 달라질 수 있으리라 본다. 이러한 기들은 '오방'·'이사방' 등의 신상(神像)이나 '팔괘(八卦)'·'기명(旗名)' 등이 기폭에 그려져 있으며, 또한 이런 기들은 신격을 지니며 '독제(纛祭)'를 받는다는 점을 강조하고 있다.

결국 두레기의 근원은 신대와 같은 것이고, '의식'·'노작'·'연예'로 분화되면서 농기의 기능도 분화된 것으로 보인다. 오늘날의 풍물에서 보이듯이 아무리 연희성만이 두드러지게 가미되었다 하지만 차분히 따져 보면 내용면에서나, 심지어 '판제' 등에서도 무속과 일치하며, 그 가락이 바로 무악에서도 쓰여지는 등 와류(渦流)하고 있음을 확인하게 된다. 무악과 풍물은 동원이자 동류이기에 농악이 갖는 의식성은 바로 무속 신앙에 합일한다는 결론이다.

풍물의 사회적 기능

풍물의 시원지이자 민간 신앙의 요람인 서낭당의 기능에 대해서 더 설명할 필요가 있겠다. 당굿의 장소였던 서낭당이 신앙적 통로의 구실을 하면서, 민중의 염원을 통일하기 위하여 스스로의 문제를 토의하고 결의하고 단행했던 장소임은 앞에서도 지적한 바 있다. 여기에서 풍물은 의식의 연장이자 독립된 여흥의 수단으로 중요한 두 기능을 하고 있다.

풍물의 독창적 기능이기도 한, 성격이 다른 네 가지의 악기인

'사물'이 한 호흡으로 상충·상화하는 가운데 이룩되는 협화·협률의 묘미는 바로 공동체의 의식을 모으는 당굿의 뜻과 직결되는 것이라 하겠다. 꽹과리가 호흡과 같은 것이라면, 징과 북은 맥박에 비길 수 있을 것이며, 장구는 그것들을 매만져 상화(相和)하는 역할을 한다. 또한 풍물치는 사람과 구경하는 사람이 하나로 어울려 춤과 연극까지를 분화시키지 않고 진행되어 민중 예술의 좋은 본보기이다.

이러한 풍물은 우리의 역사와 함께 전승되는 가운데 항시 민중의 정서를 함양하는 데 이바지하였건만, 때로는 백안시되어 온 면도 있음은 역시 지적한 바와 같다. 그러나 의식에 쓰이는 제의 음악으로서의 구실에 그치지 않고 노동 음악으로서의 기능을 함께하면서 지배 계층의 백안시에도 불구하고 일하는 즐거움과 어울려 협심하는 즐거움, 그리고 의식을 하나로 모으는 보람을 안겨 주는데 공헌해 왔다. 이러한 풍물의 역할은 어려운 역사의 회오리 속에서도 혈연과 문화를 지키는 데 바닥의 힘을 부여해 주었다. 풍물을 통해 얻어지는 소중한 사회 의식이 바로 이러한 것들이다. 아직 사회 구조가 노동하는 층과 노동을 지배하는 층으로 확연히 구분되기 이전의 체제 아래에서의 풍물은 그야말로 유일한 우리 민족 음악이었을 것으로 짐작된다.

이 땅을 지켜 온 영웅과 호걸의 이름은 갖가지 문헌에 기록되고 있지만, 그들 영웅·호걸의 영예를 위해서 이름 없이 그늘에서 소모물이 되었던 대다수 민중의 존재는 잊혀지고 있다. 풍물은 바로 이 민중들에게 '나'를 내세우지 않는 귀한 교훈을 안겨 주면서 실제로는 역사의 원동력이 되어 온 것이다. 외침을 당했을 때, 마을과 마을이 신호하면 전열을 가다듬었던 징소리나, 모심기와 김매기에서 '일장단'의 구실을 했던 북소리, 풍물패를 이끌며 앞장서 지휘한 꽹과리의 가락은 모두가 원초적 민주·평등 사상의 구가이었다.

봉건적 왕권이 확립된 이래, 구박받으면서도 본디의 건강한 사회 의식으로 해서 주체적 역사의 맥락을 잇는 데 공헌해 오던 풍물이, 일제의 강압으로 한동안 움츠러들었다가 8·15 해방을 맞아 무질서한 감격 속에서도 다시 되살아나는 듯했지만, 밀어닥친 외래 문화의 일방적 침투로 해서 다시 발붙이지 못했던 과거를 우리는 알고 있다.

이제 건강한 민족 음악으로서의 풍물을 재연·재창조·전승해야겠다는 마당에서 오늘의 형편을 보면 그렇게 탐탁치가 않다. 풍물이 우리 사회에 심어 줄 본디의 기능을 되살리기 위해서는 뭐니뭐니해도 먼저 그의 노동 음악으로서의 기능인 역동성과 협화성이 간직되어야 한다. 그런데 자칫 역동적 민족 음악으로서의 풍물의 전승이, 곱게 단장한 소녀들에 의해 조명된 무대 위에서 되살아난다고 생각한다면 돌이킬 수 없는 함정에 빠진다. 땀 흘려 일하는 일터에서, 공부하는 마당에서 풍물이 지닌 소중한 평들과 협화의 사회 의식을 바탕으로 해서 재창조·전승되어야 하겠다는 생각이다. (1994)

3

조선 후기 사회 변동과 '남사당패'

'남사당패'의 사전적 의미

남사당패의 발자취를 옛 문헌에서 찾고자 한다면 그것은 거의
불가능한 일이다. 그리고 남사당패란 무슨 짓을 했던 패거리인가
에 대하여도 밝히고 있는 책이 거의 없다.

조선 시대의 사서나 문집들에서 간혹 보이는 '혹세무민하는 떠
돌이 광대패' 가운데 남사당패도 들어 있으리라는 추측을 할 뿐
이다.

이 방면을 밝히려 한 논문으로는 송석하의 〈전승 음악과 광대〉
(《동아일보》, 1935. 10. 3~11)와 〈사당고社堂考〉(《조선민속》 제3호,
조선민속학회, 1940. 10)가 가장 빠른 것이고, 심우성의 〈남사당男
寺黨〉(《중요 무형문화재 보고서》, 문화재관리국, 1968)이 무형문화재
지정을 위한 보고서 형식이긴 하지만 '유래'와 '놀이'의 대강을
살핀 최초의 문헌이라 하겠다.

그후 이 보고서를 다소 보완시킨 심우성의 《남사당패연구》(동
문선, 문예신서 5, 1989)가 있다. 한편 '남사당패'에 대한 북쪽에서
의 연구 성과는 어떠한 것이 있는지 현재로서는 알 길이 없음도
답답한 일 중의 하나이다.

그리고 또 한 가지 살펴야 할 것은 남사당패와 사당패의 분별인데, 이것도 가지각색이다.

남사당패 조선말기부터 떠돌아다니며 노래와 춤·풍물·연주 또는 갖가지 재주부리기를 일삼고 하던 무리. 본디는 독신 남자들로 이루어졌으며, 여자가 끼이게 된 것은 1900년 이후 남사당 말기의 일이다.

사당패 떼를 지어 떠돌아다니면서 노래와 춤을 파는 여자들의 무리. (《우리말 큰사전》, 한글학회, 어문각, 서울, 1922)

남사당 (지난날에) 이곳저곳으로 돌아다니면서 노래와 춤을 파는 사내.

사당 (옛날에) 노래와 춤을 전업으로 하는 광대들의 무리.

사당패 우리 나라 봉건 시기 노래와 춤을 직업으로 하던 민간 예술인 집단. (《현대 조선말 사전》, 사회과학원언어학연구소 편찬, 과학·백과사전출판사, 평양, 1981)

위에서 보이듯이 남과 북의 풀이가 다르게 나타난다. 즉 《우리말 큰사전》에서는 남사당패는 사내 무리, 사당패는 여자 무리라 하였는데, 《현대 조선말 사전》에서는 남사당과 사당의 성별을 가리지 않고 있다.

또한 《우리말 큰사전》에서는 '조선말기부터 떠돌아다니며……'로 그의 연원을 적고 있으니, 무책임한 판단이라 아니할 수 없다.

역시 보완되어야 할 부분이 허다하지만, 《남사당패연구》의 〈제1장 남사당패의 형성에 대하여〉를 참조하여 다음에 그 요점만을 인용한다.

남사당패(男寺黨牌·男社堂牌·男寺堂牌)의 연원이나 역사적 형성 과정을 밝히기에는 남아 있는 문헌 자료가 너무도 희소하다.

그 한자 표기에도 《조선어 사전》(문세영)과 그후의 《우리말 사전》에서는 '男寺黨'이라 적었고, 이능화·송석하의 논문에서는 '男寺堂' 또는 '男社堂'으로 나오고, 일제 강점하 조선총독부 조사서에서는 '南寺堂'으로 표기된 곳도 있다. 또 조선어학회가 지은 《조선말 큰사전》과 이희승의 《국어대사전》에서는 '男寺黨'으로 나오고 있다. 이와 같은 현상은 '남사당'이란 우리말의 한자 차자 표기에서 오는 혼선으로 알고, 이 논고에서는 실제 연희자간이나 고로들이 부르는 대로 '남사당패'로 통일하고자 한다.

남사당패의 사회적 신분

남사당패란 1900년초 이전에 민중들의 생활 군단에서 자연 발생적 또는 자연 발전적으로 생성된 민중놀이 집단을 일컫는 이름이다. 그러므로 이러한 집단은 권력 주변에 기생하였던, 지배 계층이 주관했던 관노·관원놀이와는 달리 그 유지와 구성이 어려웠을 것임을 짐작할 수 있다.

특히 '상놈'이라면 생산 과정의 동력인 우마격으로 취급되었던 봉건 체제하 지배층의 민중에 대한 생각으로는, 상놈들만의 집단적 행사가 곱게 보이지 않았을 것은 당연한 일이기도 하다.

우리에게 어느 때부터 민중놀이 집단 남사당패가 생겨났는가, 어떻게 이어져 왔는가를 알고자 하는 방법을 문헌적 고구에만 의

존할 때는 바람직한 결과를 얻을 수 없음을 곧 알게 된다. 왜냐하면 우리는 아직껏 민중이 주인 되는 민중사의 기록을 갖지 못하였고, 또 이 방면의 관심마저 일천하기 때문이다.

떠돌이 민중놀이 집단이 있었음을 보여 주는 문헌으로는,《해동역사海東繹史》에서 이미 신라 때 남사당패놀이 중의 하나인 인형놀이가 기록되고 있고, 이밖에도 《고려사》 가운데 〈폐행전嬖幸傳〉・〈전영보전全英甫傳〉과 《문헌비고文獻備考》・《지봉유설芝峯類說》・《허백당집虛白堂集》 등에서 역시 괴뢰목우희(傀儡木偶戲)나 그것을 놀았을 광대〔演戲者〕에 대한 기록이 나타나고 있다.

그러나 이것들은 어디까지나 그때그때의 단편적인 소개에 불과한 것으로, 떠돌이 예인 집단의 연원까지를 가늠할 수 있는 것은 아니다. 또한 민중의 이해와는 항시 대립적인 입장에서 서술된 문헌들이므로 한결같이 패속・패륜 집단으로 몰아붙이기에 급급한 나머지, 그 내용상의 분류조차 못하고 있다.《조선왕조실록》을 비롯한 그밖의 사서류나 문집・잡기 등에서도 시종 편증(偏證)에서 벗어나지 못한 채 의도적으로 깎아내리는 말을 되풀이하고 있다. 이러한 사실은 봉건적 질곡 속에서 싹튼 민중의 자생적 연희 집단에 대한 지배 계층의 도식적 평가로 해석되어야 할 것이다.

그러면 이제까지 제시한 여러 단서들을 통하여 이 패거리의 연원에 대하여는 일단, 최소한 《삼국사기》 이전으로 거슬러 올라가는 것이 아닌가 하는 가설을 세우고자 한다.

남사당패의 구성과 역할

다음 서로 유사한 성격의 패거리로 혼동되고 있는 사당패·남사당패·걸립패를 분간해 본다.

사당패란 그 주구성원이 여자이다. 일명 '여사당'으로 통하는 이 패거리는 가무희를 앞세우고 매음도 하는데, 맨 위에 모갑(某甲)이란 우두머리 남자가 있고, 그 밑으로 거사(居士)라는 사내들이 제각기 사당 하나씩과 짝을 맞춘다. 표면상으로 볼 때는 모갑이인 남자가 이끄는 조직 같지만, 실제로는 모갑이 이하 거사들은 모두 사당에 붙어먹는 기생자들이었다.

역시 남사당패와 혼동하고 있는 걸립패(乞粒牌, 建立牌)는, 반드시 관계를 맺고 있는 사찰의 신표(信標, 文書라고도 함)를 제시하고 집걷이(지방에 따라서는 이것을 지신밟기·마당밟기라고도 함)할 것을 청하여 허락이 나면, 처음 풍물놀이로 시작하여 몇 가지 기예를 보여 주고, 터굿·샘굿·조왕굿 등을 마치고 마지막에 성주굿을 하는데, 이때 곡식과 금품을 상 위에 받아 놓고 비나리〔告祀文書〕를 왼 다음, 받아 놓은 곡식과 금품은 그들의 수입으로 하는 것이다. 1900년대초 이후 남사당 말기에 들어서는 남사당패·걸립패가 분별 없이 왕래하게 되면서, 오히려 남사당패들이 걸립패 행세로 바뀐 면도 없지 않았다. 그러나 걸립패의 본디는 절과 손을 잡고 있는, 일명 중매구(중이 노는 매구놀이·풍물놀이의 영남 지방 방언)로도 불리었음을 상기하게 된다.

남사당패는 꼭두쇠(우두머리)를 정점으로 풍물(농악)·버나(대접돌리기)·살판(땅재주)·어름(줄타기)·덧뵈기(탈놀이)·덜미(인형극·꼭두각시놀음) 등 여섯 놀이(옛날에는 '소리판'·'요술' 등도 있었음)를 가지고, 일정한 보수 없이 숙식과 다소의 노자(路資)만 제공받게 되면 마을의 큰마당이나 장터에서 밤새워 놀이판을 벌였다.

꼭두쇠란 패거리의 대내외적인 책임을 지는 우두머리로, 그의 능력에 따라 식구가 모여들기도 하고 흩어지기도 하였다. 많을 때는 50여 명에 이른다.

끝으로 이 패거리의 성격 가운데 지극히 부정적인 면 하나를 지적하면서 이 항목을 마무리할까 한다.

이들은 '숫동모'와 '암동모'라는 이름으로 남색 조직을 이루고 있었다는 점이다. 비정상적인 이러한 관계는 다분히 봉건적 지배계층의 탐욕스런 일부다처제에서 온 폐습의 결과로 해석된다.

조선 후기 사회 변동과 남사당

18,9세기는 한 마디로 봉건 통치 체제가 급속도로 몰락하면서 지배 계층의 민중에 대한 착취가 반대 급부로 가혹해지고, 여기에 다시 반대하는 농민들의 투쟁이 구체화되고 극렬해지는 때였다.

돌이켜보건대 17세기 이후 우리 나라의 자연 경제가 서서히 깨어지기 시작하면서, 18세기 중엽에 이르면 봉건 경제의 태내에서 자본주의적 관계가 싹트고 발전하기 시작한다.

또한 앞서가는 사상 조류로서 '실학'이 발생·발전하는 시기도 이 무렵이니, 이러한 사회·역사적 변동은 여러 문화·예술 분야에서도 함께 나타나고 있음은 말할 나위가 없다.

앞에서도 잠시 언급된 일이지만, 남사당패 또는 그들이 놀았던 남사당놀이의 내용을 밝혀 주는 옛 문헌이 너무도 없다 보니 이 시기 남사당패 활동이 어떤 것이었는지 알아내기란 참으로 난감한 일이나, 단편적이나마 인접 분야인 음악·춤·놀이의 변화·발전을 기록하고 있는 몇몇 문헌 자료들을 먼저 찾아보기로 한다.

그리고 뒤에 남사당패 출신의 몇 분 '꼭두쇠'·'곰뱅이쇠'·'뜬쇠'들의 소중한 증언을 앞의 문헌 자료들과 견주어 검토하면서 가능한 대로 윤곽이나마 잡아 볼까 한다.

임형택의 〈18,9세기 '이야기꾼'과 소설의 발달〉(《한국학논집》, 계명대학교 한국학연구소, 1980)에서는, 이 시기에 소설의 독자층이 확대되었고, 연암의 소설을 비롯한 한문 단편이 쏟아져 나오고 판소리가 등장함으로써, 우리의 문학사는 소설의 시대를 맞이한 감이 있었다고 했다. 또한 전문적·직업적인 예능인으로 활발한 활동을 보였던 '이야기꾼'에 대하여도 많은 자료를 제시하며 자세히 분석하고 있다.

그런데 여기에 나오는 '이야기꾼'에 대하여, 이 책의 〈우리 나라 떠돌이 예인 집단〉에서는 10개의 떠돌이 집단(사당패·솟대장이패·대광대패·초란이패·걸립패·중매구·광대패·굿중패·각설이패·얘기장사)도 한때는 남사당패와 함께 어울렸다는 증언(故 金順泰 옹, 1904~84년. 경기도 화성군 반월면 대야미리 출신으로, 14세부터 15년간 주로 저녁 나절 살 만한 집을 찾아 소설책을 낭송하는 것을 업으로 했는데, 30세 이후에는 남사당패와 걸립패가 뒤섞인 패거리에 들어가 남사당놀이 꼭두각시놀음의 연희자 故 南亨祐(1907~78년)·梁道一(1907~79년) 등과 함께 어울려 '얘기판'을 벌인 적도 있었다 함. 이것은 남사당패의 기능이 거의 사라져 갈 무렵의 일로 추측됨)도 있다.

〈15~19세기 중엽 조선의 문화: 제2절 음악과 무용〉(《조선문화사》, 사회과학원역사연구소, 제6편, 1977, 평양: 북한학술총서 3, 도서출판 오월, 1988)의 일부를 인용한다.

　이 시기 인민 서정 가요에는 농촌의 향토적인 서정 가요들과 도시 서정 가요들, 특히 잡가들이 대부분 포함된다. 잡가라는 것은 대체로 17세기경부터 양반층들에 의하여 궁중의 악가와 양반 지배층들이 숭상해 온 가곡·가사·시조 등의, 이른바 '정가'에 대한 대칭으로 쓰여진 것으로서 민간의 '잡스러운 노래'라는 뜻이나, 그것은 봉건 시기 근로 인민들의 사상 감정을 많이 담고 있으며, 따라서 도시와 농촌에서 널리 대중화된 가요들이다. 인민 서정 가요들의 음악적 표현에서는 순하고 부드러우면서도 애상적인 것, 밝고 명랑하고 흥겨운 것, 서정적인 것 등이 지배적 정서로 되어 있다. (중략)
　이와 같이 일단 형성된 잡가들은 '사당패' 기타 민간 예술인 집단들에 의하여 퍼지게 되었으며, 가곡 계열의 가요들을 압도하면서 당시 인민들의 예술 생활의 전면에 나섰다. (후략)

위에서 사당패 기타 민간 예술인 집단들에 의하여 이른바 잡가가 퍼지게 되었다고 했음은 타당한 의견이라 하겠다.
남사당놀이 가운데 지금은 없어진 회덕님의 선소리는 우리 나라 중부 지방에 전승되고 있는 '선소리 산타령'으로서, 지금은 남사당패는 아니지만 이 지방의 전문적인 민요창자들에 의하여 오늘날까지 맥을 잇고 있다.

사당패의 중요한 세 가지 놀이로는 '사당벅구춤'·'소리판'·'줄타기'가 있는데, 이 가운데 '소리판'도 역시 '산타령' 등 잡가를 주로 불러 왔음을 여러 증언들로 알 수가 있다. 그런데 남사당패나 사당패는 팔도강산을 떠돌던 패거리여서, 반드시 '선소리 산타령'만 부르는 것이 아니라 놀이판을 벌이는 고장의 민요를 함께 불렀음도 이 놀이패들의 성격을 가늠하는 한 단서가 된다.

이밖에 민중 취향의 가무극으로는 여러 지방의 탈놀이들을 꼽게 되는데, 이 가운데 관이 주도했던 산대도감 계열의 탈놀이들은 이 시기에 해체되어 일부는 속화(俗化)하는 과정을 겪기도 한다.

18,9세기에 제대로 자리를 잡게 되었으리라는 의견이 지배적인 판소리도 처음에는 민중 취향의 설화들을 소재로 발전시킴으로써 대중성을 확보하기도 했지만, 뒤이어 관료·양반 계층의 유한적 노리개로 타락한 부정적 줄기를 발견하게 되는 것이다.

남사당놀이의 종류

이제 같은 시기의 남사당놀이 쪽으로 초점을 맞춰 본다.

첫번째 순서인 '풍물'을 흔히 '농악' 또는 '농악놀이'라 하는데, 이 농악이란 호칭은 일제 침략자들이 '전조선농악대회'라는 것을 연례적으로 열면서 쓰여지게 된 것임을 알아야 한다. 다만 이 풍물을 호남 지방에서는 '풍장', 영남 지방에서는 '매구' 또는 '풍물' 등으로 다르게 부르고 있을 뿐, '농악'은 1900년초 이후에 나온 말이다.

남사당 '풍물'의 짜임새를 보면, 남사당패가 마을에서 마을로 이동할 때 울리는 '당악가락'을 비롯하여 판놀이로서 스물여섯 가지의 판제(군사 진풀이라고도 함)가 있다.

  '당악가락' 또는 '길군악'이라 하는 이 행악(行樂)을 정광진(丁廣珍) 옹(남사당패 출신으로, 자신의 정확한 출생지·나이를 알지 못함. 1952년 스스로 73세라 했는데, 그 다음해 10월 심우성의 고향인 충남 공주군 의당면 율정리에서 병사함)은 동학당의 앞을 끌었다 해서 '당악가락,' 또는 동학군의 길가락(행악이라는 뜻)이 줄어 '길군악'이라 했다. 이 의견은 고(故) 남형우·양도일 옹 등도 역시 함께 하고 있다.

  두번째 순서인 '버나'는 대접이나 쳇바퀴 양편에 튼튼한 헝겊을 바른, 흡사 소고(벅구) 같은 것을 두어 뼘 길이의 앵두나무 막대기로 돌리는 묘기인데, 이 가운데 '단발령 넘는 사위'라는 대목에서 버나잽이는 버나를 돌리며 어렵게 가파른 고개를 넘는 시늉을 하며, 다음과 같은 재담을 한다.

  휘이휘이 아랫녘 새여 웃녘 새여 단발령 가파른 고개, 우궁고개 (우금티), 발빠진 고개, 휘이휘이 넘어가기가 장히 어렵것다!

  다음 네번째 순서인 '어름'의 마지막 장면에서 어름산이(줄꾼)가 하는 재담, 그리고 그의 행세가 장관이다.

  어름산이 : 이놈! 길군악을 몹시 치렀다!
  어릿광대 : 네에잇!
  그동안 앉아서 반주를 하던 잽이들까지 모두 일어나 줄 밑을 돌

며 길군악을 울리면, 어릿광대 역시 신명진 춤을 춘다.

어름산이의 걸음걸이가 도도하다.

어름산이가 길군악 장단에 '녹두 장군 행차'를 나타내는 당당한 몸짓으로 줄 위를 오가면, 잽이들의 길군악은 더더욱 크게 울려 퍼진다.

이것이 남사당 '어름'의 마지막 장면이다.

남사당놀이의 전승을 위하여

다음에 봉건 통치 계급을 가장 명쾌하게 정면으로 비판하고 있는 남사당 '덧뵈기' 4마당의 짜임새를 살펴보자.

- 첫째 마당——마당씻이(놀이판의 확보)
- 둘째 마당——옴탈잡이(외세와의 투쟁)
- 셋째 마당——샌님잡이(통치 계급과의 투쟁)
- 넷째 마당——먹중잡이(파계승·외래 종교의 배척)

여기에 예로 들지 않은 남사당놀이의 다른 종목들도 어느 민간 예술 집단의 연행 예술들보다 역사 의식이 투철함은 물론이다.

소홀하나마 이제껏 살펴본 남사당패의 발자취에서 우리는 비겁하지 않은, 민중 의식이 제대로 발현된 민중 예술의 큰 줄기를 만나게 된다.

18,9세기의 가시밭 소용돌이를 적극적으로 극복하려 한 남사당

패의 연행 예술은 더없이 아름다운 꽃으로 재인식되어야 하리라는 생각이다.

끝으로 왜곡되고 건강치 못하게 전승되고 있는 많은 민간 예술과 함께, 박제화되어 가고 있는 오늘의 남사당놀이도 하루속히 민중의 것으로 본디의 제 몫을 찾도록 하는 일은 우리 모두의 과제이다. (1993)

4

우리 나라 떠돌이 예인 집단

유랑예인들의 발자취

비단 남사당패에 국한하지 않더라도 유랑예인(流浪藝人)의 자취
를 전하고 있는 고문헌은 그다지 많지 않다.

《해동역사海東繹史》(한치윤, 실학자, 1823년 간행)에 다음과 같은
주목할 만한 기록이 있다.

按傀儡子卽傀儡 而傀儡及越調 本皆新羅樂也

여기에서 남사당놀이 중의 하나인 인형극 '꼭두각시놀음'이 이
미 신라 시대에 있었음을 시사하고 있다.

이밖에도 다음과 같은 문헌에서 단편적이나마 관련 있는 기록
들이 보이고 있다.

즉 《삼국유사三國遺事》·《삼국사기三國史記》·《고려사高麗史》
의 〈폐행전嬖幸傳〉과 〈전영보전全英甫傳〉·《지봉유설芝峯類說》·
《성호사설星湖僿說》·《문헌비고文獻備考》·《허백당집虛白堂集》·
《오주연문장전산고五洲衍文長箋散稿》·《대동운부군옥大東韻府群
玉》·《조선왕조실록朝鮮王朝實錄》 등이다.

또한 몇몇 고문헌들에서 역시 괴뢰목우희(傀儡木偶戲)나 그것을 연희(演戲)했던 유랑예인들의 모습이 나타나고 있다.

그러나 이 기록들은 어디까지나 그때그때의 피상적이면서도 단편적인 기록일 뿐만 아니라 당시의 지배 계층의 안목에서 본 부정적 해석들이어서, 유랑예인 집단의 실상이나 연원까지를 가늠할 수 있는 것은 아니다.

한 민족의 민족 이동 경로와도 비길 수 있는 수렵·유목·농경의 과정을 거치는 동안 이미 삼국 시대 이전에 민중 취향의 떠돌이 민중놀이 집단이 생겨나게 되었고, 이 집단들은 부족의 이동을 따라 같이 유랑하던 나머지 하나의 예인 집단을 이루게 되었으며, 각 부족들이 정주하게 된 후로도 이 집단들은 계속 각처로 떠돌며 전문적인 예인 집단으로 발전하게 되었을 것으로 짐작된다.

또한 남사당패의 발자취를 살피는 데는 서역으로부터의 유입 내지 영향을 받았으리라는 견해도 구체적으로 해명되어야 한다.

그런데 이 문제도 기존의 문헌을 통해서 그 윤곽을 잡기는 거의 불가능하다. 실상 남사당놀이를 비롯하여 여타 유랑예인들의 연희들이, 이른바 실크로드의 큰 흐름 속에서 유사성 내지는 동계(同系)·동질성을 발견하게 되지만, 아직은 우리 국내의 전승 집단에 대한 고구(考究)에 그치고 있는 형편이어서 비교·연구의 단계까지는 미치지 못하고 있는 실정이다.

다만 고문헌을 통하여 살필 때, 서역계 유랑예인들의 연희가 활발히 유입된 시기는 고려조일 것으로 짐작이 된다.

위의 문제는 앞으로 다방면의 전문가들에 의하여 연구·검토되고, 그것이 다시 종합·정리되는 과정에서 밝혀지게 되리라 생각된다.

우리의 유랑예인 집단들

이 땅에 전승되고 있는 전통 예능 가운데 유랑예인들이 전하고 있는 연목(演目)은 아주 다양하다. 그리고 그 집단도 여러 종류가 있었다.

지금으로서는 '남사당패'와 '걸립패' 그리고 다분히 그 내용이 변질된 '광대패'가 명맥만을 잇고 있지만, 1900년초 이전까지만 해도 그 종류가 거의 10여 종에 이르렀다. 현재까지 밝혀진 것으로는 다음과 같은 연희 집단이 있었다.

즉 남사당패(男寺黨牌)·사당패(社堂牌)·솟대장이패(蘇塗牌)·대광대패·초란이패·걸립패(乞粒牌)·중매구(僧乞粒牌)·광대패(廣大牌)·굿중패·각설이패·얘기장사 등이다.

이 가운데 '남사당패'는 앞에서 잠시 다루었고, 그 나머지를 간략히 설명하기로 한다.

사당패(社堂牌)

사당패는 남사당패와는 아주 대조적이면서도 흔히 유사한 집단으로 이해되고 있다. 첫째로, 남사당패가 남자만의 집단으로서 남색(男色) 조직을 이루고 있었던 데 반하여, 사당패는 여자들만의 여색(女色) 조직으로 이루어졌다는 점이다.

현재도 옛 사당패 출신의 80세 이상의 몇 분 연회자들이 생존하고 있어, 그들의 증언을 통하여 다음과 같은 연회 종목이 있었음이 확인된다.

- 사당벅구춤〔社堂法鼓舞〕
- 소리판(주로 山打令 등 民謠唱)
- 줄타기(才談줄이라 해서 곡예보다는 재담과 노래가 우세하다)

이 세 가지 연희 종목 외에 매음(賣淫)도 했었음은 익히 알려져 있는 사실이다.

1930년대 이후 사당패는 남사당패에 합류되면서 사실상 이제는 없어져 버렸고, 그들 연희의 일부가 오늘날 남사당놀이에 수용되고 있다.

솟대장이패〔蘇塗牌〕

'솟대'란 본디 삼한 시대 이래로 천신(天神)에 제사드리던 지역, 또는 그곳에 세웠던 방울과 북을 달았던 높은 장대〔長竿〕를 일컫는 말인데 지금도 그 유물이 곳곳에 남아 있으며, 해마다 정월에 당굿〔部落祭〕을 드리고 있는 마을도 적지않다.

솟대장이패란 명칭은, 이 패거리들이 꾸미는 놀이판〔舞臺〕의 한가운데에 반드시 솟대와 같은 긴 장대를 세우고 그 꼭대기로부터 양편으로 두 가닥씩 네 가닥의 줄을 늘여 놓고, 그 위에서 갖가지 재주를 부린 데서 비롯된 것으로 보인다.

남사당패나 사당패 춤과 음악과 연극적인 연희를 주로 했다면 이 패거리는 곡예를 위주로 했으니, 오늘날의 서커스의 할아버지격이 되는 셈이다.

그런데 이 솟대장이패 역시 1930년대 이후 사당패와 함께 남사당놀이에 수용되는 과정을 거쳐 지금은 독립된 패거리로서는 전하지 못하고 있다.

연희 종목은 다음과 같다.

- 풍물(農樂·舞童 등 곡예에 가까운 體技가 돋보임)
- 땅재주(불이 담긴 화로를 양손으로 들고 공중 회전을 할 정도로 숙달된 재주를 보였다고 함)
- 얼른(妖術: 갖가지 요술이 있었으나 지금은 거의 전해지지 않고 있음)
- 줄타기(남사당패나 사당패의 줄타기보다 곡예 위주이다)
- 병신굿(지주와 머슴〔종〕 2인이 엮는 무언극으로서, 올바른 일을 하지 못하면 신분과 계층에 관계 없이 모두가 병신이란 내용의 아주 해학적인 굿)
- 솟대타기(앞에서 잠시 설명했듯이, 높은 장대 위에 오늘날의 평행봉 너비의 2가닥 줄을 양편으로 장치하고 그 위에서 물구나무서기·두손〔二手〕걷기·한손〔一手〕걷기·고물〔떡고물〕묻히기〔줄 위를 빙글빙글 구르기〕 등의 묘기를 보임)

이상이 솟대장이패의 여섯 가지 놀이인 바, 지금은 남사당패의 일원이 된 송순갑(宋淳甲) 옹이 본디 솟대장이패 출신으로서 땅재주꾼이었다. 또 다른 몇 사람의 고로(古老) 연희자가 생존해 있기는 하지만 솟대장이패놀이를 재연하지는 못하고 있는 형편이다.

부언하지만 역시 솟대장이패도 남색 조직이었다.

대〔竹〕광대패

대광대패의 시원지(始源地)이자 본거지를 흔히 경상남도 합천군 덕곡면 율지리(속칭 밤마리)로 이르고 있지만 확실한 근거는 희박하다. 다만 이곳은 옛날에는 큰 장(市場)이 섰던 곳이어서, 항상 이 대광대패가 놀이판(연희장)을 벌인 데서 비롯된 것이 아닌가 한다. 대광대패 역시 어느 한 곳에 정착했던 집단이 아니라 유랑을 했었다. 주로 5일, 7일 또는 9일마다 열리는 각 지방의 장날에 맞춰 장터를 떠돈 유랑예인 집단이었다. 이 점은 남사당패와는 좀 다르다. 남사당패는 주로 큰 마을을 찾아 돌았고, 솟대장이패와 대광대패는 주로 장터를 돌았음을 알 수 있다.

또한 솟대장이패의 '솟대타기'가 대광대패놀이에도 끼여 있다. 연회 종목은 다음과 같다.

- 풍물(農樂, 솟대장이패와 유사함)
- 솟대타기(솟대장이패와 유사함)
- 죽방울치기(나무로 만든 공을 높이 올렸다 받았다 하는 묘기)
- 얼른(솟대장이패와 유사함)
- 오광대놀이(탈놀음; 어느 면에서 대광대패의 특기라면 바로 이 오광대놀이라는 탈놀음에서 찾게 된다. 경상남북도의 한가운데를 관류하고 있는 낙동강의 동서 양연안에 전승되고 있는 탈놀음 오광대놀이와 들놀음(野遊)의 확산과 정착에 큰 영향을 주고 있는 것임)

이상 다섯 가지의 연회 종목을 놀았던 대광대패도 지금은 완전히 없어져 버리고 말았다. 다만 '오광대놀이'란 탈놀음만이 경상남도의 고성·통영·가산에 남아 오늘에 전승되고 있다. 그러니까 유랑인의 예능이 아닌 향토 예능으로 정착된 셈이다.

한 가지 부언해 둘 것은, 대광대패도 남자들만으로 구성되지만 이 집단은 남색 조직이 아니었다는 점이다. 형편만 닿으면 결혼을 했다. 그렇기 때문에 일단의 대광대패는 부인과 자식까지 합해서 무려 7,80여 명에 이르는 대집단이었다고 전한다.

초란이패

본디 '초란이'란 '요사스럽게 생긴 탈'을 지칭하는 이름이다. 명칭 그대로 탈놀음을 위주로 하며 유랑했던 패거리이다. 그러나 그들의 연희 종목은 탈놀음 하나에 그치지 않고 역시 다양했다.

이 초란이패도 지금은 완전히 인멸되어 옛 초란이패를 구경했던 고로들의 증언에 의하여 그 윤곽을 알 수 있을 뿐이다.

증언에 따른 연희 종목은 다음과 같다.

- 풍물('매구밟기'라고도 하며, 남사당패와 유사함)
- 얼른(대광대패와 유사함)
- 죽방울치기(대광대패와 유사함)
- 초란이굿(탈놀음으로서 중부 지방에 전승되고 있는 산대놀이〔山臺戱〕와 경상도 지방의 오광대놀이가 습합된 형태로서, 어느 면으로는 남사당패의 탈놀음 '덧뵈기'의 경우와 같이 지역적 특성이 없다. 그러나 탈놀음만은 어느 유랑예인 집단보다도 빼어나게 잘했었다고 한다. 명칭에 있어 초란이굿에서 '굿'은 '극〔劇〕'이란 뜻으로 해석하면 틀림이 없다. 그리고 이들의 연희 저체를 '초란이굿'이라고도 하였음)

이 패거리는 구성원에 특징이 있다. 앞에서의 사당패·솟대장이패·대광대패 모두가 피지배 계층의 서민 출신인 데 반하여 초란이패는 옛 군인 또는 관노(官奴) 출신이 주종을 이루고 있으며, 특히 상이군인들이 통솔을 하고 있어 만약에 자신들의 '초란이굿'을 보아 주지 않거나 푸대접을 하게 되면 행패가 대단했었다고 한다. 대광대패와 마찬가지로 남색 조직이 아니고 가족까지 함께 유랑을 했다.

지금도 시골에 가면 아이가 울 때 "얘! 초란이패 온다" 하며 어린애의 울음을 그치게 하려는 촌로가 있을 만큼 초란이패와 일반 민중과는 가까운 사이만은 아니었음을 짐작할 수 있다.

걸립패(乞粒牌)

반드시 어느 사찰과 관계를 맺었다는 '신표(信標)'를 갖고 있어, 마을과 마을을 떠돌며 각 가정을 찾아가 사찰의 보수나 또는 창건을 위하여 기금을 걷는다는 명목으로 곡식이나 금전을 얻었는데, 집주인의 승낙이 있으면 풍물놀이〔農樂〕로 시작하여 터〔垈〕굿·성주〔城造〕굿·조왕(부엌)굿·샘〔井〕굿 등을 하는데, 그들의 풍물 솜씨와 또 그 집안의 매사가 잘 되라고 기원하는 '고사문서(告祀文書)'의 내용이 아주 신명지고 구수하다.

아직도 네댓 집단이 음력 정월과 10월·12월에는 돌고 있음을 볼 수가 있다. 그러나 앞에서 말했듯이 사찰과 관계를 맺고 있는 걸립패는 한둘에 불과하다.

한편 이 걸립패도 1930년대 이후로는 남사당패에 합류됨으로써 지금으로서는 순수한 걸립패가 없어졌다고 해도 과언이 아니다. 오늘날의 남사당패는 엄격히 얘기해서 남사당패와 사당패·솟대장이패·걸립패, 그리고 뒤에 설명될 굿중패의 혼합 집단으로 보면 틀림이 없을 것이다.

옛 걸립패의 연희 종목은 다음과 같다.

- 풍물놀이(남사당패와 유사함)
- 줄타기(남사당패와 유사함)
- 비나리(告祀文書, 주로 집안의 한가운데 있는 큰마루인 대청에서 辟邪進慶을 기리며 외워 내리는(읊는) 노래, 덕담이라고도 함)

이 걸립패 역시 옛날에는 남색 조직이었다고 하나, 1930년대 이후로는 남녀가 함께 구성원이 되고 있음을 볼 수 있다.

중매구〔僧乞粒牌〕

걸립패가 명색만 사찰을 내세워 연희의 대가를 얻는다면 '중매구'는 일단 승려가 주동이 되어 조직된, 명목상으로도 순수한 걸립패라 할 수 있겠다. 다만 승려들만으로는 풍물놀이나 중매구(탈놀이)에 익숙지 못한 까닭으로 일반인 가운데 능숙한 풍물잽이(농악연주자)와 탈꾼을 고용하는 경우가 많았다. 또한 '비나리' 대신 '천수경(千手經)' 등 불경(佛經)으로써 벽사진경을 기원한다. 연희종목도 간단하다.

- 풍물놀이(걸립패와 유사함)
- 불경(때와 곳에 따라서 달라짐)
- 중매구(짤막하나마 대광대패의 오광대놀이와 유사하며, 주로 외부의 탈꾼을 고용했음)

중매구는 그들의 활동 지역이 주로 경상남북도에 한정되고 있음이 특이하다.

그밖의 지역에서 승려가 주동이 되어 '걸립'을 할 경우에는, 걸

럼패를 기간을 정하여 고용하였음도 고로들에 의하여 증언되고
있다.

광대패(廣大牌)

'광대'라 해도 '뜬(浮)광대'와 '대령(待令)광대'의 둘로 나누어
진다.

'대령광대'란 관아(官衙)에 예속되어 있던 정착된 연희자(특히
판소리·기악·춤꾼(舞手) 등)의 이름이니 유랑예인이 아니었다.

'뜬광대'는 이름 그대로 어디나 가림없이 떠돌아다니는 광대를
말한다. 그런데 일반적으로 광대라 하면 판소리나 기악 또는 줄타
기·춤 등의 세련된 연희자의 이름으로 통하고 있다.

조선 왕조가 끝난 이후에도 잠시 지속되었던 재인청(才人廳)에
서 학습을 받은 연희자로서 대령광대로 채용되지 못했거나, 또는
나이가 많아 퇴임하게 된 연희자들이 패거리를 만들어 마을과 마
을을 찾아다니며 주로 경사가 있는 집을 찾아 놀이판을 벌이고 미
리 작정된 사례금을 받으면서 떠돌았으니, 그들을 맞아들이는 경
사 가운데는 과거에 급제했을 때와 환갑연이 가장 많았다.

그들은 남녀 연희자로 구성되며 때와 곳에 따라 내용도 달라지
는데, 연희 종목은 다음과 같다. 1930년대의 것을 증언에 따라 소
개한다.

- 삼현육각(三絃六角, 器樂合奏)
- 판소리(春香歌 등 판소리 전마당)
- 민요창(民謠라 하지만 전문 唱者이어야만 부를 수 있는 十二雜
歌·山打令·西道소리 등)

- 무용(民俗 舞踊에 국한하지 않고 官衙에서 추어지는 呈才舞까지도 추었음)
- 줄타기(남사당패와 유사함)
- 땅재주(솟대장이패와 유사함)

지금도 광대패의 후예들은 크게 차리는 환갑연에 초청되고 있지만, 옛날의 본격적인 삼현육각이나 판소리는 들을 수 없다. 그리고 서울을 비롯한 몇몇 대도시에 명색만 광대패란 이름으로 잔존해 있으면서 초청에 의하여 놀이판〔演戱〕을 벌이고 있지만, 옛날의 세련·탁월했던 기예는 볼 수 없게 되고 말았다.

굿중패

'굿'이란 '극〔劇〕' 또는 '희〔戱〕'의 뜻이고, '중'이란 '중(衆),' 즉 무리를 뜻한다. 이 유랑예인 집단은 한 마디로 남사당패와 솟대장이패 중에서 기예에 뛰어난 연희자만으로 구성되었던 15명 내외의 남색 조직의 예인 집단인 것이다.

1930년대초 남사당패와 솟대장이패가 합류하기 이전에도 굿중패는 따로 있었는데, 이들은 주로 시골이 아닌 대도시만을 순회했다는 데서 순수한 민중 취향의 집단으로는 볼 수가 없다. 어느 면에서는 광대패와 유사한 면도 있으니 환갑연 등 사가(私家)의 경사일에 초청되는 경우가 많았다. 그러나 그들의 기예만은 높이 평가되는 것이어서 굿중패를 덮을 패거리〔集團〕는 없다는 말이 있을 정도였다.

역시 광대패와 마찬가지로 때와 곳·경우에 따라 내용이 달라지며, 연희 종목은 다음과 같다.

- 풍물(農樂, 남사당패와 유사함)
- 버나(대접돌리기, 남사당패와 유사함)
- 땅재주(솟대장이패와 유사함)
- 줄타기(솟대장이패와 유사함)
- 한량(閑良)굿(1인 唱舞劇·배뱅이굿·장대장네굿·병신굿 등 다양함)

이상에서 보이듯이 굿중패는 남사당패와 솟대장이패를 합쳐 놓은 것인데, 특이한 것은 남사당놀이에서 큰 비중을 갖는 탈놀음 '덧뵈기'와 인형극 '꼭두각시놀음'이 없고, 솟대장이패의 주요 종목인 '솟대타기'가 없다는 점이다. 지금으로서는 확인할 길이 없지만, '한량굿'이 '덧뵈기'와 '꼭두각시놀음'·'솟대타기'까지를 대신할 수 있을 만큼 훌륭한 것이었는가 상상을 해볼 뿐이다. (다만 '병신굿'의 연희본만은 전해지고 있다.) 굿중패가 지나간 자리는 남사당패와 솟대장이패가 들르지도 않고 피했다는 고로들의 증언이고 보면, 그들의 솜씨를 가히 짐작할 만하다. 1920년대에 완전히 그 맥이 끊어지고, 몇 분이 남사당패의 꼭두쇠(頭目)가 되었지만 모두 세상을 떠나고 보니 이제는 한 분의 생존자도 발견치 못하고 있다.

아마도 굿중패 출신으로서 말년에 남사당패에 잠시 되돌아왔다가 1953년 10월 74세로 세상을 떠난 정광진(丁廣珍) 옹(충남 당진 출생)이 마지막 인물이 아닌가 싶다.

각설이패

각설이패의 '각설'을 한자 표기로는 '却說'로도 쓰고 있다. 의미가 어느 정도 부합되는 듯싶지만 어디까지나 차음(借音) 표기로 보아야 할 것이다.

'각설이'란 걸인으로도 통하는데, 옛날의 걸인 가운데는 그들 나름의 특유한 노래가 있어, 그 노래를 부르고 대가로서 음식이나 곡식 또는 금전을 구걸했었다.

때로는 '각설이' 한 사람이 집집을 돌기도 했지만 2,3명이 조(組)를 이루는 것이 제격이다.

여기서 '각설이패'라 한 것은, 그들이 수효가 많든 적든 내용으로는 모두 한패거리를 이루고 있었기 때문이다.

물론 집은 없으니까 다리 밑이라든가, 또는 비어 있는 곳간 등을 은거처(隱居處)로 삼으면서 주로 장[市場]이 서는 곳을 찾아 자리를 옮겨 갔다. 한 고장에 오랫동안 정착하는 각설이도 없는 것은 아니었지만, 일단 '각설이' 하면 떠돌이를 두고 하는 말이다.

한편 이들은 위계 질서가 엄격해서 고참과 초입자의 분별이 분명했다. 또한 그들의 유일한 재산이요, 장기인 각설이타령(一名 場打令)을 배우고 닦는 일은 가장 중요한 일과 중의 하나이다.

근세 판소리 다섯 명창의 한 사람으로 꼽히는 이동백(李東伯) 옹이 남긴 일화가 있는데, 판소리 공부를 게을리하는 한 제자를 꾸짖으며 "예끼 이놈, 각설이도 타령을 하려면 목을 푸는 법인데…!"라고 했다는 뜻 깊은 얘기가 전해지고 있다.

이 이야기의 근원은 이렇다. 이동백 옹이 하루는 꼭두새벽에 볼일이 있어 어느 다리를 급히 건너는 참인데, 바로 그때에 다리 밑에서 각설이들이 주먹만한 돌멩이를 한 손에 하나씩 들고 딱! 딱! 장단을 쳐가며 장타령을 하는데 그 목구성(목소리, 또는 목소리 내는 법)이 어찌나 세련되고 법도(法度)가 있던지, 이 명창이 그만

너무 놀라서 얼떨결에 바쁜 일도 까맣게 잊고 다리 밑으로 내려가 우두커니 한참을 바라보고 있노라니 각설이들이 이동백 옹을 바로 알아보고 장타령을 뚝 그치고 만다.

이(李)옹은 "……아니, 해봐! 허허 내가 오늘 큰스승을 만났구먼 그려" 하고 감탄을 금치 못했다고 한다.

각 지방마다 장타령의 노랫말과 곡조는 향토 민요의 차이나 마찬가지로 다르고 가짓수도 헤아릴 수 없을 만큼 많았던 것인데, 근년에 와서는 거의 듣기조차 어렵게 되었다.

장날 각설이패가 보이지 않으면 장판이 쓸쓸할 만큼 장타령은 신명지고 구수해서 인기가 있었는데, 이 유랑의 패거리도 이제는 끝장이 난 셈이다.

얘기장사

얘기장사란 1인의 옛날 얘기 구연자(口演者)와 1,2인의 잽이(악사, 주로 奚琴·短簫·長鼓 또는 鼓)가 한패거리를 이루어, 집집을 방문하여 옛날 얘기를 들려 주고 얼마간의 사례〔路資〕를 받으며 떠돌던 유랑인의 명칭이다.

1930년대말까지는 전국에 정확한 통계는 아니지만 줄잡아 50여 패거리는 있었을 터라는 것이 1959년에 고인이 된 얘기장사 김경태(金京泰) 옹(충남 공주 출신)의 증언이다.

얘기장사는 주로 저녁 나절 마을에서 비교적 넉넉한 집을 찾아 얘기판을 벌여 줄 것을 청한다. 주인의 응낙이 떨어지게 되면, 그날 밤 넓은 방이나 큰마루인 대청에서 《옥루몽》·《홍길동전》이라든가 《심청전》 등, 목판본 고전 소설을 펼쳐들고(실제는 어두워서 글자가 보이지 않지만) 입담 좋게 등장 인물의 배역에 따라 목소리도 변성을 하면서 얘기를 엮어 나가노라면, 잽이(악사)들은 적당히 중간중간에 극적 상황에 따라 반주 음악과 효과음까지 가미하니 얘기에 그치는 것이 아니라 아주 훌륭한 1인극이 된다.

어느 집에서나 얘기장사가 얘기판을 벌이게 되면 가족끼리만 듣는 것이 아니라, 마을 사람들까지 방 안이 가득하게 초대를 하여 한 마을이 즐거운 하룻밤을 보내게 되는 것이다.

또한 얘기장사는 재미있는 얘기만 들려 주는 데 그치지 않고, 교통과 통신이 원활치 못했던 옛날이었기에 얘기판이 끝난 다음에는 돌아다니면서 세상 돌아가는 얘기(뉴스)와 물가 변동과 온갖 소식을 전해 주는 기능을 겸하고 있었다.

훌륭한 얘기장사일수록 때와 곳에 따라 주어진 옛날 얘기 속에 즉흥적으로 오늘의 얘기를 삽입하면서 끌고 가야 한다는 고 김경태 옹의 말씀은, 얘기장사는 잘 짜여진 '1인극 배우'이었음을 짐작케 하고도 남는다. (1985)

5

한국적 인형이란 무엇인가

인형은 어떻게 생겨났는가

인형을 이희승의 《국어대사전》에서 찾아보면 "사람의 형상, 흙·나무·종이·헝겊 같은 것으로 사람의 모양을 흉내내어 만든 장난감"으로 적고 있다. 이밖에도 여러 가지 종류가 있다고는 되어 있으나, 실제 인형이란 무엇인가를 이해하는 데는 아주 미흡한 설명이다. 인형의 시원(始源)은 그와 유사한 조형물인 탈과 함께 모름지기 원시 공동체 사회의 제의(祭儀)에서 찾게 되는 것이기 때문이다.

왜 인간이 스스로의 모습을 흉내내어 우인물(偶人物)을 만들게 되었을까 하는 데는 먼저 신앙적 동기가 인용된다. 원시인들의 자발적이요, 민주적 모임인 이른바 '당굿'에서 인간의 힘을 능가한다고 믿은 신에게 바치는 공양물 중에 인형이 포함되어 있을 것이라는 의견이다. 때로 그 우인물들은 인간과 신의 사이에서 전달자로서의 역할로 존재하기도 하고, 어느 때는 바로 신의 상징물로서 대치되기도 했다. 그것은 제단 위에 모셔지기도 하고, 높이 매달기도 했으며, 때로는 손으로 들고 신의 흉내, 아니면 인간의 희원을 표현코자 했다. 신성물로서의 우인물들은 처음에는 정적이었던 것이 점차 동적인 것으로 바뀌어 갔음을 관찰할 수 있다.

인간에게 재앙을 가져다 주는 나쁜 귀신을 쫓기 위한 무서운 우인물과, 그와는 반대로 안녕과 풍요를 가져다 준다고 믿은 이로운 귀신들의 출현이 아마도 인류가 소유한 가장 오랜 단계의 인형이 아닌가 한다. 이와는 달리 옛 무덤에서 출토되고 있는 부장품으로서의 우인물들도 그 연원이 오래여서 우인물의 역사를 살피는 데 빼놓을 수 없는 대상이 된다.

이와 같은 신성물로서의 우인물들이 어떠한 연유로 해서 연회 인형으로 발전했는가를 알아내기에는 증거될 만한 자료가 드물다. 다만 원초적인 '제의(祭儀)의 연회성'에서 그 실마리를 풀어 갈 수가 있다. 생산적 연회는 그 바탕이 제의와 함께 하는 것이라는 인류학적 성과가 그를 뒷받침해 주는 것이리라. 비단 신앙적 효용에서 뿐만 아니라, 모든 정적 우인물에 점차 움직임이 가미되면서 하나의 연회물로 발전하는 흐름을 발견하는 것이다.

이를 뒷받침하는 한 예로서 우리의 전승 인형극인 '꼭두각시놀음'을 들어 보자. 특히 주인공격인 박첨지와 꼭두각시는 아직도 신성시되고 있다. 놀이판을 벌이기 전 모든 인형들을 고사상 앞에 모시고 간단한 굿도 올린다. 놀이가 없을 때에도 인형 궤짝을 함부로 하지 않고 소중하게 모신다. 한편 주로 해안 지방에 전승되는 무격(巫覡)의 굿에 등장하는 제웅(짚 인형)·넋전(창호지 인형) 등도 신앙적 기능과 함께 소박한 연회성을 보이고 있다. 아직도 주변을 찾아보면 적지않게 전하고 있으니, 오히려 옛 인형의 형태가 많이 남아 있는 곳으로 우리 나라를 꼽게 되리라는 생각이다.

여기에 빼놓을 수 없는 우인물의 하나로 전국적인 분포를 가진 장승이 있다. 신앙적 숭상물로만 존재하는 것이 아니라 마을과 마을 사이의 이정표로서의 구실을 했으며, 나아가서는 그의 우람하고도 푸근한 표정으로 삼천리를 이웃으로 감싸 준 장본이다. 그리고 비바람 속에서도 논 가운데 우뚝 서 있는 허수아비는 생산적기능을 도운 한 예이다. 인형이 무엇인가를 설명하기에는 이처럼 오랜 연원과 종류가 있고 보니 간단치가 않다.

오늘날에는 그저 인형극 인형과 장난감 인형, 그리고 크고 작은 마네킹들을 연상하지만, 아직도 우리의 주변에는 그 뿌리가 되는 옛 유산들이 엄존하고 있음을 알아야 한다. 가깝게는 통과 의례의 기구(상여, 무덤의 석조물 등)는 물론이요, 일상적인 생활 기기에 이르기까지 인형의 모습을 수없이 발견하게 된다. 그러니까 처음은 신성물로서의 인형들이 점차 연회·애완물로도 발전하는 한편, 실생활 속에 깊숙이 잠재하게 된 것이다.

그러니까 신성물로서의 정적 인형에 움직임과 재담(대사)·노래 등이 가미되면서 연회 인형으로 된 흐름이 있고, 장난감 내지는 조형물로서의 별도의 발전을 하고 있는데, 이 모든 것의 시작은 스스로를 지키며 보다 풍요한 생산을 기리는 우인물로부터 시작된 것이라 하겠다.

끝으로 이름은 인형이지만 사람의 행색이 아닌 동물의 조형들을 역시 인형(또는 동물 인형)이라 부르고 있음에 한 마디 하지 않을 수 없다. 원초적 우인물이 사람이 아닌 신의 표현이었다면, 오늘의 동물 모습들도 인간의 의지를 거친 인간 속의 동물이라는 데서 이런 이름을 거리낌없이 붙이게 된 것이 아닐까?

인형이란 무엇인가를 깨닫게 해주는 단서가 어렴풋이나마 '동물 인형'이란 명칭에서 풀어지는 것이 아닐까? 귀신과 사람·동물, 그리고 삼라만상에 이르기까지 인간의 형상적 사유를 거쳐 창출되

는 조형물이 이른바 인형이 아니겠는가 하는 광의의 해석을 붙여
본다.

한국적 인형은 존재하는가

한국적 인형이 존재하는가 하는 문제는, 한국인이 존재하는지
의 물음과 일치하는 것이다. 이와 같은 질문이 쉽게 대두됨은, 우
리 문화의 오늘이 다분히 주체적이지 못했음에서 연유되는 것이리
라. 비단 인형만이 아니다. 일상적 의식주에 따르는 생활 공간은 물
론이요, 전통 공예에 이르기까지 남의 것 흉내로 지난 1세기를 보
냈다.

심지어 예로부터 전하는 것이라면 되도록 말끔히 청산하는 것이
근대화하는 길이라는 착각에서 의도적인 자기 비하를 거듭해 온
지난 1세기가 아닌가.

이제 뒤늦게나마 자기 인식의 바람이 불고 있음은 천만다행이
다. 찢기우고 빼앗긴 끝에 민족의 분단을 맞은 지 반세기로 접어
들면서 민족적 차원의 존립을 위한 변혁기에 접어든 것이다. 스스
로를 찾는 이 작업은 한낱 회고 취향일 수 없다. 옛을 거쳐 오늘에
창출되고 있는 모든 것이 그 대상이 된다. 한편 외래의 것이라 하
더라도 오늘의 우리 사회에서 어떤 구실을 하고 있는 것이라면 한
범주에 넣어야 한다. 다만 그것들이 펼쳐내는 표현 의지가 주체적
인 것인가에 문제가 있을 뿐이다. 한국 인형의 현황을 논하기 전에
위의 논지에 자신들의 작업을 비추어 볼 필요가 있겠다.

그러면 간략히 우리 인형의 발자취를 알아보자. 우선 신앙성을

띤 신성물로서의 정적 인형의 자취가 거의 사라져 가고 있다. 간혹 남아 있다 해도 그것은 관광지의 한 장식품으로 잔존할 뿐, 본래의 기능으로 전승되지는 못하고 있다. 시대 발전에 따른 당연한 귀결이라 하겠으나, 이것들이 한 역사 유물로서도 보존되지 못하고 골동상인을 거쳐 거의가 외국으로 팔려 갔다는 데 경악하게 된다. 소수 남아 있는 것도 일반과 관심자가 그것을 보고 깨달을 기회를 주지 못하고 있다.

이들 신성 인형의 생김새를 보면 아주 간결·소박하지만, 역사적 산물로서의 가치를 발견한다. 전문가에 의한 예술품이 아니면서도 당위성과 필연성에 의한 창조물이라는 데 그 특성이 있다. 그 종류를 보면 당집 인형과 굿청 인형으로 구분되며, 나무·종이·짚·흙을 주재료로 삼고 있다.

무덤에서 나오고 있는 부장품으로서의 인형도 나무·토기·도기 등 다양하며, 사람의 형상뿐만 아니라 여러 형태의 동물도 보이고 있다. 장승의 경우도 자생적 전승력은 단절된 상태라 하겠는데, 아직도 몇 군데 마을에서는 철에 맞춰 장승제도 지내고 새 장승도 깎아 세우고 있다. 그러나 다양했던 장승의 유산들도 이제는 낡은 사진을 통해서나 접할 수 있을 뿐이다.

연희 인형의 경우, 옛 유물은 전하지 않고 있다. 1964년 중요 무형문화재 제3호로 지정한 '꼭두각시놀음'의 인형들과, 1983년 중요 무형문화재 제79호로 지정한 '발탈,' 그리고 무형문화재의 지정은 받지 않았지만 유일한 그림자극 '만석중놀이'의 인형들이 있다.

꼭두각시놀음에 나오는 인형은 40여 점이며, 절(조립식 법당) 등의 소도구 10여 점, 그리고 이시미(용도 뱀도 아닌 상상적 동물) 등 4종의 동물이 있다. 재료는 주로 오동나무나 버드나무이며, 배역에 걸맞는 얼굴과 머리치장을 한다. 옷은 무명으로 입히는 것이 보통이다. 얼굴 등을 칠하는 물감은 아교 단청이라 하여 흰 돌가루와 아교를 녹인(데워서) 물에 광물성 분말 물감을 첨가하여 원하는 빛을 낸다. 이 아교 단청은 뜨거울 때와 바른 후 식었을 때의 빛이 달라서 오랜 경험이 필요하다. 빛깔 자체로나, 그것이 인형의 얼굴과 머리를 보호하는 데 효율적이고 조명 효과에도 탁월한 것인데 이제는 그 만드는 법마저 잊혀져 가고 있다.

꼭두각시놀음의 인형 구조는 주로 장두 인형인데, 다양한 신분의 남녀 노소가 고루 등장함으로써 우리 인형의 한 보기로 참고하는 데 훌륭한 것이다. 그러나 아직 정리된 사진집조차 없다.

발탈에는 조기장수라는 단 하나의 배역이 나오는데, 연희자의 발바닥에 탈을 씌워 몸뚱이가 되는 동체 위에 올려 놓고 주로 양팔을 움직여 굿거리 춤사위를 보여 준다. 그 구조가 특이하여 새로운 인형극의 구상에 재미있는 단서가 됨직하다.

만석중놀이의 인형들은 두꺼운 장판지를 오린 십장생과 용·잉어·목어 등의 그림자 인형이다. 각 배역의 특징을 나타내기 위하여 용이면 용의 몸에 비늘 구멍을 뚫고 물들인 창호지를 붙이니, 그 빛깔도 아름다워 흡사 잘 된 민화를 연상케 한다. 새로운 그림자극과 그림자 인형을 만들어 내는 데 소중한 자료가 된다.

이밖에도 어린이들이 놀았던 '풀각시놀이'나 '수수깡 인형놀이'도 거의 없어져 가고 있다.

이른바 현대 인형극이란 명목으로 이 땅에 유입된 서구 형식의 인형극들은 1930년대초 이후 기독교 선교사들에 의하여 처음으로 보여지면서, 반세기를 지난 오늘에 이르기까지 수용의 차원이 아닌 흉내의 단계를 넘지 못하고 있다.

하나의 연구 과제로 남는 것은, 1930년대 중반 이후 1945년 제2차 세계대전이 끝나는 사이 주로 중국을 무대로 활약했던 독립군 문예대가 보여 준 인형극들이다. 서구적인 인형극 양식을 받아들이면서도 당시의 의지와 애환을 '박첨지놀이'(꼭두각시놀음)를 기본을 삼으면서 엮어냈다는 참여자의 증언이 있다.

우리 나라에 옛부터 애완 인형이 있었느냐는 물음에는 그 답변이 궁색해진다. 왜냐하면 인형 하면 파랗고 노란 눈빛의 서양 봉제 인형이나, 화려한 옷으로 감싼 값비싼 것을 연상케 되기 때문이다.

어렸을 때의 기억을 되살려 보자. 우리는 베개를 아기 인형으로 알고 잠재우며 업고 다녔다. 수수깡으로는 직접 사람이나 동물 또는 방아 찧는 일꾼의 모습과, 해와 달까지도 만들어 냈다. 누구나 흙으로 사람이나 동물을 빚어 보지 않은 사람이 없을 것이다. 우리에게 상품으로서의 인형은 없었다 하더라도 우리 민족이 인형 문화를 충분히 누려 왔음에는 틀림이 없다.

그렇다면 오늘날 과연 "한국적 인형은 존재하는가?" 하는 물음에 선뜻 "예" 하고 나설 용기가 있겠는가. 솔직히 과거에는 전하던 것이 지금은 그 명맥을 잇기에도 위험한 상태임을 고백하지 않을 수 없다. 비단 인형에 국한되는 문제가 아니다.

한국적 인형, 독창적 전형을 갖춘 인형이 만약에 있다면 우리 문화 전반이 지금처럼 병들어 있을 리 만무하다.

한국적 인형의 전형(典型)에 대한 제언

상식론이지만 '한국적'이란 하나의 개별성을 뜻한다. 그러나 그 개별성은 일반성과의 통일에서 비로소 한몫의 성립을 보게 된다. 이러한 개별성과 일반성의 통일 과정을 통하여 우리는 전형성을 얻게 되는 것이다. 한 문화가 이 전형성을 얻지 못했을 때 그의 독창성 역시 없는 것이다.

하나의 전형성을 획득하는 데는 먼저 역사적 유산이 밑거름이 되어야 한다. 그리고 그것이 실생활 속에 어떤 기능을 가지고 전승되고 있는가를 분석하면서 오늘의 사회와 연관지어 그 가치가 판단되어야 한다. 물론 외래적인 사조와 양식도 전혀 배재될 근거는 없다. 이것들을 주체적 입장에서 수용하고 있느냐만이 문제이다.

위의 상황을 다른 말로 설명하자면, 개성을 전제로 한 통일만이 전형성을 획득하는 길이라는 이야기이다. 애매하게 고유 문화를 되뇌임은 봉건적 잔재에 빠져들기 십상이다. 또한 회고 취향에 머물러 생명력을 무디게 하는 죄과를 저지르게 된다. 한 예로 한국 인형의 한 전형을 찾는다고 조선 왕조의 허리 가는 기생을 1백만 개 만들어 보았자, 그것은 역사의 한 편린이나 찌꺼기를 답습하는 데 불과하다. 때로는 그러한 것도 필요하기는 하지만, 역사의 주인인 보편적 민중의 모습들이 본보기가 되어야 한다.

오늘의 우리 인형들이 뒤늦게 서구 귀족 사회의 퇴폐적 유물을 재현하는 데 급급한다면 이는 전혀 창조적 작업일 수 없다. 인형이란 특이하고 예쁘기만 한 속빈 사람의 껍질이 아니다. 고민도 하고 일도 할 줄 아는, 그리고 꾸밈없는 슬픔과 기쁨을 머금은 그런 우리의 표정이어야 한다.

세 살 어린이의 품에 안긴 인형의 거의가 파란 눈에 노랑 머리이다. 이 아기가 자라서 무엇이 되라는 말인가. 다섯 살 어린이의 손에 든 장난감은 해괴망측한 화학 무기의 모형들이다. 값이 비싸고 보면 불을 뿜기도 한다. 근년에 와서 장난감에 대한 각성이 어른들간에 없는 것은 아니다. 그러나 현실은 이런 것들의 홍수이다.

어린이 인형극을 보면 뜻 모를 서양 귀신 이야기와 정의감보다 사행심을 일으키기 십상인 것이 판을 치고, 장난감도 한수 더 떠 어린 마음을 병들게 하고 있다. 어쩌다 생각 있는 인사들이 그렇지 않은 것을 만들고 보면 전혀 수요자가 없다 하니, 이것도 그 책임은 어린이가 아닌 어른이 져야 할 일이다.

비관적인 이야기로 끝맺을 생각은 전혀 없다. 이른바 과도기요 시작이고 보니, 어려운 여건임에도 뼈대 있는 작품을 만들기 위하여 고생하고 있는 분들이 있다. 그런데 아직은 그저 옛 모습을 재현하는 데 그치고 있다는 아쉬움이 남는다.

모든 인형들이 다 그럴 일은 아니지만, 꼭두각시놀음의 인형처럼 생략적이요 집중적인 표현 방식으로 이목구비를 그리고 수더분한 옷을 걸친 모습이 그립다. 도끼로 찍어 만든 장승의 얼굴에서 풍기는 위엄과 미소가 오늘의 인형들에서는 전혀 보이지 않음은 나 혼자만의 생각일까? 곡식을 축내는 새들을 쫓았던 허수아비의 모습에서 비바람 속을 꿋꿋이 살아온 우리들 농경 민족의 소박한 삶의 모습을 연상케 되는 것은 무엇 때문일까. 이제 허수아비의 효용 가치가 없어져 갈망정 새로운 안목으로 재창조됨직도 하다.

끝으로 재론코자 함은 어린이의 장난감이다. 장난감, 그것은 엄연한 어린이의 생활 기구이다. 또한 그것은 어린이의 발육을 도와 몸과 마음을 함께 풍요롭게 해주는 것이어야 한다. 행여나 이 장난감이 상인적 안목에서 어른들에 의하여 엉뚱하게 변질될 때 그 결과는 큰 비극을 초래한다. 쉽게 씻어지지도 않는 고질이다.

지금까지 살펴본 것을 종합할 때, 인형의 존재는 단순한 장식품이나 노리개가 아니라 절실한 생활의 반영이요 슬기라는 데까지 이르게 된다. 또한 우리의 인형이 나름의 전형성을 지닐 때 '한국적 인형'도 존재하는 것임은 물론이다.

그렇다면 어떤 방법으로 이 전형성을 획득할 것인가 하는 문제가 남는다. 그 방법은 오직 인형 창작자들의 투철한 역사 의식이 전제된다. 그리고 인형이란 조형물 속에 우리 겨레가 당면한 개별적·구체적·생동적인 예술 형상을 담아야 한다. 흔한 말로 가장 독창적인 것이 가장 국제적이라 한다. 조금도 남의 눈치를 볼 까닭이 없다. 전통적인 것을 충분히 다진 바탕 위에서 오늘의 생활 속에 잠재한 전형화의 응어리들을 찾아내 빚어내는 일이 있을 뿐이다.

이러한 작업을 수없이 지속하는 가운데 '한국적 인형의 전형'에 대한 일차적 가능성이 보이게 되는 것이리라. 무덤 속 부장품의 복사품을 만들어 내는 것이 아니라, 오늘의 생활 속에 살고 있는 새로운 인간상을 창출해 내야 한다. (1989)

6

우리 나라 목우(木偶)의 분류와 성격

인간은 왜 스스로의 형상으로 만족하질 못하고, 또 다른 형상을 만들고자 하였을까?

실상 이러한 의문은 예술의 기원과 만나는 것이기도 하다.

선사 시대의 벽화를 보면 인물과 동물상이 거의 대부분인데, 풍요와 다산을 기원하는 것으로 해석되고 있다. 짐승을 쫓는 사람, 임신한 여인 등은 분명 생산의 현장을 표상하는 것들이다.

그러나 이보다 앞서 있었음직한 땅바닥을 비롯한 자연에 그려졌을 숱한 형상들을 짐작할 수가 있다. 바람과 비 등으로 바로바로 없어졌을 그들 다양하고 무수한 그림과 조소들이 헤아릴 수 없이 많았으리라. 오늘날까지 남아 있는 암벽화들은 그 일부에 불과한 것이니, 이것만 가지고 인간이 표현한 원초적 대상물을 살피려함은 만족할 만한 것이 못 된다.

자연 조건과의 갈등, 그 속에서의 보다 나은 생산을 위해서 허공과 산천 초목에 그리고 새겨졌을 더 앞선 많은 형상들이 있었을 것이기 때문이다.

우(偶)와 용(俑)에 대하여

이제 나무가 소재인 목우(木偶)의 발자취를 살피려 함에 있어, 그 보존의 한계로 해서 오랜 유물을 접할 수가 없다. 그러나 인간이 손쉽게 쓸 수 있었을 재료적 면에서 볼 때, 토우(土偶)보다도 앞설 수 있으리라 추측을 하게 된다.

여기에서 먼저 분간코자 하는 것은 우(偶)와 용(俑)의 다름이다.

우가 인간의 형상으로 만든 인형과 같은 것이라면, 용은 그와 같은 것을 순장 제도가 있었던 옛날 순사자(殉死者) 대신으로 무덤 속에 넣었던 사람과 동물 형상들을 말한다.

그러한 연유로 해서 목우보다도 목용(木俑)이 오늘날까지 전하고 있는 수효가 많다. 밀폐된 무덤 속에 보존됨으로써 옛 형태를 전하고 있는 것이다.

실상 이러한 용 가운데도 흙으로 된 토용(土俑)과 도용(陶俑)의 유물이 훨씬 많음도 나무보다 풍화 작용에 더 잘 견딜 수 있었기 때문이다.

용(俑)을 사람 대신 무덤에

용을 무덤에 넣기 전에는 산 사람을 순장(殉葬)하는 제도가 있었음은 물론이다. 임금이 죽게 되면 그의 직속 신하들을 생매장하거나 목숨을 끊어 합장하기도 하고, 남편이 죽게 되면 아내를 순장하는 등, 이와 같이 끔찍한 장법(葬法)은 일반적인 것이 아니고 특별히 지배 계층에서 있었던 일이다.

용에 대한 역사적 기록을 살피기 위하여 〈소박한 표현 속에 담긴 한국인의 심성〉(이종석, 《계간미술》, 1987 가을)을 인용한다.

옛 문헌에 의하면, 부여에서는 많은 경우 수백 명을 함께 순장했다 했고, 마한에서도 산 사람을 순장했다는 기록도 보인다. 《삼국사기》에도 고구려 동천왕(東川王)이 승하하자(248년) 근신(近臣) 가운데 순장코자 하는 이가 많아서 사람들이 나무를 베어 그 시체를 덮었다고 하였다.

실제로 고분 발굴 결과 그같은 순장 사례는 더러 확인되었다. 경남 양산 부부총(夫婦塚)에서는 시신을 안치한 석상(石床) 밑으로 3명의 유해가 더 있었다. 또 창녕의 계성리 고분에서는 맷돌로 쌓은 넓은 공간의 부실(副室)에 수 명의 유해 흔적이 있었는데, 그 중엔 금귀걸이를 단 두 사람이 팔을 서로 베어 안고 누운 자세로 드러나기도 했다.

아무리 무덤을 통한 내세(來世)로의 지속을 시인한다 하더라도 그를 가까이 모시던 사람들을 무모하게 희생해야 할까. 이러한 반성이 곧 순장의 폐지령이며, 용(俑)은 그 대치 방법으로 강구된 제품일 것이다.

순장 제도가 비판을 받으면서 그뒤를 이었을 것으로 믿어지는 용의 사용이 어느 때부터 시작되었는지 지금으로서는 알 수 없으나, 황성동(隍城洞) 고분의 토용을 7세기, 용강동(龍江洞) 고분의 것을 9세기경으로 추정하고 있음을 참작하게 된다.

같은 동양 문화권에서 중국의 용과 연관을 지어 생각하게 되는 우리의 용은 토용에서 도용으로 발전하며, 한편 서역의 영향도 받아들이고 있음을 알 수가 있다.

여기에 비하여 목용에 대한 문헌 기록은 거의 없다가 조선 왕조 성종(成宗) 6년에 개정·공포된 《오례의五禮儀》와 영조 22년에 간행된 《속대전續大典》에 나타나고 있다.

"국장(國葬)과 예장(禮葬)에 목인(木人)을 사용하는 것은 어느 때부터 시작되었는지 알 수 없으나, 예문(禮文)에 의거할 것이 없고 또 사용하는 것 자체가 적당치 못한 일이므로 해당 관서(歸厚署: 조선 왕조 때, 나라의 棺槨을 만들고 장례에 관한 사무를 보던 관아)로 하여금 영구 폐지하도록 하라"는 왕명을 내리고 있다.

그렇다면 그 이전에 이미 목인(木人)이 쓰여지고 있었다는 증거가 되며, 그 쓰여진 연대도 "어느 때부터인지 알 수 없다" 했음은 오랜 연원을 짐작케 해주는 것이 된다.

목우는 주로 소나무로 조각

현재 전하고 있는 목용들은 그 수효도 아주 희소하고 형태도 소나무로 조각하여 소박한 채색을 한 것들인데, 토용이나 도용에 비하여 연대도 후대의 것으로 알려지고 있다.

한편 《위지동이전》의 〈동옥저조東沃沮條〉 장례 풍속에 '각목여생형(刻木如生形)'이란 구절이 있는 것을 보아도 목용이 토용이나 도용에 앞설 수 있는 가능성을 보이는 것이라 하겠다.

다만 그것들이 보존되지 못함으로써 목우도 역시 오래 된 유물이 전하지 않아 그의 연원을 가늠하기가 어려운 처지이다.

1588년(조선 왕조 선조 21년)에 간행된 《대동운부군옥大東韻府群玉》(權文海)에 보면 삼국 시대의 다음과 같은 기록이 있다.

高句麗俗 敬鬼神多淫祠 有神廟二所 一日扶餘神 刻木作婦人像
一日高登神云是其祖扶餘神之子.

여기서 '각목작부인상(刻木作婦人像)'이란 분명 용이 아니라 우에 속하는 것일 듯한데, 그것은 신성물로서의 목우로 해석하는 의견이 지배적이다.

한편 이 '부인상'이 뒤에 연희 인형으로 발전했을 가능성도 미루어 점쳐지게 된다.

간단히 분류해서 용은 순사자(殉死者) 대신 무덤에 넣었던 것이요, 우는 무덤에 넣은 것이 아닌 그밖의 것을 지칭하는 것이라 말할 수 있겠다.

목우의 분류

현존하고 있는 목우가 너무도 희소하여 그 윤곽을 잡아 분류하기란 여간 어려운 일이 아니다.

그러나 가능한 한 유물과 기록, 그리고 구전하는 증언들을 바탕으로 시도해 보고자 한다.

일단 상식론으로 볼 때, 목용의 기능이 아닌 또 다른 신성물로서의 우가 있겠고, 장식물과 연희물·의인물·애완물 등으로 나눌수가 있겠다.

아직은 이 방면의 살핌이 일천한 터여서 일단 목우로 됨직한 종류를 나열하는 데 불과하고 보니, 앞으로 풍속사·종교사·미술사·연희사의 각 방면에서 해결되어야 할 과제라 생각한다.

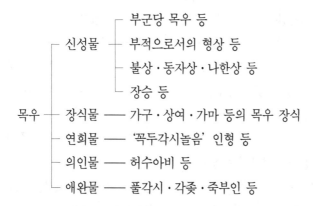

위의 도표는 어디까지나 가설적인 성격을 띠는 것이기는 하지만, 여기에 근거해서 세목별로 살펴보고자 한다.

신성물

'신성물'이란 명칭을 붙이기는 하였지만 역시 그 종류가 다양하다.

주로 부군당 안에 모셔졌던 목우나 남근(男根)·제웅 등이 여러 가지 형태의 것으로 전하고 있었지만, 지금은 골동상을 거쳐 외국으로 빠져 나가고 말았다. 간혹 국내에 잔존한 것도 수장가들의 손에 들어가 쉽게 접할 수가 없다.

여기서 한 가지 밝혀둘 것은 사람이 아닌 동물의 형상을 나무로 깎은 것도 적지않았으나, 역시 전국적으로 몇 점이 보일 뿐 현장에서 보존되고 있지 못하는 사실이다. (경남 통영군 산양면 삼덕리 원정 부락, 당집의 나무말 등.)

부군당의 목우들과, 머리를 나무로 박고 짚으로 몸뚱이를 묶은 제웅 등, 가능한 한 두루 수합하여(외국에 나간 것은 사진으로라도) 정리하는 일은 시급하며 긴요한 일이 아닐 수 없다.

다음 '부적으로서의 형상'이라 이름 붙였는데, 이것은 종이에 그린 부적이 아니라 작은 나무쪽에 조각한 것으로 간혹 인물상도 함께 들어 있는 것으로, 끈을 달아 옷 속 보이지 않는 곳에 지니게 되어 있다.

역시 호사한 수장가가 깊숙이 보관하고 있거나, 외국으로 흘러나가 실물을 접할 수가 없다.

불상·동자상·동녀상·나한상 등은 현존하는 목우로서는 가장 많이 전하고 있다. 사찰에서 보존되었던 관계로 아직도 비교적 쉽게 접할 수가 있다. 그러나 이것들도 1960년대말 이후 수장가와 외국인의 호기심을 끌게 되어 어느 사이 절을 떠난 것이 더 많다. 한편 근년에 와서 아주 그럴싸한 모조품들이 범람함으로써 진부를 가리기가 어려울 지경에 이르렀다. 목각 동물도 마찬가지로 이제는 절에 남아 있는 것이 드문 형편이다.

장승도 목우의 일종이라 하겠는데, 신성물인 동시에 마을과 마을 사이의 거리를 나타내는 표지물(標識物)로서의 기능도 함께 하고 있다. (이 항목에 솟대도 포함하고 싶다.) 그러나 역시 그 재료가 나무이어서 오랜 것은 없어졌고, 근년에 주로 관광지용으로 세워지고 있는 형편이다. 옛 장승들의 모습을 열심히 수집하고 있는 분들(장승 연구가 김두하·신명덕 등)의 집념으로 그런 대로 많은 자료가 수합되고 있다.

장식물

각종 가구·상여·가마 등에서도 다양한 목우 조각이 보이는데, 이것은 독립된 목우가 아니므로 해당되지 않는다는 의견도 있으나, 그 유물이 귀한 마당에 충분히 목우의 윤곽을 잡는 데 도움이 되는 것으로 여겨진다. 역시 수장가와 외국인의 손에 넘어가 접하기가 쉽지 않다. 현존하는 것이나마 광범위하게 수집해서 도록으로라도 정리되었으면 한다.

연희물

연희물로서는 먼저 '꼭두각시놀음'의 목각 인형(오동나무 또는 버드나무를 주로 썼음)을 들게 된다.

'꼭두각시놀음'에 등장하는 인형들을 지금도 그 연희자들은 놀이를 시작하기 전 고사를 올릴 때, 고사상 앞에 모셔 놓고(주로 박첨지와 그 큰마누라인 꼭두각시) 치성을 드리는 것을 볼 수가 있다.

이밖에도 현재로서는 우리 나라에 전하는 유일한 그림자극인 '만석중놀이'에 나오는 '만석중'을 빼놓을 수 없다. 크기도 보통 사람의 실물대이고, 관절을 장치하여 사지를 움직이게 만들어져 있다.

의인물

'의인물'이라 이름 붙인 것은 달리 적당한 호칭을 찾지 못해서이다. 지금은 간단히 나무를 꽂아 놓고 헝겊을 감은 형태로 허수아비를 만들고 있지만, 옛날에는 장승 모양의 목우로 깎아 양팔을 벌린 시늉으로 가로막대를 고정시킨 다음에 옷을 입혀, 사람이 보아도 착각할 만큼 그럴싸한 형상을 했었다. 특히 산간 지방의 밭에

세워졌던 허수아비들은 목우에 풀을 엮어 옷을 입힘으로써 화전민의 차림새와 분간키 어려울 정도였다.

옛 문헌 가운데는 많은 허수아비를 세워 적을 놀라게 하여 무찔렀다는 기록도 있어 관심을 갖게 한다.

애완물

우리 민족은 사람 형상을 집 안에 들여놓기를 꺼려했던 것으로 전한다. 단적인 예로서 연희무로 쓰여졌던 탈도 쓰고 난 다음에는 거의가 태워 버렸다. 요귀가 서려 있다고 믿은 데서이다. 그러나 어린이들의 놀이 가운데는 '풀각시놀이'라는 것이 있어 애완물로서 놀아져 옴을 볼 수가 있다. 그 풀각시의 머리는 때로는 머리 모양의 나무토막을 쓰고, 몸통은 길이가 긴 풀로 묶어 사람 시늉을 만들었다.

그러나 역시 풀각시도 밖에서 가지고 놀았지 방 안으로 가지고 들어가지는 않았다.

이와는 달리 지금처럼 인형이 없던 시절에는 베개를 아기삼아 업기도 하고 안고 어르기도 했으니, 전혀 사람의 형상이라면 멀리 했던 것도 아닌 듯하다.

특이한 것으로는 옛날 궁녀나 기녀 또는 남편이 없는 아녀자들이 남몰래 썼던 '각좆'(남근의 형태를 뿔이나 나무로 깎은 것)이라는 것이 있었고, 여름철 사대부가의 남정네들이 시원한 잠자리를 마련하기 위하여 썼던 대나무로 사람의 몸통마냥 엮어 만들었던 '죽부인'도 혹시 이 항목에 들어갈 수 있는 것이 아닐까 한다. 재미있는 얘기지만 아버지가 쓰던 죽부인을 아들이 대물림으로 쓰지는 않았다는 고사가 전한다.

이제까지의 살핌은 앞으로의 수합·정리·분류를 위한 시론에 불과한 것이어서 오류를 범하고 있을 염려도 있음을 시인하는 바이다.

막상 이 글을 쓰면서 해당 부문을 설명할 사진 자료를 구하는 데도 어려움이 따를 지경이니, 서둘러 목용·목우의 사진 자료라도 일차적으로 수합해야 하겠다는 초조감이 앞선다.

우리 목우의 표현미

'목우의 표현미'라 하였지만 실제로 전하는 목우가 희소하고, 또 있다고 하더라도 직접 접할 수가 없어 불과 20여 점의 목우와 그밖의 목우의 사진들을 대상으로 하여 이 글을 엮는 수밖에 없다.

또한 목우보다는 훨씬 많은 자료를 전하는 토용과 도용·목용도 참조하면서 그 표현미를 짐작해 볼까 한다.

동양 문화권 안에서 우리의 고미술품을 말할 때, 흔히 소박과 간결을 든다.

소박함이란 꾸밈이나 거짓이 없는 생긴 그대로의 모습을 말한다. 그러니까 정직함과 통하는 말이 된다.

간결이란 요령 부리지 않고 간단함을 뜻하니, 군더더기가 없다는 말이다.

목우에서 느끼는 소박·간결미

우리의 목우들에서도 역시 소박과 간결을 먼저 느끼게 된다. 혹자는 소박과 간결을 '무성의'로 해석하기도 하지만, 그것은 성의가 부족한 것이 아니라 최대한으로 표현 의지를 절제하고 있음을 뜻한다.

우리의 목우들은 서양의 신전이나 성당, 그리고 동양의 인도나 중국 또는 일본의 신사(神社)·사찰 등에서 보이는 다양한 조상(彫像)들에 비하여 절제된 표현미를 보여 주고 있다.

어떤 사람은 남미나 아프리카 계열의 조상들과 흡사하지 않느냐 하지만 전혀 그렇지도 않다. 오히려 그것들에서는 소박·간결한 한편 과장하는 습성이 있음을 발견한다.

일상의 인물상에서도 괴기성을 내포하는 데 비하여, 우리의 것은 괴물상에서도 인성미(人性美)를 즐겨 담고 있다.

좋은 예로서, 중국이나 일본의 사찰에서 보이는 사천왕(四天王)에 비하여 같은 우리 것은 역시 '인성미'를 머금고 있다.

목우에 나타난 인성미

그러면 현재 온양민속박물관이 소장하고 있는 동자목상(童子木像)과, 일본 도쿄에 있는 일본민예관 소장의 동녀목상(童女木像)을 보자.

사찰에 비치되었을 동자목상은 치켜 째진 눈썹미만 보면 날카로운 듯하지만, 코·입·귀 그리고 목과 어깨에서 너그러움을 나타내고 있다. 오른손에 들었던 물건은 부서져 알 수 없으나 양손의 쥠새나 몸매가 귀티나게 안정되어 있다. 전체적으로 간결하면서도 너그럽기 그지없다.

15세기의 작품이라 추정하는 이와 같은 동자목상이 수백, 아니 수천 개도 이 땅에 있었음직한데 이제는 다 어느 구석에 가 박혔는지 가슴 아픈 일이 아닐 수 없다.

역시 사찰의 불단(佛壇) 주변에 비치되었던 것으로 보이는 일본민예관 소장의 동녀목상은 앞의 동자목상과는 또 다른 심성을 머금고 있다.

파격적으로 법도에 어긋나는 옷차림을 했음은 조선 왕조에 있어서의 불상 조각의 타락이라 꼬집기도 하지만, 오히려 이와 같은 목우에서 우리의 참 표현미를 읽게 되는 것이다.

간결을 통한 절제의 극치

치렁치렁한 옷매무새와 긴 머리를 오히려 아주 절도 있게 처리하고 있음은 바로 간결과 통하는 절제의 극치라 할 만하다.

동녀목상의 얼굴에서 언뜻 슬프디슬픈 조선 시대의 연약한 여인상을 느낄지도 모른다. 그러나 굳게 다문 입과 멀리 응시하는 눈매, 난초 끝 같은 눈썹, 그리고 반듯한 코에서 우리는 만만치 않은 기개와 의지를 놓칠 수 없다.

18,9세기의 작품으로 추정되는 이 목우는, 현재 일본 땅 한 박물관의 보관 창고 속에서 그 매서운 눈초리로 바다 건너의 우리 모

두를 원망하고 있는 것이다.

이밖에도 옥랑문화재단이 소장하고 있는 동자목상·동녀목상·나한목상, 호랑이·사자·해태·말 등을 타고 있는 인물상, 물구나무를 서고 있는 광대상 등도 앞에서와 마찬가지로 간결한 절제미를 맛보게 하는 것들이다.

수수함과 무던함

소박·간결이란 표현말고도 수수함을 자주 내세운다. 수수함이란 지나치게 좋지도 나쁘지도 않은 무던함을 뜻한다. 쓸 만하다는 얘기로 통한다.

이제까지 두서없이 펼쳐 놓기만 한 소견들을 마무리해야 할 단계에 이른 것 같다.

자칫 소박·간결·수수함은 진취성·역동성이 희박하다는 결과로 빠지기가 쉽다. 어느 면 이제껏 우리의 전통미를 논하는 데 있어, 후자인 진취성과 역동성에 대해서는 깊이 살핌이 없이 흘려 버린 경향이 없지 않다.

이렇게 된 데는, 첫째로 소박·간결·수수함을 자칫 연약하고 줏대 약한 것으로 잘못 해석한 데서 비롯되었다고 본다.

소박·간결하기 위하여 표현 의지를 절제하는 상황은 우직스런 인고 끝에 얻어지는 것이요, 수수함을 이루려면 그 누구에게도 남의 것이 아닌 자신의 것으로 인식되게 하는 보편성을 획득하는 슬기가 바탕에 깔림으로써 얻어지는 것이니 말이다.

착한 사람과 악한 사람, 연약한 사람과 힘센 사람을 쉽게 걸모양새로 표현하려 하지 않는다.

그것을 단순히 겉으로 나타내려 한다면, 오히려 한 문화권의 사람들이 지니는 고정 관념을 그대로 흉내내면 간단할 수도 있다.

무한한 내일을 향한 진취성

우리의 목우——그의 형상들이 보이는 표현미는 되도록 심성을 안으로 스미게 하여, 그것을 보는 사람들로 하여금 제 나름의 감흥과 해석을 갖게 해준다는 데 특징이 있다.

또한 하나같이 선량하고 무던하지만 그 어느 하나도 당차지 않은 것이 없다. 하나를 놓고 볼 때는 언뜻 착하게도 보이지만, 여러 개를 세워 놓고 보면 무리지어 움직임을 느끼게 한다.

잘 꾸며진 죽은 조상(彫像)이 아니라 생동감을 일단 안으로 하고, 무던한 인간미로 겉을 꾸미고 있는 것이다.

어찌 목우뿐이랴마는 우리의 전통적 표현미가 보여 주는 핵심은 절제된 심성을 머금고, 무한한 내일을 응시하는 진취성에 있다는 생각이다. (1987)

7

탈의 미학(美學)

탈바가지 한 얼굴로 이별도 하고 사랑도 하려니

왜 멀쩡한 제 얼굴을 두고 또 다른 모습의 탈을 만들게 되었을까?

흔히 탈의 기원을 말할 때, 원시 공동체 사회의 제의(祭儀)에서 찾게 된다. 그것은 인간이 스스로의 능력으로서는 해결하지 못했던 질병과 죽음과 그리고 자연의 위력 앞에서 어떤 상징적인 모습의 탈을 내세움으로써 신앙적 뜻을 지니며, 인간과 신이 주는 역할로서 생겨났으리라는 발상이다.

또 다른 의견으로는, 짐승을 잡거나 전쟁을 할 때에도 경우에 따라서는 탈이 긴요한 기능을 했을 것으로 믿어 수렵을 위한 탈, 즉 생산적 기능으로서의 기원을 주장하기도 한다.

이 의견들은 아마도 각기 따로 떼어서 생각하는 것보다는 포괄적으로 해석하는 것이 바른 방법일 것이다.

얘기는 다시 돌아와서, '탈'을 한자어로 적을 때의 '가면(假面)'이란 무엇을 뜻하는가?

그것은 물론 얼굴을 가리도록 만들어진 것이다. 그러나 그저 얼굴을 가리는 기능에 그치지 않고, 본디의 얼굴과는 다른 인물이나 동물 또는 초자연적 존재인 신 등을 표현하는 조형성과 꾸밈을 갖는 것을 의미한다. 그러나 똑같이 얼굴을 가리는 것이지만 복면이라든가 방독면 따위를 탈이라 하지 않는다.

전문적으로 분류하는 경우, 수렵 가면·토템 가면·벽사 가면·의술 가면·영혼 가면 그리고 예능 가면 등으로 표현되고 있다.

그러면 지금 우리 나라에는 어떤 탈이 얼마만큼이나 전승되고 있는가. 가장 오래 된 유물로서는 경주에서 발굴된 목심칠면(木心漆面)을 들 수 있겠고, 하회별신굿탈〔河回別神祭假面〕과 병산탈〔屛山假面〕이 있고, 방상시(方相氏)도 소중한 유산 중의 하나이다.

여기에도 각 지역마다 전승되고 있는 탈들을 살펴보면, 북쪽에서부터 '북청사자놀음'이 있고, 탈의 고장인 해서 지방(황해도)의 '봉산탈춤'·'강령탈춤'·'은율탈춤,' 그리고 중부 지방의 산대놀이로서는 '양주별산대놀이'·'송파산대놀이,' 경상북도의 '하회별신굿탈놀이,' 경상남도의 '고성오광대'·'통영오광대'·'가산오광대,' 부산광역시의 '수영들놀음'과 '동래들놀음' 등이다. 이상은 모두가 중요 무형문화재로 지정되어 있는 것인데, 전승되고 있는 탈놀이의 한 놀이에 탈의 수효를 평균 15개로 잡는다 해도 줄잡아 3백여 개에 이른다.

오랜 유물인 하회탈의 이름도 가지가지이다. 양반·부네·선비·각시·초랭이·할미·이매…… 어떤 것은 생소하기도 하지만, 실제 탈을 걸어 놓고 이름과 견주게 되면 참으로 딱 알맞은 그럴 듯한 이름들이다.

어느 지방의 탈놀음을 놓고 보더라도 일상적인 한가족으로 보이는가 하면, 한 공동체에 있었음직한 배역들이 빠짐없이 다 갖춰져 있다. 착하고 악하고 비겁하고 용감한 인간 사회의 면면들이 고루 나열되고 있다.

여기에 그치질 않는다. 민족 음악의 대표격이 되는 풍물(농악)의 뒤를 따르게 되는 양반광대놀이는 바로 원초적 탈놀음의 흔적이자, 또한 그 발전 과정을 가장 잘 대변하고 있다. 어느 면으로는 오늘에 이르기까지 역사 발전과 함께 아주 자유 분방하게, 그러면서도 직설적으로 민중의 의지를 표출하고 있는 것이 양반광대놀이이다.

지금도 마을마다의 풍물놀이에서 옛날의 양반과 초란이와 포수가 등장하는가 하면, 오늘의 타락한 인간상과 못된 권력의 독이빨들이 거침없이 희화적이면서도 생생하게 표출되고 있다. 극복해야 할 오늘의 실상을 꾸밈없이 내보이면서 사회극으로서 맥을 이어 주고 있는 것이다.

탈 탈 탈……. 그런데 '탈' 하면 일단 꺼림칙한 느낌부터 갖게 되는 것이 지난 시대의 통념이었음을 상기하게 된다. 탈에 신앙적 기능이 부여되고 보니 가깝다기보다는 외경스럽기 십상이다. 끔찍하고 두려운 존재로 둔갑되어 때로는 가까이하기가 싫어진다.

또 반드시 무서워만이 아니라 되도록이면, 이른바 '탈'이 없는 바에야 '탈'과 가까울 필요가 없다. 이 탈이 문제이다. '큰일났다'가 '탈났다'로 통하고, 배가 아파도 '배탈났다'고 한다. 그러나 이제부터 얘기될 탈들은 사고도 배탈도 아닌 우리의 역사적 유산으로서의 숱한 얼굴의 조형들이다. 어쩌면 얼굴을 가리기 위해서 만든 것이 아니라, 더 적극적으로 표현하기 위하여 쓴 그런 탈들의 얘기를 해보자.

탈에 얽힌 얘기라면, 하회탈을 만들었다는 허도령의 슬픈 사연을 빼놓을 수 없다.

금기를 지키면서 남에게 보이지 않고 신성하게 만들어야 했는데, 여기에 사랑하는 여인이 끼어들어 그야말로 탈이 나고 만다. 끝내 미완으로 그치는 허도령의 얘기는 아마도 신앙적 기능을 한 벽사 가면이거나 신성 가면의 예로 해석이 된다.

우리 나라의 탈들은 신성물로서 부군당에 모셔지는 것을 빼고는, 일단 그것을 쓰고 놀고 난 다음에는 완전히 태워 버리는 것이 정해진 순서였다. 그런데 허도령의 작품인 하회탈은 하회라는 마을의 부군당에 보관되면서 1년(또는 몇 년)에 한 번쯤 놀이에도 쓰여졌으니 신앙성이 짙은 탈로 해석된다.

그러나 마을마다 있었던 부군당에 반드시 탈을 모셨던 것은 아니다. 부군님의 화상(畵像)을 걸거나, 나무로 깎은 남자의 우람한 성기(男根), 또는 그 지역마다의 특이한 숭상물들이 모셔졌다.

좀 다른 예이지만 무격들의 굿판에서도 탈이 보이는데, 범굿이라든가 심청굿 · 다시래기(死者結婚式) 등에서 보이는 여러 가지 탈이 있다. 이것들은 굿이 진행되는 동안에는 신성 내지는 영혼의 대상이 되기도 하지만, 막판의 뒤풀이에서는 한판 신명을 돋우는 연희 기능의 탈로 둔갑되면서 끝내는 굿에 쓰였던 여러 가지 지화(紙花)와 함께 깨끗이 태워 버리고 마는 것이다.

여기에서 생각되어지는 것이 있다. 그러니까 신앙적 기능의 탈이건 연희적 기능의 탈이건간에 고정적으로 부군당에 모셔졌던 것이 아니면 모두 태워 없앴다는 사실, 이것은 하나의 의식의 순서이자 놀이의 마무리라는 점에서 일맥 상통한다는 생각이다.

어느 마을의 경우나 주로 당굿의 여흥으로 놀아졌던 탈놀음은 그 마을의 오랜 역사와 함께 마을 사람들의 의지가 함축 · 표현되는 것일진대, 한 해를 결산하고 시작하는 기분으로 탈놀음은 꾸며졌으니 그것이 끝나게 되면 깨끗이 태워 버리고 새로운 마음으로 시작하고 싶었기 때문일 것이리라.

쓰고 놀았던 탈에 잡귀·잡신이 다닥다닥 붙어서, 그것을 없애려고 놀이가 끝난 다음에는 태워 버렸다는 의견을 전적으로 부인하려는 것은 아니지만 아무래도 앞의 해석이 그럴 듯하다.

탈의 기능은 현재로서는 크게 신앙과 연희의 둘로 나눌 수 있다. 그것이 때로는 서로 상관 관계를 맺으면서 습합의 형태로 발전하기도 하지만, 근세로 오면서는 연희적 기능이 돋보이고 있다.

한편 탈판을 벌이기 전에 고사(告祀)를 올리는 것이 아직도 지켜지고 있지만 기원의 의미라든가 어떤 절실한 욕구에 의해서가 아니며, 오늘날 현대인이 심기 전환으로 무슨 일에 앞서 목욕을 하는 기분으로 재연되고 있다면 과언일까.

그러면 여기서 우리 탈놀음에 많이 나오는 이름들을 순서 없이 살펴보자.

'샌님'은 양반이다. 그러나 양반이면서 채신이 말이 아니다. 낙반(落班)한 시골 샌님은 봉건적 가족 제도하의 일부 다처를 흉내 냄으로써 집안 꼴도 말이 아니다. 그러면서도 겉치레나마 하인 말뚝이를 부리며 위세를 지키려 한다. 끝내는 망신만 당하고 말지만, 못생기고 주책 없는 샌님을 통하여 바로 우리 역사의 어둡고 비극적인 대목을 만들고 만 양반 계층의 말로를 그대로 볼 수 있는 것이다.

'취발이'는 힘센 상놈이다. 파계한 중이 데리고 살던 젊은 소무를 빼앗는가 하면, 샌님에게도 마구 대든다. 좌충우돌 무서운 게 없다. 그런데 문제가 있다. 오늘에 전하고 있는 취발이는 들떠서 날뛰기만 하지 자기 의지, 다른 말로 하자면 역사 의식이 없다. 조선

왕조와 일제 36년을 거치는 동안 변질된 데서 온 결과일 것이다.

술 잘 먹는 취발이, 분수 없이 날뛰는 취발이보다는 그의 억센 힘이 이 세상을 바로잡는 데 한몫을 해야 한다는 생각에서 취발이를 꼬집어 본다.

'말뚝이'는 샌님의 종이다. 종이면서도 고분고분하지 않다. 때로는 샌님을 조롱하고 욕보인다. 그런데 취발이와 마찬가지로 끝마무리가 흐지부지다. 너무도 못 살다 보니 눈치만 남은 그런 면이 때때로 보인다.

파계승인 '먹중'은 누구에게나 놀림의 대상이다. 그러면서도 젊은 계집만 보면 기고만장이다. 끝내 취발이에게 쫓기고 말지만, 음흉하기가 이만저만이 아니어서 또 언젠가 다시 나타날 그런 인물이다.

단순한 외래 종교라기보다는 외세에 대한 비판과 극복의 대상으로서 먹중이 아주 옛날부터 등장하고 있음을 오늘의 우리는 어떻게 받아들여야 할 것인가. 거치적거릴 만큼 숱한 오늘의 먹중들을 우리는 어떤 자세로 대처하고 있는 것인가. 참으로 자책을 금치 못하게 하는 것이 먹중의 존재이다.

'영노'는 제 입으로 자기는 사람도 짐승도 아니라 한다. 그저 무엇이든 먹어치우는 불가사리와 같다. 그러면서도 제일 식성에 맞는 것은 양반이라며, 양반만 보면 침을 삼킨다. 양반 계층에 대한 분풀이를 영노를 통하여 전개하고 있는 것이다. 때로는 끔찍하기도 하지만 유별난 배역임이 분명하다. 다만 기왕이면 짐승도 사람도 아닌 영노라 당당하게 사람이 적극적으로 모순을 극복했더라면 하는 아쉬움이 있다. 그러나 영노의 등장과 그의 회화적인 성격은 우리의 탈놀음 속에서 큰 비중을 차지한다.

한쪽은 붉고 한쪽은 흰 두 얼굴을 가진 사나이인 '홍백가'는 이중 인격자임을 나타낸다. 옛날에도 그런 사람이 있었던가. 홍백가가 득시글거리는 오늘이고 보니 두 얼굴의 홍백가가 생소하지 않다.

"내 한쪽 얼굴은 남양 홍생원이요, 또 한쪽은 수원 백생원일세."

그의 말대로라면 애비가 둘이련만 그건 그렇지 않단다. 다만 세상을 살아가려면 이러지 않고서는 어렵다는 것이다. 홍백가의 등장은 물론 인간적 번뇌와 사회적 모순의 조합들이다. 그러나 그것은 일차적으로 자기 모순을 극복하지 못한 비극적 산물로 이해되어야 할 것이다. 그런데 그 홍백가의 두 표정마저 슬며시 웃고 있으니 웬일일까.

하회탈의 '백정'은 도끼로 소를 때려잡는 힘센 망나니와 같으련만 만면에 미소가 흐르고 있다.

봉산탈춤의 '취발이'도 이마의 울퉁불퉁한 주름살로부터 밑턱이 툭 튀어나온 것까지 괴기스럽기만 하지만, 그것이 한데 어울린 전체 얼굴에서 풍기는 느낌은 조금도 무섭지 않고 오히려 우스꽝스럽기까지 하다. 탈판이 무너져라 뛰어오르면서 양손의 한삼이 번개마냥 하늘을 가르는데, 그 힘차고 투박한 춤사위에서도 비단결보다 더 매끄러운 선율이 흐르고 있다.

동래들놀음의 '말뚝이'는 우리 나라 탈 가운데 그 크기나 생긴 모양이 끔찍스럽기로 꼽히는 것 중의 하나이다.

말뚝이면 양반의 종에 불과한데, 크기도 양반의 다섯 곱은 실하려니와 코는 열 곱도 더 되리라. 너풀댈 만큼 큰 귀도 부처님 귀를 뺨칠 만하다. 이 말뚝이가 말채찍을 휘두르며 굿거리 느린 장단에 덧뵈기춤을 추는 모습은 절굿공이로 땅을 짓이기는 모습이다. 그 큰 입을 축농증 환자처럼 딱 벌렸으니 침이 그냥 흘러나올 것만 같다.

그런데 이 말뚝이가 재담을 던지며 춤을 추노라면, 그 기괴한 얼굴에 어느덧 한가닥 미소가 흐르니 무섭기는커녕 정겨운 얼굴이 되고 만다. 동래들놀음에 등장하는 숱한 양반 형제들이 이 말뚝이의 널푼수 있는 풍채에 눌려 아주 왜소해지고 만다.

그렇다면 우리의 탈들은 왜 이처럼 거의가 웃고만 있는 것일까?

웃음이란 속이 편할 때 나오는 것인데, 그렇다면 우리 조상들은 모두가 속이 편했었단 말인가. 그렇지 않다. 지지리도 찌들리고 못 사는 가운데 그 어려움을 이겨내는 슬기로서 웃음을 택한 것이 아닐까. '소문만복래(笑門萬福來)'라 했으니 일단 웃고 보자는 속셈이었을까. 그러나 웃음이라도 다 같은 웃음이 아니라는 것을 꼭 상기해야 한다.

더욱이 우리 탈들의 웃음이란 활짝 웃는 웃음, 씁쓸한 웃음, 찝찌레한 웃음, 톡 쏘는 웃음까지 있는 것이니 그 웃음의 뒷속을 파악하기란 그리 간단한 문제가 아니다.

사회·경제적 모순과 인간적인 번뇌를 몸으로는 적극적으로 표현하면서, 얼굴에서는 일단 그 심상(心像)을 종잡을 수 없는 다양한 웃음으로 비아냥하듯이 고발·비판하고 있다. 그러니까 그의 웃음은 어느 면으로는 세상 만사에 달관한 여유까지를 보여 주게 된다. 여기에 그치지 않고 웃음 속에 비수가 있으니, 그 웃음이 송곳보다 더 섬뜩하여 소름끼치게 한다.

탈, 탈, 탈, 탈……의 웃음은 웃고 마는 그런 것이 아니라, 일단 웃어 놓고 다음 얘기는 시시콜콜히 해보자는 속셈이다.

얘기머리를 돌리자. 탈이란 물론 고착된 얼굴이다. 그 고착된 얼굴로 사랑도 해야 하고 이별도 해야 하며, 비리와 맞붙어 싸움도

해야 한다.

희로애락이 한 얼굴 속에 오순도순히 담겨진 탈이 잘 만들어진 탈이라 한다. 어쩌면 오늘의 우리네 얼굴이 바로 성공한 옛날의 탈일지도 모른다.

희비가 항시 함께 도사리고 있는 오늘의 표정들에서 어떻게 하면 밝고 건강한 웃음만을 남게 할 수 있을 것인가. 옛 탈의 맥락을 이어받으며 오늘의 새로운 탈들이 주체적으로 창출되어야 함이 우리 모두의 당면한 과제인 것이다. (1985)

8

탈—오늘을 낳은 어제의 얼굴들

탈이란 일단 섬뜩한 분위기로 받아들여지는 말이다. 음식을 잘못 먹어 배가 아플 때 '배탈'이 났다고 한다. 그뿐이 아니다. 다친 곳이 덧나도 탈났다 하고, 무슨 일이건간에 잘못됐을 때 탈났다고 한다.

실상 우리 민족은 탈이란 것을 생활 주변에 가까이 두기를 꺼려했었다. 장례 때 쓴 방상시(方相氏)는 물론이요, 한 마을의 '지킴이'로 모셨던 탈들도 마을에서 좀 떨어진 '당집' 안에 두었지 절대로 방 안에 걸어 놓는다든가 하는 일은 없었다.

탈놀이가 끝나게 되면 어느 고장에서나 불에 태워 없애는 것이 놀이의 마무리인 양 지켜져 왔다. 탈에는 갖가지 액살이 잘 붙는 것이니 태워 버려야 한다는 것이 오랜 속신(俗信)으로 지켜졌다.

이처럼 탈과 우리 민족과는 어느 면 섬뜩하고 서먹한 관계였는데도 그 유산은 숱하게 많다. 팔도 곳곳에서 탈놀이를 놀면서 살아왔다.

그런데 이런 현상은 비단 우리에게만 있는 것이 아니라 역사가 오랜 민족들에서 공통으로 발견되는 것이기도 하다.

그렇다면 인간은 왜 멀쩡한 제 얼굴을 두고 또 다른 모습의 얼굴, 바로 '탈'을 만들게 되었을까?

그 원초적인 궁금증을 풀어 보자.

흔히 탈의 기원을 말할 때, 원시 공동체 사회에서의 제의(祭儀)에서 찾고 있다. 그것은 인간이 스스로의 능력으로서는 해결할 수 없었던 죽음·질병, 그리고 자연의 위력 앞에서 어떤 상징적인 형태의 조형물인 탈을 내세움으로써 신앙적 기능을 부여하고, 인간과 신의 사이를 이어 주는 역할로서 생겨났으리라는 생각에서이다.

또 다른 의견으로는 짐승을 잡거나 전쟁을 할 때에도 경우에 따라서는 탈이 긴요한 구실을 했을 것으로 믿어 수렵을 위한 탈, 즉 생산적 기능으로서의 기원을 주장하기도 한다.

예를 든다면, 지금은 어찌되었는지 알 수 없는 일이지만 1930년대초의 조사 기록에 따르면 개성(開城) 덕물산(德物山)의 최영 장군 사당 창부당(倡夫堂, 혹은 청계당)에 수광대라 부르는 나무탈 4개가 걸려 있었다 하는데, 이것이 바로 신앙적 기능을 지녔던 것으로 짐작이 된다. 그 모습에서 신성스런 분위기를 충분히 느끼게 한다.

또 다른 예를 들어 본다. 신라 지증왕(智證王) 13년이면 서기 512년에 해당한다. 이때에 신라의 장수 이사부가 우산국(오늘날의 울릉도)을 정벌할 때 나무사자[木偶獅子]를 썼다는 기록이 있다.

나무사자라면 탈이라기보다는 인형으로 분류되는 것이긴 하지만, 이러한 것이 전쟁에 쓰여진 한 단서를 보이는 것이라 하겠다.

이렇게 놓고 볼 때, 앞에서의 탈이 생겨나는 원인이 되었을 '신앙적 동기'와 '생산적 동기'의 두 의견은, 아마도 떼어서 생각하는 것보다는 양자를 포괄적으로 생각하는 것이 옳으리라는 생각이다.

탈의 유산들

'탈'을 한자로 적을 때 가면(假面)이라 하는데, 이것은 또 무엇을 뜻하는 것일까?

거짓 가(假), 낯 면(面)이니 가짜 얼굴이란 뜻인데, 그 글자 풀이만으로는 속뜻을 가늠키 어렵다.

탈이란 물론 제 얼굴과는 다른 형상의 '얼굴 가리개'라고도 할 수가 있겠지만, 그저 얼굴을 가리는 데 그치는 것은 아니다.

어떤 탈을 씀으로써 본디의 얼굴과는 다른 인물이나 동물, 또는 초자연적 존재인 신(神)에 이르기까지 나름대로의 인격 내지는 신격을 이루어 낸다.

이 방면의 전문가들은 탈을 다음과 같이 분류하고 있다.

제의에 모셔졌던 신앙성을 띤 탈로는 신성 가면(holy mask)·벽사 가면(demon mask)·의술 가면(medicine mask)·영혼 가면(spiritual mask) 등이 있고, 이밖에도 죽은 사람을 본떠서 만든 추억 가면(memorial mask)이 있는가 하면, 토템 숭배에서 나타나는 토템 동물로 분장하기 위한 토템 가면(totem mask), 또 비가 내려 주기를 기원하는 기우 가면(rain making mask) 등도 있다.

생산적 효용면에서 쓰였던 것으로는 수렵 가면(hunting mask)이 있고, 이와는 성격이 다른 전쟁 가면(war mask)도 있는데, 이것들은 서로 확연히 다른 것이라기보다는 상호 보완·조화 관계를 이루고 있다.

그뒤를 잇는 것으로 해석되는 예능 가면으로는 크게 무용 가면과 연극 가면으로 분류한다.

이처럼 다양한 탈들이 우리 나라에도 지방마다 고루 전승되고 있으니, 풍부한 탈 유산을 이어받고 있다 하겠다.

그러면 우리 나라에는 어떤 탈들이 얼마나 전승되고 있는가.

가장 오랜 유물로는 경주에서 발굴된 목심칠면(木心漆面)을 들 수 있겠고, 그뒤로 하회(河回)와 병산(屛山)의 별신굿 탈과 방상시(方相氏) 등이 있다.

오늘날까지 전국에 분포·전승되고 있는 탈놀이 상황은 다음과 같다.

북쪽으로는 '북청사자놀음'이 있고, 탈의 고장이라 일러 오는 황해도 지방의 해서 탈춤으로 '봉산탈춤'·'강령탈춤'·'은율탈춤'이 현재 서울을 중심으로 월남한 연로 연희자들에 의하여 어렵게 전승되고 있다.

중부 지방의 산대놀이로서는 '양주별산대놀이'와 '송파산대놀이'가 있다.

경상북도의 '하회별신굿탈놀이,' 경상남도의 '고성오광대'·'통영오광대'·'가산오광대,' 부산의 '수영들놀음'과 '동래들놀음' 등, 이밖에도 강원도 관노탈놀이〔官奴假面劇〕를 비롯해서 남사당패의 '덧뵈기'가 있고, 굿판에서 쓰고 있는 '범탈'을 비롯한 띠탈〔十二支假面〕 등에 주목하게 된다.

여기서 풍물패(농악대)가 쓰고 있는 '양반광대놀이'에서의 다양한 탈까지를 합친다면 줄잡아 3백여 종의 탈 유산이 오늘에 전하고 있다.

이러한 탈들은 나무·바가지·종이를 주재료로 하고, 아교 단청이라 하여 전통적인 염료로 칠을 했었는데 지금은 아쉽게도 잊혀져 가고 있다.

벗고 있는 몰골들

그러면 이번에는 우리 탈놀이에 등장하는 대표적인 배역들을 순서 없이 살펴보기로 하자.

'샌님'은 양반이다. 그러나 양반이면서도 채신은 말이 아니다. 낙반(落班)한 시골 샌님은 봉건적 가족 제도에서 있었던 일부 다처를 흉내냄으로써 집안 꼴이 말이 아니다. 그런 중에 겉치레나마 하인 말뚝이를 부리며 위세를 유지하려 한다. 그러나 결국은 망신만 당하고 만다.

이처럼 못생기고 주책없는 샌님을 통하여 봉건적 지배 계층의 모순을 질타하고 있는 것이다.

그런데 우리는 이 대목에서 간과해서는 아니 되는 교훈이 있음을 알아야 한다. 신랄히 비판한 끝에는 스스로 어두운 면을 극복하려는 의지와 사랑으로 마무리하려는 데 주목해야 한다.

'취발이'는 힘센 상놈이다. 파계한 중이 데리고 살던 젊은 여자〔小巫〕를 빼앗는가 하면, 샌님에게도 마구 대든다. 좌충우돌 무서울 게 없다. 그런데 문제가 있다. 들떠서 날뛰기만 했지 자기 분수를 모른다.

오늘의 우리 주변에도 신판 취발이는 얼마든지 있다. 아마도 그런 허황된 짓을 깨우치려는 뜻으로 취발이가 등장했을 수도 있다.

'말뚝이'는 샌님의 종이다. 종이면서도 고분고분하지가 않다. 때로는 샌님을 비난하고 욕까지 보인다. 그런데 취발이와 마찬가지로 끝마무리가 흐지부지다. 너무도 못나다 보니 눈치만 남은 그런 면도 때때로 보인다.

'먹중'은 파계승이다. 누구에게나 조롱의 대상이다. 그러면서도 젊은 계집만 보면 기고만장이다. 끝내는 취발이에게 쫓기고 말지만 음흉하기가 이만저만이 아니다. 없어졌는가 하지만 또 언젠가 다시 나타날 그런 음탕한 인물이다.

파계승의 성격을 세심히 살펴보면, 단순히 타락한 행실에 대한 비판에 그치는 것이 아니라 마구잡이로 받아들였던 외세 내지는 외래 종교를 응징하고 있음을 발견하게 된다.

'영노'란 놈은 제 입으로 자기는 사람도 짐승도 아니라 한다. 그저 무엇이든지 먹어치우는 불가사리란다. 그런데 가장 식성에 맞는 것은 옳지 못한 양반이며, 그런 양반만 보면 군침을 삼킨다.

옛날 이른바 상민 계층이 영노를 통하여 양반에 대한 분풀이를 적극적으로 시도하고 있다. 때로는 끔찍하기도 하지만 해학스럽기도 하고 또 통쾌하기도 하고, 여하튼 유별난 배역이다.

영노의 등장과 함께 그의 적극적이면서도 회화적인 이중 성격은 우리 탈놀이 속에서 큰 비중을 차지하고 있음을 알게 한다.

'홍백가'는 얼굴이 한쪽은 붉고 그 반대쪽은 흰, 한 얼굴에 두 개의 표정을 가진 역시 이중 인격자이다.

아버지가 둘이라고도 하고, 제 스스로 "간에 가 붙었다 쓸개에 가 붙었다" 한단다.

옛날에도 이런 사람이 있었다. 홍백가가 득실거리는 오늘이고 보니 두 얼굴의 홍백가가 전혀 생소하지 않다.

"내 한쪽 얼굴은 남양 홍생원이요, 또 한쪽은 수원 백생원일세."

그의 말대로라면 아비가 둘이련만 그건 또 그렇지 않단다. 그저 세상 살아가려면 이러지 않고서는 어렵다는 것이다.

홍백가의 등장은 물론 인간적 번뇌와 사회적 모순의 조합물이다. 그러나 그것은 일차적으로 자기 모순을 극복하지 못한 비극적 산물로 이해해야 할 것이다. 그런데 그 홍백가의 표정마저 끝내는 슬며시 웃고 있으니 이게 웬일일까.

이제껏 만나 본 모든 배역들의 심성은 선과 악을 막론하고 있는 대로를 숨기지 않으려 하니 일단은 구김살이 없어서 좋다. 홀홀히 알몸을 내보이는 벗은 몰골들이어서 오히려 정겨움이 있다.

미소로 감싼 너그러움

국보 제121호로 지정되어 있는 '하회별신굿탈놀이'의 백정(白丁)은, 도끼로 소를 때려잡는 힘센 망나니련만 얼굴 가득히 미소가 흐르고 있다. 상식적인 표정의 나열이 아닌 마음속을 그리려 한 깊은 계산이다.

'봉산탈춤'의 취발이도 이마의 울퉁불퉁한 주름살로부터 밑턱이 툭 튀어나온 것까지 괴기스럽기만 하지만, 그것들이 한데 어울린 전체 얼굴에서 풍기는 느낌은 조금도 무섭지 않고 오히려 우스꽝스럽기까지 하다. 탈판이 무너져라 뛰어오르면서 양손의 긴 한삼이 번개마냥 하늘을 가르는데, 그 힘차고 투박한 춤사위에서도 비단결보다 더 매끄러운 선율이 흐르고 있다.

'동래들놀음'의 말뚝이는 그 크기로 해서나 생긴 모양이 끔찍스럽기로 우리 나라 탈 가운데 첫손가락에 꼽힌다.

말뚝이면 역시 양반의 종에 불과한데, 크기도 양반의 다섯 곱은 실하거니와 코는 열 곱도 더 된다. 너풀거릴 만큼 큰 귀도 부처님을 뺨칠 만하다.

이 말뚝이가 말채쩍을 휘두르며 굿거리 느린 장단에 '덧뵈기춤'을 추는 모습은 굵은 절굿공이로 땅을 짓이기는 형상이다.

그 큰 입은 바람이 횡횡 통할 만큼 떡 벌렸으니 아무것이나 그저 삼켜 버릴 것만 같다.

그런데 이 말뚝이가 재담을 던지며 춤을 추노라면, 그 기괴한 얼굴에 어느덧 한가닥 미소가 흐르니 무섭기는커녕 따사로운 얼굴이 되고 만다.

'동래들놀음'에 나오는 숱한 양반 형제들이 이 말뚝이의 널푼수 있는 풍채에 눌려 아주 왜소해지고 만다. 못된 양반을 꾸짖는 방법 가운데 이보다 당당하면서 효율적일 수가 있겠는가.

'고성오광대'의 말뚝이나 '통영오광대'의 말뚝이, 그리고 그밖의 모든 고약스런 배역의 괴상스런 탈들에서도 결국은 넌지시 미소로 감싼 너그러움을 발견하게 된다.

그렇다면 우리의 탈들은 왜 이처럼 웃고만 있는 것일까?

남편의 외도와 가난에 시달리면서도 '큰마누라'로서의 체통을 지키는 '할미'와 그 고분고분한 '마누라'들.

탕녀의 화신인 '왜장녀'와 '소무'들까지도 함께 어울리다 보면 모두가 끈끈한 이웃으로 변하고 마니, 바로 이것이 숨김없는 우리 겨레의 심성을 드러내 보이는 것은 아닐까 한다.

어떤 사람은 우리 탈들이 너무 웃음이 헤프다고 한다. 웃음이란 속이 편할 때 나오는 것인데, 그렇다면 우리 조상들은 모두가 그처럼 속이 편했단 말인가. 그렇지 않다. 지지리도 못 사는 가운데서도 그 못 사는 어려움을 이겨내는 슬기로서 웃음을 택한 것은 아닐까. 소문만복래라 했으니 일단 웃고 보자는 속셈은 아니었을까.

그러나 웃음이면 다 웃음이 아님을 알아야 한다. 우리 탈의 그 웃음 속에는 활짝 웃는 웃음, 씁쓸한 웃음, 찜찜한 웃음, 거슴츠레한 웃음, 톡 쏘는 웃음까지 있는 것이니 그 웃음의 실체를 파악하기란 간단한 문제가 아니다.

우리 전통 탈의 주종을 이루고 있는 탈놀이의 탈들을 보면, 비단 인간 만사의 사연에 그치는 것이 아니라 삼라만상(森羅萬象) 신의 세계까지 얼싸안으며 그 표현의 영역을 무한대로 넓히고 있음을 본다.

'오늘'을 낳은 '어제'의 얼굴들

앞에서 살펴본 바와 같이 우리에게는 숱한 탈의 유산들이 있다. 그런데 오늘의 현실은 그렇지를 못하다.

전국 곳곳의 '부군당'·'당집'에 모셔졌던 탈들은 이제 단 한 점도 제자리에 보존되고 있는 것이 없는 것 같다. 혹시 있다 하더라도 호사가(好事家)의 깊은 골방 속에 갇히다 보니 없는 것이나 마찬가지이다. 그밖의 것들은 깡그리 외국으로 팔려 나가고 말았다. 대충 1960년대 이전에 없어져 버리고 말았다.

이제 와서 누구를 탓할 일이 아니다. 결국 우리가 저지른 일이 아니겠는가. 가능한 한 외국으로 간 것은 그 사진이라도 다시 수합을 해야 할 것이며, 국내의 유품들도 서둘러 박물관으로 나와 다시 햇빛을 보게 되어야 한다.

이러한 작업을 통해서 우리의 탈 유산과 주변 문화권의 그것들과를 견주는 가운데, 우리 문화권의 발자취를 살필 수도 있고 그 독창성을 찾아낼 수도 있다.

또한 현재로서 참고할 수 있는 가능한 탈들을 수합하여, 그 하나하나의 생김새에서 우리 탈의 전형성을 터득하여 헝클어진 '조형 문화'의 기틀을 세울 수도 있지 않을까 하는 욕심이다.

그림 공부를 하는 데 앞으로도 천년 만년 '줄리앙'·'아그리파'·'비너스'만을 손가락에 못이 박히도록 그려낼 것이 아니라 다양한 탈들로 바꾸어야겠다는 생각이다.

혹 우리의 탈들이 호사스럽지 못하다는 비평을 하는 사람을 본다. 또는 투박해서 세련미가 없다고도 한다. 그런 면이 없는 것도 아니다. 그러나 그것은 당연한 결과이다. 탈이란 소박한 민중들이 자신과 주변의 몰골들을 빚은 것이니 그럴 수밖에 없다. 민중사의 거짓 없는 거울로 보면 된다.

당연한 이야기이지만 우리 탈의 모양새, 그 웃음은 사회·경제적 모순과 인간적인 번뇌를 한 얼굴에 담다 보니 비아냥하듯이 비꼬고 있는 면도 없지 않다. 그러면서도 이야기 줄거리의 마무리에 가서는 세상 만사에 달관한 듯한 '너름새'(넉넉한 표정)를 보여주는 데는 마음속의 주름살까지 한꺼번에 활짝 펴지는 기분이다.

두말할 것도 없이 탈이란 고착된 얼굴이다. 그 고착된 얼굴로 사랑도 해야 하고 이별도 해야 하며, 세상의 잘잘못과 맞서 부대끼기도 해야 한다.

숱한 우리 탈 유산의 매무새들은 바로 '오늘'의 우리네 표정을 낳게 한 '어제'의 얼굴들이다. 이제 그 숨김없는 '어제'의 얼굴들을 마주하며, 더 밝고 포근한 '내일'의 얼굴을 기약해 본다.

평탄치만은 않았던 역사의 소용돌이를 헤쳐 오면서도 희로애락을 수더분한 미소로써 감싸고 있는 우리의 탈들……. 그 의젓한 너그러움에 옷깃을 여미게 된다. (1992)

9

마당굿은 전승되어야 한다

기존의 연극계가 전통적 연극의 하나인 마당굿의 존재를 의도적이거나 아니면 무지한 가운데 외면하고 있다. 그러나 마당굿 운동은 1970년대 이후 기층 문화를 바탕으로 한 새로운 연극 작업을 서두르는 젊은 연극인에 의하여 상당한 진전을 보이고 있음이 사실이다.

어느 면에서는 오늘의 연극계가 처하고 있는 일방적인 외래 연극의 늪에서 스스로를 건져내기 위하여도, 그의 전형과 내용이 허심탄회하게 논의되어야 한다.

또한 마당굿이 한국 연극의 중심적 역할을 하기 위하여도, 마당굿 연희패들 사이에 간격 없는 의견이 교환되어야겠다는 생각에서 이 글을 쓴다.

삶을 설계하는 마당

금수강산 삼천리 어느 마을을 가나 옛날에는 집집마다 마당이 있고, 또 그 마을에는 마을의 상징인 양 넓은 마당이 있었다.

근·현대로 접어들면서 이러한 마을 공유의 마당은 어느덧 없어져 버리고 말았으며, 개인집들도 담장이 높아지면서 그저 내 집 식구들만의 공간이 되었다.

어렸을 때 기억을 되살리면 어린이들은 내 집 네 집이 없이 이 마당 저 마당을 뛰며 놀았던 것인데, 지금은 감히 생각지도 못할 일이다.

특히 마을의 넓은 마당은 담도 경계도 없이 마을의 한가운데 위치하면서 어느 집에서나 그곳을 통하여 큰길로 나가게 되니 때없이 이웃들이 만나는 장소였다.

그뿐이랴. 한 해 농사를 시작하는 데는 씨앗을 고르고 말려야 하는데, 이 일도 마을의 마당이 십상이다. 그 씨앗이 1백 배, 1천 배가 되어 수확을 하게 될 때에도 마당은 그 타작판이 된다.

두레 농사를 주로 한 우리 조상들은 이 넓은 마당을 참으로 효율적으로 이용하여 왔다. 구성진 일노래를 부르며 보리와 벼와 갖가지 곡식을 털어 가마니에 담아 쌓으니, 마을 한가운데에 새로운 산이 하나 솟은 듯했다.

마을에 새 생명이 태어나 그 아기의 배에서 태를 잘라내게 되면, 그것을 태우는 곳 또한 여기다. 자라나는 그 아기는 흙 위에서 뒹굴며 동무들과 싸우며 노래하며 자라나 한몫의 장정이 된다.

사시사철 명절이면 풍물을 치며 지신밟기를 하는데, 이 신명진 패거리도 먼저 마을 마당에 모여 한판 울리고는 집집을 돌았다.

어린 시절의 추억으로 아직도 지워지지 않는 것은, 이 지신밟기 놀이꾼들이 갖가지 '양반광대놀이'의 탈을 쓰고 춤추며 돌아가던 마당놀이의 장면이리라.

한 공동체의 희로애락을 오랜 역사와 함께 한 마당의 이야기는 끝이 있을 수 없다.

갓난아기의 태를 태우고, 그 아기가 자라 시집·장가가고, 때로는 불행하게도 젊어서 집을 떠난 자식이 돌아오지 않고 보면, 늙은 어미가 때없이 멍하니 서서 기다리는 곳이다. 기다리다 못한 어미가 한 많은 눈을 감게 되면 상여를 타고 저세상으로 떠나는 곳이기도 하다.

해마다 이곳에서 벌이는 마을굿을 비롯하여 한 공동체의 보다 나은 삶을 설계하는 요람이요 싸움터요 마무리짓는 곳으로 마당은 존재했다.

예술의 총합체로서의 마당굿

'굿' 하면 흔히 무격의 푸닥거리를 연상한다. 무당의 굿도 크게 둘로 나눌 수 있겠는데, 그 하나는 '병굿'이나 '재수굿' 등 사사로운 개인굿이요, 다른 하나는 한 공동체의 안과태평을 기원하는 '도당굿'·'별신굿' 등의 대동굿이다.

세시 풍속에 따라 음력 정월·5월·8월·10월에 주로 굿판을 벌이게 되는데, 그 가운데 어느 한 마을의 정월 대동굿을 다음에 소개한다.

굿을 시작하기 며칠 전부터 마을 사람들은 공동 추렴에 의하여 제물(음식)과 놀이 기구(악기·탈·의상, 또는 줄다리기·고싸움놀이·동채싸움 등에 쓰이는 기구)를 준비한다.

대동굿을 올리는 날이 정월 초하루라면 그 이전에 모든 것이 준비되어야 한다.

초하루 새벽 해 뜨기 전에 당나무가 서 있는 서낭당이나 또는 마을의 마당에 굿청을 차리고 무당이 주재하는 의식을 갖는데, 그 소요 시간은 한 시간 남짓으로 해가 뜨기 전에 끝맺는다.

마을의 안과태평을 비는 이 의식은 집집의 가장들이 소지를 올리는 것으로 끝나며, 차렸던 음식을 고루 나누는 데까지가 순서이다.

마을 치성이 끝나면 모두 서둘러 집으로 돌아가 집안 차례를 올린다. 그러니까 마을 차례가 먼저이고, 다음이 개인의 순서이다. 아침을 먹은 후 집안 어른과 이웃에 세배를 드리고는 다시 집집의 가장들이 마을의 마당에 모인다.

지난해에 겪은 일들을 되새기며 새로 맞는 한 해를 어떻게 지내는 것이 좋을 것인가를 협의한다. 기탄 없이 공동체의 관심사가 논의되고, 그의 실천 방법까지가 결의되는 자리이다.

이러한 모임을 가진 후 대개 점심 때가 지나서 갖가지 놀이판이 벌어진다. 풍물놀이가 있고, 탈놀음이 있고, 다양한 민속놀이가 뒤따른다.

탈놀음을 하나의 예로 들어 보자.

이 마을에는 예로부터 탈놀음이 전해 온다. 이 놀이에 등장하는 배역의 탈들도 이미 정해져 있으며, 또한 미리 만들어 준비되어 있다. 그 줄거리도 전하는 것이 있으니 요즘 무형문화재 발표처럼 따로 연습을 할 필요도 없다.

재담도 아이들까지 줄줄 외는 것이니, 멀리서 탈들이 어울리는 것만 보아도 대충 무슨 대목을 놀고 있는지 알 만하다.

그런데 이 탈놀음판은 그해 그해가 똑같지 않다는 데 주목해야 한다.

앞서 마을의 어른들이 협의한 안건 가운데 절실한 마을의 실천 강령으로 채택된 것이 있다면, 그 내용이 놀이 속에 수용되는 것이다. 주어진 놀이의 순서로 진행하면서 오늘의 관심사가 첨가·수용된다.

때로는 이 마을의 탈놀음에 등장하는 탈로서는 적합지 않은 새로운 배역이 필요할 때는, 재빠른 한 탈꾼이 우그러진 양철통이나 비료 부대 등에 눈구멍을 뚫어 쓰고 나와 무리 없이 끼어든다. 어제의 이야기에 오늘을 살아가는 의지가 하나의 흐름을 이루면서 탈놀음은 밤 깊은 줄을 모른다.

풍물놀이도 마찬가지요, 단순한 민속놀이에 이르기까지 옛을 흥내내어 놀고 있는 것 같지만 그의 내용은 줄기찬 물줄기와 같은 역사의 흐름을 체험하고 예행하는 순간들이다.

마당에서 하는 굿인 대동굿은 한 공동체의 모임을 통한 기원의 자리요, 예술의 총합체임을 확인하게 된다.

전통에 바탕하여 오늘을 극복하며 내일로 발전하는 민족적 슬기로서 굿은 이해되어야 한다.

관중까지 한배 탄 협화 체제의 자체 수련

역사 민족이라면 세계 어느 나라나 역사의 산물인 문화재를 지니고 있다. 그의 수효가 많으면 많을수록 자랑으로 삼는다.

석기·토기·청동기·철기·도기, 그밖에 다양한 건조·건축물과 생활 기기·공예품들이 여기에 포함된다.

이런 유형문화재들은 나라마다 보물·국보로 지정하여 보존에 힘쓰고 있다. 그런데 무형적 문화재를 국가가 문화재로 따로 지정하고 있는 곳은, 전세계에서 일본·대만·한국(지정 순서)뿐이라는 데 우리는 주목해야 한다. 쉽게 무형문화재 하면 춤·음악·연극 등을 연상하지만, 실은 그 범위가 광대해서 일체의 유형문화재를 만들어 내는 기술이 여기에 포함된다.

그렇다면 왜 위의 3국만이 무형문화재라는 것을 지정하고 있는 것일까.

솔직히 말하면 간단하다. 지난 역사 가운데 스스로 주인 노릇을 못한 역사를 지니고 있는 결과이다. 자신을 망각하여 외래 문화의 시녀 노릇에 치중했거나, 외세의 힘이 스스로를 지탱하지 못할 만큼 강렬했을 때 일어나는 현상이다.

일본·대만·한국의 경우가 바로 이러한 결과의 표본이 된다는 결론이다.

그러니까 전통 문화가 가장 위급한 상태로 병들었거나 나약해 있다는 증거인 것이다. 속없는 사람들은 무형문화재가 80여 종이나 된다고 자랑을 한다.

영국이나 프랑스·독일은 역사가 짧아서 무형문화재가 없다던가. 미국이나 러시아는 국고가 허약해서 지정을 못하고 있다는 말인가. 아니다. 그들도 나름대로의 어려움이 있기는 했지만, 그들의 전통이 흔들릴 만큼 자기 역사의 수레바퀴를 남에게 빼앗겼거나 억압받은 시간이 짧았다는 사실이다.

이 문제를 길게 물고 늘어질 시간이 없다. 오로지 무형문화재의 지정이란 피치 못할 경우의 잠정·과도 조치이지 영구 조치일 수 없다는 사실을 분명히 해두고자 한다.

지금 이 시간에도 일본·대만 그리고 한국에서 자기 생성적 전승력을 갖고 전승되어야 할 춤과 음악과 연극들이 박제화되어 가고 있다.

마당굿도 같은 어려움을 겪고 있는 중이다. 이를 극복하는 데는 위의 세 나라들이 자기 역사의 분명한 주인으로 되돌아갈 수 있을 때 가능하리라.

우리 민족의 형편은 또 다른 데가 있다. 첨예한 분단의 현실이다. 실상 이 분단은 우리 민족이 자초한 것이 아니다. 막강한 열강의 이해에 의하여 생으로 잘린 세계사적 비극이다. 그러나 우리의 통일이 원치 않는 열강의 속셈으로 해서 늦어지고 있다 하더라도 방관·방조하는 역사의 죄인이 될 수는 없다.

여기에 외람되이 오늘의 현실 위에 창출되는 새로운 마당굿의 긴요함을 역설코자 한다.

물론 그것은 등 돌리고 살아온 지 반세기인 남과 북의 혈연적 일체감을 일깨우기 위하여도 전통적인 이지와 양식에 바탕한 것이어야 한다.

여기에는 획기적인 작품을 해낼 작가·배우·연출가도 필요하고, 그를 뒷받침해 줄 제작자도 있어야 한다.

그런데 이 작업을 원대한 안목에서 성공시키는 데는 우리 마당굿이 기본이기도 한, 모두의 참여에 의한 집단 창작이란 정신적 배경이 자각·실천되어야겠다는 생각이다.

우리는 1970년대 이후 마당굿의 선진적 연희패들이 적지않은 시행 착오를 겪으면서도 멈추지 않고 있는 작업을 보고 있다. 한국 연극의 정신적 한 전형으로 받아들여야 할 마당굿 운동이 이들에게만 맡겨질 수는 없다.

이제까지의 타율적 가치관과 개념들이 비판·불식되는 가운데 모든 연극인이 관심을 갖고 참여해야 할 일이다.

처음은 생소하고 서투르겠지만, 당당한 의견을 가지고 토론을 통한 공동 창작의 과정을 수없이 거치면서 다양한 생각들이 보편적 염원으로 발전할 수 있도록 해야 한다.

연출과 배우는 물론이요, 이러한 굿판에 함께 할 관중까지도 한 배를 탄 마을 사람들이 될 수 있도록 내용과 형식을 통일하는 자체 수련이 전제되어야 한다. 상식이지만, 마당굿은 춤과 음악과 연극이 분리된 상황에서 짜여지는 것이 아니라 그것들의 총화에서 이룩되는 것이다. 여기에 관중의 목소리와 몸부림까지가 하나로 용해되며 분출하는 것이라는 데에 의견이 일치될 때까지, 토론이 거듭된 끝에 제 새끼를 낳듯 분만하는 것이어야 한다.

이 고되면서도 쉽게는 성과가 없을 작업은 오늘의 현실이, 그리고 오늘의 한국 연극계가 난삽하면 할수록 그만큼 절실히 요구되는 것이다.

태를 태우고 씻나락(볍씨)을 말리며 타작을 하고, 죽어서는 상여가 떠나는 마당, 이 평온해야 할 마당이 반으로 쪼개지면서 온갖 짐승들이 난무하니 최소한 살아남기 위하여도 마당굿은 논의되고 실천되어야 할 단계이다.

서양의 것은 총체 연극이니 민중 연극이니 하여 유식을 토로하는 자료로 삼으면서, 막상 제것에 이르면 일단 색안경부터 쓰는 옹졸함을 버려야 한다.

원형 보존이니 문화적 선양이란 명분으로 생명력을 제거하는 어리석음도 더 이상 지속될 수 없다.

한국적 연극의 전형을 세우기 위한 연극 운동의 하나로 마당굿의 긴요함을 제언하는 바이다. (1988)

10

전통극과 서구극의 대응

'한국적(韓國的)'의 뜻

요즈음 '한국적'이란 말이 우리 연극계에서도 흔하게 쓰여지고 있다. 이러한 현상은 최근의 국내외 정세 변화에 따른 시사적 요청에 의한 것이라 할지라도 긍정적으로 받아들이지 않을 수 없는 당연한 일이다. 다만 '한국적'이란 어휘의 쓰임새가 거의 겉치레로 남용된다는 데서 문제가 되는 것이다. 이 '한국적'이란 말과 함께 역시 의식적·수사적(修辭的) 방편으로 쓰여지고 있는 '주체성(主體性)'이란 말이 있다.

'한국적'이란 뜻이 '한국 사람의 주체성'으로 풀이할 수 있는 것이라면, 우리는 먼저 주체성이란 무엇인가 하는 데 눈길을 돌려야 할 것이다. 왜냐하면 한국 사람이 없는 한국을 생각할 수 없듯이 주체성이 결여된 한국이란 존립될 수 없는 것으로, 이 양자는 서로 불가분의 연관성을 갖는 동일 속성의 것이기 때문이다.

오늘날 '주체성'이란 말은 그 개념에 관한 근본적 해명도 없이 산발적으로 논의되고, 감정적·힐책적으로 사용되고 있다. 우리가 이와 같은 상황에서 하루속히 벗어나 정확한 인식을 통하여 그 객관적 의의와 한계를 올바로 이해함은 당연히 먼저 거쳐야 할 순서인 것이다. '주체성'은 주로 주체성이 없는 상태를 응징하는 과정에서 형용사적으로 사용되어 왔다. 이러한 응징 과정에서 주체성이 갖는 구체적인 가치의 내용을 제시함이 없이 주체성이란 그저 높이 평가되어야 하는 것으로 믿어졌다. 일반적으로 자주성·자기 주장이 결여된 상태를 지칭하거나 기술하는 문맥에서 관념적으로 무차별하게 또는 모호하게 사용되어 왔다.

'나' 또는 '우리'가 남으로부터 구별되는 것은 내가 하나의 자기적 실체로 존재하기 때문이다. 자기적 실체가 존재하는 까닭은 자기적이 아닌 다른 실체들이 존재함으로써이다. 이것을 자체(自體)와 타체(他體)로 부르기로 하자.

그런데 자체의 단위도 여러 가지로 구분될 수 있다. 개인·집단·민족·국가 등, 물론 이것들은 집단 속의 개인이며, 국가 속의 집단이고, 무수한 민족 중의 민족이며, 세계 1백여 개국 중 하나의 국가이다. 요컨대 자체란 서로 다른 단위를 갖는 동시에 서로 다른 존재 차원을 갖는다. 즉 목숨을 바쳐 침략자를 무찌른 안중근도 자체인가 하면, 금전과 적국(敵國) 작위(爵位)에 조국을 팔아먹은 이완용도 자체이다. 외국 침략에 대항해서 조국을 지키는 민족도 자체인가 하면, 외세에 굴복해서 자신을 괴뢰화하는 국가도 자체이다. 외세의 지령 없이는 행동할 줄 모르는 집단도 자체인가 하면, 반외세 투쟁을 수행한 민족도 자체이다.

이처럼 자체의 존재 차원은 다양하게 나타나는 것이다. 구태여 자체의 단위와 존재 차원을 놓고 문제삼으려 함은, '주체'가 성립함에 있어 자체가 바로 기본소(基本素)가 되기 때문이다. 그리고 또 자체의 단위와 존재 차원을 인식함에 있어 자칫 범하기 쉬운 논리적 오류를 피하기 위해서이다. 여기서 논하려는 그 단위와 존재 차원은 민족으로 삼으려 한다.

'민족'이란 "언어·영토·경제·생활 및 문화의 공통성에 비롯된 전통적 심리 등의 동질성에 의하여 통일된 영속성 있는 인간 집합체"를 뜻한다. 이것은 근대 국가 성립의 기초가 된 것으로, 서구에 있어서는 교회 지배 체제가 붕괴되면서 각국의 군주들이 제창하기에 이른 것이다. 19세기에 들어서면서 제국주의 국가들의 침략이 전세계적으로 횡행한 뒤로는 식민지들의 독립 쟁취 구호로 널리 쓰여 오고 있다.

그런데 이 민족이란 이름으로 많은 역사적인 범죄가 저질러져 온 것도 사실이다. 민족의 주역(住域)이 국가의 자연적 한계로 이해되었던 것이 급기야 세계 시장의 독점을 위해서 자민족의 우월을 강조하는 이론으로 둔갑하여 우수 민족은 열등 민족을 지배할 권리가 있고, 나아가서 전세계를 지배할 선천적인 약속이나 있는 것처럼 떠드는 반역사적인 농간을 부리기에 이른다. 이와 반대되는 피억압 민족에 있어서는 이러한 식민주의자들에 반대하여 자유와 주권을 얻기 위한 당당한 권리로 주장되어 온 것이다.

우리가 자체의 존재 차원으로 내세운 민족이란 바로 후자의 경우이다. 순간적으로는 전자가 강자의 행세를 할 수도 있겠지만 그것은 곧 반인류적인, 세계사에 역행하는 모순 세력으로서 멸망의 길밖에 없다.

이제까지 전개한 개념과 논지를 근거로 '주체성'을 다음과 같이 규정하고자 한다. 주체성은 "자체가 존재할 수 있는 존재 차원에서 실존적 거점의 소유체로서 존재하는 상태"이다. 다시 말하면, 밖으로부터의 작용이 미치는 편이 아니라 스스로 작용을 하는 편을 뜻하는 것이다.

그렇다면 여기서 우리 연극계로 돌아와서, 주체성에 근거한 한국적 연극이란 무엇을 뜻함인가 알아보기로 한다.

  대체로 '한국적'이란 구호를 내세운 근자의 연극을 보면, 회고적(懷古的)이거나 괴기적(怪奇的) 발상에서 비롯된 거북살스러운 것들임을 알게 된다. 이와 같은 현상은 다음에 지적하는 몇 가지 옳지못한 연유에서 비롯되는 것으로 본다.

  우리 연극에는 자랑할 만한 전통이 없음을 자신 만만하게 강조해 오던 이른바 현대극(정확히 표현하자면 서구 근대적 형식)의 종사자들이, 언제나 그랬듯이 이번에는 '한국적'이란 구호가 유행하게 되자 다시금 시세에 편승하기에 급급한 나머지 이런 기형을 낳게 한 것이다.

  또한 전통적인 우리 극의 줄기를 부인 내지는 거부하는 쪽에서 애써 들춰내는 '신극(新劇) 60년'이란 것이 있다. 이것은 우리 연극사의 맥락을 타율적인 힘으로 가로막으며 1900년을 전후하여 일본 제국주의 침략의 경로와 함께 수입된 서구 근대극의 시작을 말하는 것인데, 이것은 모든 '전통 연극'을 '구극(舊劇)'으로 몰아 그 전승력을 차단하는 구실을 하면서 독창적인 극예술의 길을 혼미케 한 장본이기도 하다.

  물론 이 마당에서 이미 수입된 서구극 형식들을 새삼 거부하는 뜻에서라기보다는 애초에 '신극 시대의 도래'라는 졸속한 명분에 의하여 버려졌던 '전통극'을 바탕으로, 그 위에서 외래의 것을 소화·섭생하는 주체성이 아쉬웠음을 지적하고자 한다.

  이인직(李人稙)이 나타나고, 원각사가 세워진 것이 이 땅에 연극이 생겨난 계기가 된 것처럼 착각하는 작금의 상황, 그리고 거기서 파생된 자기 소외가 오늘의 무대에까지 꾸준히 작용하여 오는 것으로 본다. 이제 늦게나마 우리 극의 줄기를 잡으려 함에 이와 같은 매판적 잔재는 깨끗이 몰아내야 하는 것이다.

어떤 예술 분야보다도 연극은 민중 의식에 뿌리하고 있음에 반론을 펼 사람은 없을 줄로 믿는다. 우리의 전통극은 바로 이러한 일차적인 요건에 부끄러움이 없다. 민중 의지의 진보 지향에 따라 다양한 극술(劇術)을 창조하며 훌륭한 사회극으로서의 구실을 다해 왔다. 양반 관료층의 질시와 일본 제국주의자들의 핍박으로 1900년대초 이후 그 자생적 전승력에 심한 위협을 받기는 하였지만, 아직도 눈여겨보면 오늘로 이어질 소지가 충분하다.

간혹 '대중 의식의 확대'라는 제목으로 침체한 우리 연극계의 돌파구를 찾으려 함을 보게 된다. 그들은 먼저 대중이란 우매한 것이며 무기력한 존재로 규정한다. 또한 외래 풍조의 유행가·춤·연극·방송극 등 모두가 바로 대중 의식의 소산으로 착각한다. 결론은 지적 상위에 있는 유식자가 대중의 의식을 선도하여 어떤 수준에 올려 놓았을 때, 예술가적 기질을 지닌 연극인들의 작품이 대접을 받게 되며 대중 의식도 확대된다는 논지이다. 언뜻 듣기에는 그럴 듯도 하지만 이것은 병 주고 약 주는 격이다.

오늘의 퇴폐적인 사이비 예술들은 실은 대중 의식의 소산이 아니다. 외래 문화의 독편(毒片)들임을 알아야 한다. 매판적인 상인 및 예술인들에 의하여 오히려 대중 사회에 강요되고 있는 현실을 직시해야 한다. 가장 한국적인 것은 한국적인 주체 의식을 통해서만 도달될 수 있는 것이다. 그것은 물론 대다수 민중 의식에 기초해야 함은 말할 나위도 없다. 우리 연극인 스스로가 우리의 민중사가 갖는 역사 의식 속에 사는 건강한 민중의 한 사람이 될 때 비로소 가능한 것이다. 복고적 취향에 빠짐은 오늘의 모순을 은폐하려는 저의와 영합되기 쉬우며, 경이적 취향에서 저질러지는 전통극의 토막들을 괴팍한 극술로 재현하는 행위는 가장 무책임한 작희(作戲)에 불과할 뿐이다.

아직 우리 민중은 그렇게 넉넉하지를 못하다. 그리고 아직도 성취해야 할 큰 과업인 통일의 문제가 있다. 국내외 정세는 반드시 우리에게 이롭지만은 않다. 아직은 바쁘고 고되다. 거기에다 혼미한 외래의 매판 문화가 우리의 의식을 좀먹고 있다. '한국적'이란 이름으로 아무런 실속도 없는, 옛날 어떤 색시가 첫날밤에 방귀 뀐 얘기를 하고 앉았을 경황이 아니다. 전통극에서 외피적 토막들을 떼어다가 서양의 전위극을 흉내내서 '알쏭달쏭한 그림'처럼 형상화했다고 한들, 이것이 주체적 한국 연극과는 아무런 함수 관계도 없음은 물론이다.

'한국적'이라 함은 오늘을 사는 한국 사람이 갖는 보편적인 희원·의지, 또는 희로애락이 민중의 차원에서 표출될 때 쓰여질 말이다. 이러한 민중의 확고한 염원은 항상 세계사의 진운(進運)에도 어긋남이 없음은 역사의 교훈이기도 하다.

전통과 접목

'전통'과 '접목'의 두 낱말은 오히려 서로 뜻이 다른 이질의 것이다. 전통이 자체(自體) 생성적인 뜻을 갖는다면, 접목이란 타체(他體)와의 혼습을 통한 혼합(混合) 생성적인 것이다. 전통극에다 서구의 연극을 접목하겠다는 것인지, 서구극 형식에 전통극을 접목하겠다는 것인지, 즉 접붙임을 할 때 대목(臺木)이 되는 쪽이 어느 편인지 명료치 않은 상태에서 이 두 낱말은 거의 붙어다니다 시피 하는 것이 오늘의 상황이다. 접목의 뜻을 사전에서 찾아보면, "식물체의 일부를 끊어내어 다른 식물의 일부에 결합 유착시키는 일, 끊어내서 결합하는 부분을 접수(接穗), 접수를 결합시키는 식물을 대목(臺木)이라 일컬음"으로 나온다.

우리가 하나의 문화 현상을 논하려 할 때, 지나친 고유성의 강조나 편협한 독자성만을 고집하는 아집에서 오는 논리적 오류를 범하기 쉽다. 그러기에 독자성의 분별에서 시작하여, 하나의 문화권으로의 이해와 서로간의 연계성을 찾아내는 작업이 바람직한 태도이다. 그렇다 하더라도 접목이란 이름으로 외래 문화의 도입을 꾀함은, 접목이란 낱말이 갖는 표현상의 부적당함보다도 기본적 입장에 주체성을 잃고 있음을 나타내는 것이다. 접목이 아니라 수용(受容)하는 입장에 서야 하는 것이다.

자체 속에 받아넣어 충분히 소화한 다음 소용되는 것만을 섭취하면 된다. 가지나 잎을 이어붙이려 할 것이 아니라, '거름'으로 흡수하여 뿌리에서부터 양분으로 효용 있게 하는 방법이다. 한편 접목이란 이른바 '근대화'를 위한 방편으로 대두한 것인데, 그렇다면 전통과 접목, 즉 '전통과 근대화'의 관계는 어떤 것인지 살펴보기로 한다.

전통이란 "주어진 집단 공동체 내에서 축적되어 온 사상·관습·행동·기술의 양식, 즉 전래적인 사고와 행동의 제 방식"으로 요약될 수 있겠다. 이러한 개념 규정을 일단 타당한 것으로 보고 이야기를 진행해 보자. 그런데 논리적 오류는, 전통을 일단 이렇게 규정한 논자들이 그 다음 단계의 논의에서 본래의 규정에 철저하지 못한 소치로 발생한다.

'전래적인 사고와 행동의 제 방식'이라는 규정은 하나의 총칭적 개념을 말한다. 즉 전통에는 이어받을 만한 전통도 있고, 그렇지 못한 것도 있다. 권력자 앞에서라면 무조건 맹종하는 무기력한 전통이 있는가 하면, 불의를 당했을 때 몸을 돌보지 않는 의로운 전통도 있다. 똑같은 이치로 전통에는 '현대적' 전통도 있고, '전근대적' 전통도 있다. 전통을 일단 전래적 사고와 행동의 제 방식이라 규정하면서, 그러니까 전통이란 전근대적 사고와 행동의 제 방식이라 한다면 그것은 논리적 오류가 된다. 총칭적 개념을 어느 한쪽에서만 보는 결과이다.

이러한 논리적 오류는 '주체성'과 '근대화'를 잘못 이해함으로써 더 한층 구제할 길 없는 함정에 빠지고 만다. 즉 주체성을 고유 전통 문화의 수호라는 뜻으로 못박을 때 그 논리는 어처구니없는 데로 흘러가고 만다. 전통은 계승되어야 할 것인가, 단절되어야 할 것인가 하는 엉뚱한 질문이 생긴다. 이러한 질문은 대략 다음과 같은 단계를 거쳐서 이루어진다. 즉 우리가 소유하는 전통은 결국 전근대적인 사고와 행동의 제 방식이다. 그런데 우리는 근대화할 필요가 있다. 근대화는 무엇보다도 합리적 정신을 의미한다. 그런데 합리적 정신은 전통을 부정한다. 그렇다면 우리의 전통은 계승되어야 할 것인가, 단절되어야 할 것인가?

전통과 근대화를 양자 택일의 관계로 설정해 놓고, 전통과 근대화를 동시에 추구하려는 것이다. 이것은 전진과 후퇴를 동시에 해 보려는 것과 마찬가지로 처음부터 불가능한 일이다. 이러한 바람직하지 못한 논의가 결국 '창의적인 근대화'라든가, '전통 속에서 잠재 능력을 발견'해야 된다는 식으로 끝을 얼버무리게 되는 것은 필연적인 결과이다. 그리고 앞에서 제시한 전통의 개념 규정이

때로는 부적당한 것으로 느껴질 때가 있다.

서구에서 합리주의란 이름 아래 종래의 질서가 하루 아침에 붕괴되었을 때, 많은 사람이 이제 서구 사회는 돌연히 전통 없는 사회로 둔갑하는 것인가 하는 의구심을 갖게 되었다. 즉 서구인이 가졌던 종래의 사고 및 행동 제 방식에 심원(深遠)한 변화가 왔고, 이러한 변화는 기존 질서를 근본적으로 뒤엎을 만큼 과거로부터 분단되는 돌연적 변화였다. 그런데 종래의 질서가 무너짐과 동시에 서구 사회는 갑자기 전통 없는 사회로 변했는가? 또는 하루 아침에 주체성 없는 사회로 전락했는가? 그렇다고 생각되지는 않는다.

이와 같은 이접적(離接的) 변화는 개념 규정의 문제가 아니라 역사적 사실에 관한 문제이다. 개념 규정과 역사적 사실 사이에 부조화가 생길 때, 우리는 전자에 잘못이 있다고 보지 않을 수 없다. 그렇다면 그 잘못은 무엇인가? 그것은 과거로부터의 현재적 분단이 전통의 단절을 의미하지 않는다는 점이다. 이것을 염두에 두지 않은 것이 잘못이다. 분단 자체도 전통의 중요한 일면임을 잊고 있다는 것이다.

앞서 제시한 통념적 전통 개념 밑에서 우회적인 표면적 현상 변화는 있을지언정 그것이 바로 논리의 뒤바꿈을 뜻하는 것은 아니라는 점이다. 오히려 우리가 조심해야 할 전통 개념에 따른 종래의 오해는 문화적 유물로서 이해되는 경우이다.

전통의 문제는 문화적 유물을 찬미할 것인가, 찬미하지 않을 것인가에 관한 것이 아니다. 문제는 우리의 과거를 어떻게 우리의 현재와 연결시킬 것인가에 관한 것이다. 여기서 우리의 현재라 함은, 우리가 현재 처해 있는 상황 및 그러한 상황 내에서 귀중하다고 여겨지는 가치의 대상을 의미한다.

과거가 우리의 과거이고 현재가 우리의 현재일 때 과거로부터의 현재적 변화는, 그것이 아무리 분단적이고 이접적일지라도 전통의 단절을 초래하지 않는다. 똑같은 이치로 현재가 우리의 현재가 아닐 때, 과거와 현재가 아무리 연속적일지라도 우리의 전통은 없는 것이 된다. 전통은 무엇보다도 우리에 관한 문제이다. 이러한 우리가 없을 때 서구를 닮으려는 노력, 또 서구를 닮고 동시에 서구로부터 구별되려는 노력은 헛된 일일 뿐이다.

의심할 바 없이 전통은 전래적인 사고와 행동의 제 방식이고, 또 의심할 바 없이 전통은 문화적 유물을 의미한다. 그러나 우리에게 전래적인 사고와 행동의 제 방식이 있고, 문화적 유물이 있다고 해서 우리에게 전통이 자동적으로 주어지는 것은 아니다. 또 전통의 문제는 계승의 문제가 아니다. 우리가 없으면 우리의 전통도 없는 것이기 때문이다. 여기서 말하는 '우리'는 자체가 존재할 수 있는 존재 차원에서 실재적 거점의 소유체로서의 주체를 의미한다. 주체만이 전통을 갖는 것이다. 따라서 전통은 '우리'가 새로운 환경에 '우리'를 적응시키는 과정에서 '우리'가 창조해 내는 문화도 의미한다. 우리는 전통을 물려받는 동시에 창조한다. 과거의 문화적 유물이 우리를 전통적으로 만드는 것이 아니라 우리가 문화적 유물에다가 전통성을 부여하는 것이다.

영광스럽고 자랑스러운 과거를 가졌기 때문에 우리가 주체가 되는 것이 아니라, 우리가 주체가 됨으로써 우리의 과거가 영광스럽고 자랑스러워진다. 새삼스럽게 이제 전통에 관하여 관심을 갖고 또 빈번히 논의하게 된다는 사실은, 우리가 아직 '나'의 위기에 처해 있다는 실증이 된다.

우리는 현대라는 세계에서 '나'에 관하여 깊이 생각해 볼 여유도 없이, 주위의 모든 사건은 소란스럽고 끊임없이 '나'를 혼란 속으로 몰아넣고 있다. 그러나 이러한 혼란 속에서도 나는 "나의 미래를 설정하고, 무엇을 위하여 당장 어떻게 행동해야 할 것인가" 하는 문제를 해결해야 한다.

확고한 '나'를 찾는 일과 함께 당장 부딪치는 문제로 현대화라는 것이 있다. 이것을 우리 극계(劇界)에서는 계승이나 접목·이식 등의, 오히려 이질 개념의 어휘로 표현하고 있는 것이다. 다시 반복하거니와 현대화란 주체가 소망하는 미래적 생활 양식 및 거기에 따른 목적을 위해서 자체와 타체(他體)의 지적·물질적 자원을 주체의 효용에 따라서 조화롭게 관리하는 것을 뜻하는 것이다.

'우리'가 없으면 우리의 목적이 있을 수 없고, 따라서 우리의 현대화도 있을 수 없다. '우리'가 주체의 실재적 거점 설정에 실패할 경우, 재빠르고 반갑지 않게도 남이 우리 대신 우리의 목적을 설정해 준다. 이것은 우리를 위한 것이 아니기에 타체적(他體的)·매판적 결과로 떨어질 뿐이다. 하루속히 불식해야 할 이러한 오점을 우리 극계에서 스스로의 힘으로 깨끗이 청산하는 날까지 굴욕적인 오늘의 혼미가 계속될 것은 오히려 당연한 일이라 하겠다. 이 마당에 또한 서둘러야 할 일은 '신극 60년'에만 집착할 것이 아니라, 우리의 전통극을 꿰뚫어보는 주체적 연극사관의 대두와 그에 따른 실천적 방향이 제시되는 일이다.

내용과 양식

자생적인 전승의 방편을 통하여 전통극을 오늘에 심는 문제와는 별도로, 오늘날 우리가 받아들인 서구의 근대극 형식을 발전시켜 나가는 일 또한 중요한 몫의 하나임에는 틀림이 없다.

여기서도 문제가 되는 것은 역시 앞의 그 어느쪽의 작업을 위해서도 먼저 전통극의 실체의 이해는 말할 것도 없고, 그가 갖는 내용과 양식의 정확한 파악이 앞서야 하는 것이다.

전통극의 내용이란 어느 특정한 희곡 작가에 의하여 씌어진 것이 아니다. 그것은 민중의 희원(希願)이 그때그때의 사회상과 민감하게 대응하면서 하나의 집단 의지로 승화한 줄거리이다. 거기에는 사사로운 개인적인 희로애락의 표출보다는 공동체 사회의 공통의 관심사가 문제되고 있는 것이다.

언뜻 보기에는 역시 마찬가지로 남녀간의 사랑의 문제, 개인간의 갈등 등으로 보이기도 하는 것이지만 그러한 갈등의 바탕은 민중적 차원에 근거하고 있는, 이른바 홈드라마가 아닌 사회극의 성격을 띠는 것이다.

다음에 우리 전통극의 내용과, 그러한 내용 속에서 어떠한 양식성(化)을 보이고 있는가를 알기 위하여 탈놀음으로 '봉산탈춤'과 인형극 '덜미'(꼭두각시놀음), 그리고 악극(樂劇)으로 판소리를 예로 들고자 한다.

봉산탈춤은 우리 나라 황해도 일원에 분포된 탈놀음 중의 하나로 해서 탈춤의 대표격이다. 이 놀이를 일으킨 사람(중흥자)으로는 약 2백여 년 전의 봉산의 이속(吏屬) 안초목(安初木, 初目)을 일러오며, 그후 이 지방에서 세습적으로 관속(官屬)들에 의하여 주도되어 왔다. 근처(鳳山)에 있는 배남절(寺)에 가서 승속(僧屬)들의 뒷받침으로 근 한 달간 연습하다가 5월 단오날 밤 모닥불을 피워 놓고 다음날 새벽까지 연희하였으며, 그밖에 관가의 경사나 특히 중국 사신을 영접할 때 행하여졌다. 원래는 봉산 구읍(舊邑)의 경수대 앞 노천을 무대로 하였으나, 1915년 행정 기관이 사리원으로 옮기게 되고 경의선 철도가 사리원을 지나게 되자 이 탈놀음도 사리원의 경암산 아래에서 연희케 되었다.

탈판〔假面劇 舞臺〕은 경암루라는 본부석 주위 1천 평 정도에 3백여 개의 다락방(상행위를 겸한 이층 관람석)을 지어 둘러싸게 하고, 그 한가운데서 탈놀음을 벌이는 것이다. 해가 지면 광대 마을에서 뽑은 광대들이 잽이(악사)가 되어 풍물 장단〔農樂〕의 무동춤(화랭이춤) · 줄타기 · 땅재주 등의 곡예와 풍물놀이로 흥을 돋우다가 어두워진 후 9,10시경 탈놀음을 시작하게 된다.

지배층 인사들이 자기 예하의 관속과 관노들에게 놀이를 허용함으로써 권력 구조의 모순에 대한 민중들의 저항 의식을 분열 · 해체시키는 한편, 어느 한계 내에서 민중들의 억눌렸던 감정도 해소시켜 주는 작업의 일환으로 이 놀이를 뒤에서 주도하여 왔던 것이다. 그러나 민중들로서는 1년에 한 번밖에 없는 놀이판이라는 상황 아래서 민중극으로서의 봉산탈춤은 발전해 온 것이다.

춤사위는 팔먹중의 춤집〔舞幅〕이 큰 외사위 · 곁사위 · 양사위 · 만사위, 취발이의 깨끼춤, 말뚝이의 두어춤, 미얄의 궁둥이춤 · 까치걸음 등과 함께 대부분 배역의 이름을 춤사위 명칭으로 붙이고 있으며, 특히 장작불을 뛰어넘을 정도의 도무(跳舞)로서 활달하고 절도 있는 건무(健舞)를 추며, 화려한 원색 더그레(저고리)와 굴곡이 심한 탈은 보다 강렬한 인상을 주는 것이었다.

탈놀음이 시작되기 전에 길놀이가 있어 잽이〔樂士〕를 선두로 사자 · 말뚝이 · 취발이 등의 순서로 열을 지어 읍내를 일주한 다음, 이 놀이의 중흥자인 안초목을 위령하는 '제사굿'을 지냈으며, 해마다 공연이 끝나면 부정탄다고 사용했던 탈들은 모두 태워 없앴다고 전해진다.

봉산탈춤 7마당 5거리는 다음과 같이 짜여져 있다.

제1. 사상좌(四上佐)춤 마당

사방신(四方神)에 배례하는 의식무(儀式舞) 장면.

제2. 팔먹중춤 마당

첫째 거리 : 팔먹중춤놀이——팔먹중들이 차례로 파계하는 춤놀이 장면.

둘째 거리 : 법고놀이——먹중들의 법고놀이 장면.

제3. 사당(社堂)춤 마당

사당과 거사(居士)들이 흥겨운 노래를 주고받는 장면.

제4. 노장(老丈)춤 마당

첫째 거리 : 노장춤놀이——노장이 소무(小巫)의 유혹에 빠져 파계하는 장면.

둘째 거리 : 신장수춤놀이——신장수가 노장에게 신을 빼앗기는 장면.

셋째 거리 : 취발이춤놀이——취발이가 노장에게서 소무를 빼앗고 살림을 차리는 장면.

제5. 사자춤 마당

사자로 하여금 노장을 파계시키고 파계승인 먹중들을 징계하는 장면.

제6. 양반춤 마당

양반집 머슴인 말뚝이가 양반 형제들을 희롱하는 장면.

제7. 미얄춤 마당

영감과 미얄할멈과 영감의 첩 덜머리집과의 삼각 관계를 보여 주다가 영감에게 맞아죽은 미얄할멈의 원혼을 달래는 '무당굿'으로 끝남.

(반주 악기로는 피리·젓대·북·장구·해금, 때로는 꽹과리·징 등이 추가되며, 장단은 염불·타령·굿거리가 주가 된다.)

이상이 봉산탈춤에 관한 간략한 줄거리이다.

우리 나라에 전하는 전통 인형극의 대표격으로 흔히 덜미(꼭두 각시놀음)를 꼽게 되는 바, 그 무대 구조나 조종법이 세계 인형극 사를 통해 고대의 것에 해당하는 퍼펫 플레이(puppet play)이다.

그 어휘에 있어 '덜미'라 함은 실제 연희자들이나 고로(古老)간 에 통용되는 말로, 목덜미를 잡고 논다(조종)는 뜻에서 비롯된 듯 하다. 같이 쓰이는 '꼭두각시놀음'의 각시는 새색시 또는 젊은 기 혼녀를 지칭하는 것이나, 중국에 있어 괴뢰(傀儡)를 뜻하는 '곽독 (郭禿, kok-touk)'에서 '꼭두'가 되고, 다시 일본의 '구구츠(クグ ツ)'가 되었다는 설이 있다.

인형극의 시원지를 인도로 보고, 인형극의 원류를 유예표류민 인 집시에 결부시켜 인도 서북부에서 서역 지방을 거쳐 중국 북서 부인 우랄알타이어족 지대에 들어가, 같은 어계(語系)의 주민지인 동남으로 진출, 한국을 거쳐 일본으로 건너갔다고 전하는 바, 이 는 일본의 괴뢰자(傀儡子)와 한국의 남사당패 및 집시의 생활 상 태의 유사성으로 비교될 수 있는 것이다. 그러나 각 민족간에는 각 민족 나름의 유희 본능에 기인한 연극적 요소에서 자연 발생한 인 형놀이가 있을 것이니, 한국의 '만석중놀이'·'발탈'·'장난감 각시놀이'등 가운데 '각시놀이'가, 후에 들어온 상당히 발전된 중국의 '곽독'이란 인형극과 명칭상 합세한 '꼭두각시놀음'으로 된 것이 아닌가 하는 의견이 있다.

'꼭두각시놀음'은 팔도강산을 섭력하였던 남사당패의 여섯 가지 놀이인 '풍물(農樂)'·'버나(대접돌리기)'·'살판(땅재주)'·'어름(줄타기)'·'덧뵈기(탈놀음)'·'덜미(꼭두각시놀음)'중 맨 마지막 순서로, 일명 '박첨지놀이'·'홍동지놀이'·'꼭두박첨지놀이'라고도 하는 바, 이러한 명칭은 모두 인형의 이름에서 유래되어 붙여진 것으로 보인다.

연희 방식은 포장으로 양옆을 가리고 전면(前面)에 2미터 50센티미터 내외, 세로 1미터 20센티미터 정도의 무대면이 되는 공간을 남겨 놓고 나머지 부분은 역시 포장으로 가린 다음, 그 안에서 무대면 공간을 통하여 인형을 놀리는 것으로, 조종법은 현사괴뢰(懸絲傀儡)·주선괴뢰(走線傀儡)·장두괴뢰(杖頭傀儡)·포대괴뢰(布袋傀儡) 등의 방식을 골고루 사용하고 있다. 주조종자인 '대잡이'가 중심이 되어 양옆에 '대잡이손'을 두고 인형의 등·퇴장을 돕게 한다. 포장 밖 무대면을 향하여 비스듬한 앞자리에 '산받이(인형과의 대화자)'가 장구를 앞에 놓고, 그 옆에 꽹과리·징·북·날라리 등의 순서로 앉아 장단을 치며 인형놀이를 진행시킨다. 장소는 노는 마을의 형편에 따라 마당이나 경사가 심하지 않은 언덕, 또는 장마당에서 주로 밤에 포장막 무대면을 횃불로 밝히고 연희한다.

내용은 다른 전통극(주로 탈놀음)들과 대체로 같은 것으로,

• 양반 관료층의 횡포와 그 형식 도덕에 대한 신랄한 저항.

• 파계승에 대한 풍자를 통한 외래 종교에 대한 비판.

이러한 서민들의 애환에 찬 염원들이 40여 개의 인형과 10여 개의 소도구에 의하여, 각기 독립·연관된 2마당 7거리를 노는 것인데, 인형은 대개 오동나무나 버드나무로 깎아 아교 단청으로 그 특색을 나타냈으며, 크기는 30센티미터에서 1미터 정도의 것들이다.

덜미(꼭두각시놀음) 2마당 7거리는 다음과 같다.

제1. 박첨지 마당
　　첫째 : 박첨지 유람 거리
　　둘째 : 피조리(처녀) 거리
　　셋째 : 꼭두각시 거리
　　넷째 : 이시미 거리
제2. 평안감사 마당
　　첫째 : 매사냥 거리
　　둘째 : 상여 거리
　　셋째 : 절 짓고 허는 거리
　　(반주 악기는 꽹과리·북·장구·날라리 등이며, 장단은 염불·타령·굿거리 등이다.)

판소리는 노래〔唱〕와 발림(몸짓)과 아니리(재담·대사)를 곁들이며, 유일한 상대역인 잽이〔鼓手〕의 추임새(연출)에 따라 진행되는 독연(獨演) 형태의 악극(樂劇)이다.

판소리의 어원은 '판'과 '소리'의 합성어로, '판'이라 함은 '놀이판'이란 뜻을 갖는 '벌어진 자리'를 말하며, '소리'는 노래 또는 재담(대사)이라는 말로 극적인 요소로 이루어진 소리와 재담의 놀이판을 뜻하는 것이다. 광대 혼자서 몸짓을 해가며 부르는 것이라 하여 '광대소리'라고도 하는 바, 이것을 '판놀음'으로도 부르고 있다. 유랑광대나 재인(才人)들의 '광대 소학지희(笑謔之戱)'로부터 가창(歌唱)이나 가객(歌客)의 비중이 높아지므로 해서, 민중성을 벗어나 귀족스런 '창희(唱戱)'의 영역으로 판소리가 분화되어 온 배경도 능히 더듬어 볼 수 있다.

판소리 창자(唱者)의 연원을 보는 데는 먼저 마을의 '당집'을 중심으로 일어난 단골 제도를 생각하게 된다. 그들은 새신(賽神)·기도·점괘·의료 등을 겸했으며, 그 구성을 보면 대개 무당(女)이 주가 되고 박수(覡)인 남자가 어울려 '직무(職巫)'로서의 구실을 하고 있다. 여기서 발전하여 직업적이며 전문적인 창자가 나서게 된 것이 아닌가 한다.

한편 단골 제도하에서는 철저하게 광대들이 예속화되어, 지배층은 그들 자신의 유락과 여흥을 위하여 전국적인 규모의 무계(巫稧)를 조직하고 광대들에 대한 계급적 통제를 가하거나, 각도 재인도청(才人都廳)이나 각 군의 재인청(才人廳)에 항상 대령케 하여 '대령광대'로 예속시키고 있었다. 이러한 여건들은 자연히 광대와 문인이 접촉하게 되어 문학에의 영역으로 진출하게 되었던 반면에, 이 공적 결사(結社)의 강력한 개입으로 말미암아 자생적인 발전과 새로운 창의를 저버리는 계기가 된 것이다. 한 사람이 내용에 따라 4,50명 등장 인물의 역을 2~3시간 계속하는 이 판소리의 반주 악기는 북 하나로, 장단은 타령 4박을 중심으로 진양조·중중모리·중모리·휘모리 등이다.

이러한 판소리는 기록화되지 않고 전해 오던 것인데, 조선 왕조

고종(高宗)·순종(純宗) 연대의 신재효(申在孝, 1812~84년)가 비로소 이를 기록·정리하여 극가문학(劇歌文學)을 이룩했으며, 오늘날까지 전해 오는 것으로는 신재효가 집대성한 '판소리 여섯 마당'을 포함하여 열두 마당을 말하고 있으나 서너 마당은 그 가사조차 전하지 않고 있다.

열두 마당을 살펴보면, '춘향가'·'심청가'·'수궁가'(토끼타령)·'흥보가'(박타령)·'적벽가'·'배비장타령'·'가짜신선타령' 또는 '숙영낭자타령'·'옹고집타령'·'무숙이타령'·'장끼타령'·'강릉매화타령'·'변강쇠타령'(가루지기타령) 등이다.

지금까지 탈놀음에서 봉산탈춤·인형극 덜미(꼭두각시놀음), 그리고 판소리 등의 세 가지 분야에서 간략한 개설을 곁들여 내용과 줄거리를 소개하였다.

다음에 양식의 문제를 들어 본다. 먼저 봉산탈춤의 경우, 첫째 그 연회 형식에 있어 '마당굿(劇)'의 형식을 취하고 있는 점이다. 사리원 이후 후기에 있어서는 다락방(이층 관람석)이 등장하기도 하지만, 이것은 어디까지나 장사꾼들에게 놀이 비용을 염출하기 위한 임시 방편에서 비롯된 후기 현상으로 그 이전에는 볼 수 없었던 일이라 한다.

평평한 마당이나, 약간 경사진 언덕에서 놀았음이 고령의 연희자(봉산탈춤 예능 보유자 李根成 옹의 말)들에 의하여 증언되고 있다.

'마당굿'이란 놀이판(무대)의 조건이 어떤 무대 양식(서구적)으로 규정지어진 것이 아니라, 엄격히 관중석과 놀이판을 분간치 않는 연속된, 동등한 '마당'에서의 '굿(劇)'을 뜻하는 것이다. 이에 따라 자연히 배역의 등·퇴장(관중석에서 나와 관중석으로 들어감)

과 재담의 전달 방법(재담을 뿌린다고 하는데, 관중이 사방에 둘러 앉았기 때문이다), 또 조명의 특수성(밑에서 위로 밝혀 주는 것이기 때문에 연희자는 자연히 고개를 약간 숙이게 된다) 등, 모든 극 진행상에 '마당굿'을 전제로 한 연출 방식이 철저하게 약속되고 있는 것을 발견하게 된다. 또한 재담을 주고받는데 '퉁겨 받기'·'먹고 받기' 등의 세련된 고도의 극술이, 내용의 현장성(이 점이 우리 극이 아직 정형화되지 못했다는 빈축을 받는 것이기도 하지만)과 어울려 훌륭한 독창성을 보여 준다.

인형극의 경우도 '산받이'(인형과의 대화자)의 역할이 연희자로서의 '산받이'에 그치는 것이 아니라 관람자 중의 한 사람인 '산받이'로 승화되고 있는 극 형식이라든가, 인형의 등·퇴장과, 시간과 공간의 처리를 유형화된 동작으로 '부채'를 흔들어 표현하고 있는 등 고도로 양식화된 극술을 지니고 있는 것이다.

판소리의 경우, 돗자리 한닢 위에서 한 사람의 창자(唱者)가 역시 한 사람의 잽이의 장단과 추임새에 따라 무수한 배역과, 격차가 심한 시간과 공간을 양식화된 소리와 발림으로 감당하고 있음은 근자에 어설피 저질러지고 있는 '창극화(唱劇化)'라는 졸속한 작업이 보여 주는 '분창화(分唱化)'와는 거리가 먼 것임을 발견하게 된다.

여기서 중요한 양식의 문제를 필자가 깊이 언급하지 못함은 스스로의 한계에서 오는 결과임을 시인하며, 앞으로 이 방면의 분야별 전문가에 의하여 세심히 분석·고구되기를 바라면서 기초적 자료로 제시하는 것이다.

독창성의 발견

일반적으로 '창조' 또는 '독창'이란 어휘가 역시 문화계 전반에 걸쳐 많이 쓰이고 있다. 그러나 엄격히 따져 볼 때, 문화의 창조 또는 독창이란 말은 매우 애매한 것임을 알게 된다. 왜 그러한가를 가리기 위하여 우리는 먼저 '문화'란 무엇인가를 알아보기로 한다.

문화란 인간이 정신적·육체적 활동을 통해서 그의 생활을 풍부하게 하려는 노력의 소산임에는 틀림이 없다. 그리고 그것은 역사적으로 이루어진 인간의 외면적 내지는 내면적 생활의 제 양식의 체계로서 한 사회의 구성원이 공유하는 것을 말한다. 또한 그것은 인간의 광범한 활동의 소산이다. 이러한 소산(문화) 중에는 개인의 독창력이 크게 작용할 수 있는 예술의 분야도 있으나, 따지고 보면 그것은 전통에 기초를 둔 독창력으로 되돌아오는 것임을 알게 된다.

창조적 활동이란 본래 있던 것, 전승되어 내려오는 것을 더욱 향상시키고 더욱 풍부하게 하는 데 큰 작용을 하는 것이지, 없는 데서 전혀 새로운 것을 만들어 내는 것은 아니다. 그렇다고 해서 문화의 발전에 있어서 창조적 활동이 전연 무의미하다는 것은 결코 아니다. 그것은 중요한 것이긴 하지만 결국 문화적 전통의 테두리에서 창조적 활동이 가능하다는 말이다. 따라서 문화의 발전이라는 관점에서 본다면, 전통은 창조력에 선행되는 것으로 나타난다. 그러므로 여기서 내세운 독창성의 발견이란 전통에 기초한 독창력을 말하는 것이 된다. 그런데 근자의 우리 극계를 보면 심한 모방이 아니면 계통 없이 꿰맞추는 식의 바람직하지 못한 풍조가 횡행하고 있다.

먼저 모방이란 문화 발전에 있어 경계해야 될 일임을 알아야 한다. 중복되지만 문화란 인간의 외면적 및 내면적 생활 양식의 체계로서, 그 내면적 생활이야말로 인간이 동물과 구별되는 것일진대, 외면적 모방의 답습만이 지속될 때 우리는 그 전도(前途)를 걱정하지 않을 수 없다.

여기서 한 가지 예를 들기로 하자. 우리 나라보다 일찍 개국하여 서구와 접촉을 시작한 중국이나 일본은 이미 1세기 전부터 공업화를 꾀하였다. 그리하여 중국에 있어서는 '중체서용(中體西用)' 또는 '화혼양재(和魂洋才)'란 말이 표현하는 바와 같이 동양적 정신 문명의 본질 위에 서양적 기술 문명을 접목하려 하였다. 그러나 19세기 후반에 중국의 양무 운동(洋務運動)은 실패로 끝났고, 일본의 정치적·경제적 근대화 작업은 군국주의가 공업화와 결탁하게 됨으로써 인류에게 씻을 수 없는 죄과를 범함과 동시에 스스로의 운명을 파탄으로 이끌었던 것이다.

이러한 근대화의 실패 원인은 서구 근대 문명의 특질이 물질 문명·기술 문명에 있다고 잘못 이해한 데서 비롯된 것이다. 서구의 근대 문화는 그들 나름의 근대적 정신을 바탕으로 삼은 것이며, 스스로의 자각에 의하여 자아를 발견하고, 합리적·과학적으로 사고하고 행동하여 인간의 생활을 합리화·과학화시키고, 나아가서는 사회 생활과 물질적 생활에 있어 민주화와 기술화를 가져올 수 있었던 것이다.

전세기말에서 금세기초에 걸친 일본에서의 일련의 정치적 개혁이 실패로 돌아간 것도, 서구의 근대적 정신과 기술 문명과의 관계를 배려함이 없이 동양적 토양에 서구적 산물을 이식하였기 때문이다.

우리는 이제 새삼스럽게 주변의 여러 나라가 끝내는 실패할 수밖에 없었던 길을 뒤늦게 답습하고 있는 것은 아닐까. 전통과 현대화의 관계는 접목이 아니라 수용·대응의 관계임을 알아야 한다.

'독창적 극예술의 발견'이란 것도 오늘의 민중사가 지향하는 바에 따라 필연적으로 제기되는 문제들이 오늘의 무대 위에서 실천적으로 창조되는 길밖에 없음이 명료해지는 것이다.

막연히 관형사로 쓰여지고 있는 '한국적'을 비롯하여, 다분히 회고풍의 '고유한 문화'를 주체적으로 극복하며 전통에 근거한, 오늘을 살아갈 '독창성의 발견'이 간절히 요망되는 것이다. (1976)

심우성 沈雨晟

1934년 충남 공주 출생. 민속학자, 1인극 배우
한국민속극연구소 소장, 공주민속극박물관 관장
문화재위원, 한국예술종합학교 전통예술원 객원교수
출연작품: 《쌍두아》《문》《장안산조》《무등산조》《남도 들노래》
《넋이야 넋이로구나》《판문점 별신굿》《새야 새야》《결혼굿》
저 서: 《남사당패 연구》《한국의 민속극》《우리나라 민속놀이》
《마당굿 연희본》《武藝圖譜通志》(해제)
역 서: 《연극의 역사》《전위연극론》《인형극의 역사》《인형극의 기술》
《행위예술론》《아시아 무용의 인류학》《아시아 민족음악 순례》
《성과 결혼의 민족학》《역과 점의 과학》《朝鮮巫俗의 硏究 상·하》
《朝鮮工藝概觀》《조선을 생각한다》《조선의 소반·조선도자명고》
英 書: 《Introduction to Korea Folk Drama》
日 書: 《韓國の人形芝居「コクトゥカクシノルム」》《民俗文化と民衆》

현대신서
73

한국전통예술개론

초판발행 : 2001년 3월 3일

지은이 : 沈雨晟

펴낸이 : 辛成大

펴낸곳 : 東文選

제10-64호, 78. 12. 16 등록
110-300 서울 종로구 관훈동 74
전화 : 737-2795
팩스 : 723-4518

ISBN 89-8038-167-0 04380
ISBN 89-8038-050-X (세트)

【東文選 現代新書】

84 弔 蛙 金教臣 / 민혜숙 근간

【東文選 文藝新書】

1	저주받은 詩人들	A. 뻬이르 / 최수철·김종호	개정근간
2	민속문화론서설	沈雨晟	40,000원
3	인형극의 기술	A. 훼도토프 / 沈雨晟	8,000원
4	전위연극론	J. 로스 에반스 / 沈雨晟	12,000원
5	남사당패연구	沈雨晟	10,000원
6	현대영미회곡선(전4권)	N. 코워드 外 / 李辰洙	절판
7	행위예술	L. 골드버그 / 沈雨晟	절판
8	문예미학	蔡 儀 / 姜慶鎬	절판
9	神의 起源	何 新 / 洪 熹	16,000원
10	중국예술정신	徐復觀 / 權德周	24,000원
11	中國古代書史	錢存訓 / 金允子	14,000원
12	이미지 — 시각과 미디어	J. 버거 / 편집부	12,000원
13	연극의 역사	P. 하트놀 / 沈雨晟	절판
14	詩 論	朱光潛 / 鄭相泓	9,000원
15	탄트라	A. 무케르지 / 金龜山	10,000원
16	조선민족무용기본	최승희	15,000원
17	몽고문화사	D. 마이달 / 金龜山	8,000원
18	신화 미술 제사	張光直 / 李 徹	10,000원
19	아시아 무용의 인류학	宮尾慈良 / 沈雨晟	절판
20	아시아 민족음악순례	藤井知昭 / 沈雨晟	5,000원
21	華夏美學	李澤厚 / 權 瑚	15,000원
22	道	張立文 / 權 瑚	18,000원
23	朝鮮의 占卜과 豫言	村山智順 / 金禧慶	15,000원
24	원시미술	L. 아담 / 金仁煥	16,000원
25	朝鮮民俗誌	秋葉隆 / 沈雨晟	12,000원
26	神話의 이미지	J. 캠벨 / 扈承喜	근간
27	原始佛教	中村元 / 鄭泰爀	8,000원
28	朝鮮女俗考	李能和 / 金尙憶	12,000원
29	朝鮮解語花史(조선기생사)	李能和 / 李在崑	25,000원
30	조선창극사	鄭魯湜	7,000원
31	동양회화미학	崔炳植	9,000원
32	性과 결혼의 민족학	和田正平 / 沈雨晟	9,000원
33	農漁俗談辭典	宋在璇	12,000원
34	朝鮮의 鬼神	村山智順 / 金禧慶	12,000원
35	道教와 中國文化	葛兆光 / 沈揆昊	15,000원
36	禪宗과 中國文化	葛兆光 / 鄭相泓·任炳權	8,000원
37	오페라의 역사	L. 오레이 / 류연희	절판
38	인도종교미술	A. 무케르지 / 崔炳植	14,000원
39	힌두교의 그림언어	안넬리제 外 / 全在星	9,000원

40 중국고대사회	許進雄 / 洪 熹	22,000원
41 중국문화개론	李宗桂 / 李宰碩	15,000원
42 龍鳳文化源流	王大有 / 林東錫	17,000원
43 甲骨學通論	王宇信 / 李宰錫	근간
44 朝鮮巫俗考	李能和 / 李在崑	12,000원
45 미술과 페미니즘	N. 부루드 外 / 扈承喜	9,000원
46 아프리카미술	P. 윌레뜨 / 崔炳植	절판
47 美의 歷程	李澤厚 / 尹壽榮	22,000원
48 曼茶羅의 神들	立川武藏 / 金龜山	절판
49 朝鮮歲時記	洪錫謨 外 / 李錫浩	30,000원
50 하 상	蘇曉康 外 / 洪 熹	절판
51 武藝圖譜通志 實技解題	正 祖 / 沈雨晟·金光錫	15,000원
52 古文字學첫걸음	李學勤 / 河永三	9,000원
53 體育美學	胡小明 / 閔永淑	10,000원
54 아시아 美術의 再發見	崔炳植	9,000원
55 曆과 占의 科學	永田久 / 沈雨晟	8,000원
56 中國小學史	胡奇光 / 李宰碩	20,000원
57 中國甲骨學史	吳浩坤 外 / 梁東淑	근간
58 꿈의 철학	劉文英 / 河永三	22,000원
59 女神들의 인도	立川武藏 / 金龜山	13,000원
60 性의 역사	J. L. 플랑드렝 / 편집부	18,000원
61 쉬르섹슈얼리티	W. 챠도윅 / 편집부	10,000원
62 여성속담사전	宋在璇	18,000원
63 박재서희곡선	朴栽緖	10,000원
64 東北民族源流	孫進己 / 林東錫	13,000원
65 朝鮮巫俗의 研究(상·하)	赤松智城·秋葉隆 / 沈雨晟	28,000원
66 中國文學 속의 孤獨感	斯波六郎 / 尹壽榮	8,000원
67 한국사회주의 연극운동사	李康列	8,000원
68 스포츠인류학	K. 블랑챠드 外 / 박기동 外	12,000원
69 리조복식도감	리팔찬	절판
70 娼 婦	A. 꼬르벵 / 李宗旼	22,000원
71 조선민요연구	高晶玉	30,000원
72 楚文化史	張正明	근간
73 시간, 욕망 그리고 공포	A. 꼬르벵	근간
74 本國劍	金光錫	40,000원
75 노트와 반노트	E. 이오네스코 / 박형섭	절판
76 朝鮮美術史研究	尹喜淳	7,000원
77 拳法要訣	金光錫	10,000원
78 艸衣選集	艸衣意恂 / 林鍾旭	14,000원
79 漢語音韻學講義	董少文 / 林東錫	10,000원
80 이오네스코 연극미학	C. 위베르 / 박형섭	9,000원
81 중국문자훈고학사전	全廣鎭 편역	15,000원

■ 십이속상도안집	편집부	8,000원
■ 어린이 수묵화의 첫걸음(전6권)	趙 陽	42,000원
■ 오늘 다 못다한 말은	이외수 편	6,000원
■ 오블라디 오블라다, 인생은 브래지어 위를 흐른다	무라카미 하루키 / 김난주	7,000원
■ 잠수복과 나비	J. D. 보비 / 양영란	6,000원
■ 천연기념물이 된 바보	최병식	7,800원
■ 原本 武藝圖譜通志	正祖 命撰	60,000원
■ 隸字編	洪鈞陶	40,000원
■ 테오의 여행 (전5권)	C. 클레망 / 양영란	각권 6,000원
■ 한글 설원 (상·중·하)	임동석 옮김	각권 7,000원
■ 한글 안자춘추	임동석 옮김	8,000원
■ 한글 수신기 (상·하)	임동석 옮김	각권 8,000원

【조병화 작품집】

■ 공존의 이유	제11시집	5,000원
■ 그리운 사람이 있다는 것은	제45시집	5,000원
■ 길	애송시모음집	10,000원
■ 개구리의 명상	제40시집	3,000원
■ 꿈	고희기념자선시집	10,000원
■ 따뜻한 슬픔	제49시집	5,000원
■ 버리고 싶은 유산	제 1시집	3,000원
■ 사랑의 노숙	애송시집	4,000원
■ 사랑의 여백	애송시화집	5,000원
■ 사랑이 가기 전에	제 5시집	4,000원
■ 시와 그림	애장본시화집	30,000원
■ 아내의 방	제44시집	4,000원
■ 잠 잃은 밤에	제39시집	3,400원
■ 패각의 침실	제 3시집	3,000원
■ 하루만의 위안	제 2시집	3,000원

【이외수 작품집】

■ 겨울나기	창작소설	7,000원
■ 그대에게 던지는 사랑의 그물	에세이	7,000원
■ 그리하여 어느 날 사랑이여		4,000원
■ 꿈꾸는 식물	장편소설	6,000원
■ 내 잠 속에 비 내리는데	에세이	7,000원
■ 들 개	장편소설	7,000원
■ 말더듬이의 겨울수첩	에스프리모음집	7,000원
■ 벽오금학도	장편소설	7,000원
■ 장수하늘소	창작소설	7,000원
■ 칼	장편소설	7,000원
■ 풀꽃 술잔 나비	서정시집	4,000원

東文選 文藝新書 44

朝鮮巫俗考

李能和 지음
李在崑 옮김

우리나라 근세 민속학의 여명을 불러온 이능화 선생의 장편논문.

　우리나라 민속학의 효시로는 1927년에 발표된 이능화의 《조선무
속고》를 들지 않을 수 없다. 그는 무속 가운데서 우리의 민중문화
를 찾아볼 수 있다고 확신하고 무속에 관한 사료를 모아 정리하였
을 뿐만 아니라 학문적인 연구를 깊이 하였던 것이다. 고대 무속의
유래에서부터 시작하여 고구려·백제·신라의 무속과, 고려·조선
조의 무속에 이르기까지의 무속의 역사·제도·神格·儀式 등을
분석했고, 또 민중사회의 무속과 각 지방의 무속 등을 사적 문헌들
을 통하여 세밀히 정리하였으며, 나아가 중국과 일본의 〈巫〉에 대
한 연구까지를 곁들여 비교연구하기에 이르렀다. 따라서 그의 무속
에 관한 이와 같은 연구는 우리나라에서 최초의 토착신앙에 대한
典籍의 위치를 점하게 되었다. 아울러 그의 이러한 연구는 후학들
에게 무속의 신앙성과 신화성·문학성·음악성·무용성을 비롯해
서 민중의 집단회의로서의 역할, 맹인무당의 유래와 지방별의 차
이, 맹인무당과 광대와의 관계 등 무속이 갖는 사회 기능적 측면에
이르기까지 구체적 항목들을 과제로 남겨 놓은 셈이 된다.
　무속과 불교·도교·현대 기독교와의 관계, 중국·일본·만주 및
시베리아 무속과의 비교연구, 서구의 기독교적 관점에서 본〈샤머니
즘〉과 무속과의 차이, 무속이 우리 문화에서 차지하는 성격과 기능
에 관한 연구도 우리에게 남겨 준 과제이다. 이러한 점에서 《조선
무속고》는 원문이 한문이어서 불편한 점은 있었으나, 이번에 번역
출간됨으로써 이 방면의 유일한 안내 또는 입문서가 되는 것이다.

東文選 文藝新書 115

조선해어화사
(朝鮮解語花史)

李能和 지음
李在崑 옮김

    일제 식민통치 중엽인 소위 그들의 문화정치 시대에 출간된 이 《朝鮮解語花史》는 여러 종류의 典籍에서 자료를 수집·발췌하여, 고대에서 근대에 이르기까지 주관적인 입장에서 서술한 우리나라 文獻史上 최초의 妓生史로서 풍속·제도사적인 위치에서 그 가치관을 찾을 수 있다.

    본서의 특징은 방대한 자료수집이다. 위로는 實錄에서부터 개인의 私撰인 稗官文學에 이르기까지 많은 자료를 발굴하여 紀傳體 형식으로 편찬하였다는 데 있다. 한 가지 아쉬운 점은 논술이 좀 산만하다는 즉, 자료로서의 가치를 더 느낀다는 점이다. 이것은 개화기와 현대화의 중간인 과도기적 학문이기 때문이라는 것으로서 이해가 된다.

    본서를 내용면으로 보면 고려와 조선시대의 기생은 賤人 계급에 속하였다. 그러나 이들은 위로는 王候將相에서부터 아래로는 無名의 閑良에 이르기까지 귀천의 차별을 두지 않았다. 국제적 외교 要席이나 국내 政界 要人의 要席에까지 중요한 역할을 하였음을 볼 수 있으며, 특히 詩歌를 비롯해서 전통무용 등은 그 일부가 그들에 의해 계승 발전되었음을 느끼게 한다. 관계분야에 관심 있는 분들에게는 적잖은 도움이 되리라고 믿는다.

    우리나라 민속학의 선구자인 李能和 선생은 漢語學校를 졸업하고 官立 法語學校를 修學하였으며, 여러 학교 교관으로 전전하다가 1912년에 能仁普通學校 校長으로 있으면서 《百敎會通》의 출간을 시작으로 1921년에는 朝鮮史編修委員이 되면서 많은 자료를 접할 수 있는 계기가 마련되었을 것으로 추측된다.

東文選 文藝新書 18

신화, 미술, 제사

張光直 지음

李　徹 옮김

신화·예술·정치를 통해서 본 중국 고대 문명의 기원과 그 특징.

아득한 고대로부터 현재에 이르기까지 중국 문명은 전세계 문명의 체계 중 어떠한 지위를 차지하고 있을까? 그것의 가치는 어디에 있으며, 그 특징은 무엇인가? 이 모든 것은 지금도 변화하고 있는 문화환경 속에 처해 있는 사람들이 생각지 않을 수 없는 문제이다. 본서의 저자는 이에 대해 특수한 각도에서 우리에게 명확한 해답을 제시해 준다. 아울러 그는 중국 문명의 기원이 되는 관건은 정치적 권위의 흥기와 발전에 있다고 보면서 이러한 정치 권력은 주로 도덕·종교, 희귀한 자원의 독점 등의 수단으로 취득하는데, 그 중 가장 중요한 것은 하늘과 땅, 인간과 신을 소통시켜 주는 수단의 독점이라고 피력하면서 세심한 논증을 하였다.

저자는 고대 중국에서 정치적 권위를 획득하는 데 있어 필수 불가결한 조건들로서 씨족·제사·예술·문자·도덕적 권위·무력·재력 등을 나열하고, 그것들의 내용 및 상관관계를 추적하고 있다. 그 서술방식이 간결명료하고 긴밀히 연결되어 있어 어느 한 구절도 그냥 지나칠 수 없으며, 곳곳에서 저자의 참신한 견해를 만날 수 있게 된다. 특히 제4장에서 청동기 위에 새겨진 동물 문양과 정치 권위 및 종교 행위와의 관계를 설명한 부분은 가히 독보적인 견해라고 할 수 있다.

東文選 文藝新書 35

道敎와 中國文化

葛兆光 지음
沈揆昊 옮김

중국 문화를 받치고 있는 세 가지 커다란 기둥인 유학·불교·도교를 각기 구분한다는 것은 불가능할 뿐만 아니라 아무짝에도 쓸모없는 일일 것이다.

그러나 보다 정밀하게 살펴본다면, 이 세 가지가 중국 문화에 끼친 영향 가운데에는 각기 나름의 고유한 영역이 있으며, 그 흔적이 남아 있음을 알 수 있다.

만약 유가의 학설이 사람들의 사회생활 속에서 자아가치를 실현하는 측면에 치중하고 있다면, 불교는 사람들의 내재적인 정신생활의 심리적 만족의 측면에 치중해 있고, 도교는 사람들의 생명의 영원함과 즐거움에 치중해 있다고 말할 수 있다. 또한 유가의 학설이 인간의 의식 심층에 잠재되어 있는 욕망의 역량을 매우 다양하게 사회 이상의 방향으로 승화시키고, 전환시키는 방향으로 노력하고 있다고 말한다면, 불교의 경우는 내심으로 억압하고 소멸시키는 방향으로 나아가고, 도교의 경우는 오히려 이러한 것에 영합하는 쪽으로 나아가 허황된 것일망정 만족과 배설의 기쁨을 만끽하도록 만든다고 말할 수 있을 것이다.

"중국의 뿌리는 도교이다"라고 일찍이 노신이 말한 것처럼 이 도교를 모르고서 중국 문화, 더 나아가 동양문화를 이해한다는 것은 불가능하리라. 중국에서의 도교는 단지 종교적인 의미보다는 중국 문화 전반에 걸친 역사이자 중국인 삶의 흔적이다.

북경의 淸華大學의 젊은 학자인 저자는 이 책의 상편에서 중국 문화의 토양 속에서 도교의 철리와 신의 계보, 의례와 방술 등의 형성과 정형화되는 과정을, 중편에서는 도교의 발전과정을, 하편에서는 도교와 사대부, 도교와 문학, 도교와 세속 문화와의 관계에 대해 논술하고 있다.

東文選 文藝新書 9

神의 起源

何 新 지음
洪 熹 옮김

　문화란 단층이나 돌연변이를 낳지 않는다. 따라서 중국의 상고시대에
대한 연구는 신화의 바른 해석에서부터 시작되어야 하며, 그 방법은 고고
학·인류학·민속학·민족학은 물론 언어학까지 총동원되어야 한다. 그래
야만 과학적 접근을 통한 인간 삶의 본연의 모습을 오늘에 적용할 수 있
기 때문이다.

　중국의 소장학자 何新이 쓴 《神의 起源》은 문자의 훈고와 언어 연구를
기초로 한 실증적 방법과 많은 문헌 고고자료를 토대로 중국 상고의 태양
신 숭배를 중심으로 중국의 원시신화, 종교 및 기본적 철학 관념의 기원
을 계통적으로 거슬러 올라가 탐구하고 있다.

　'뿌리를 찾는 책'이라는 저자의 말처럼 이 책은 중국 고대 신화계통에
대한 심층구조의 탐색을 통하여 중국 전통문화의 뿌리가 되는 곳을 찾아
보려 하고 있다. 즉 본래의 모습을 찾되 단절되거나 편린에 그친 현상의
나열이 아님을 강조한 것이다.

　이 때문에 그는 이 책의 체제도 우선 총 20여 장으로 나누고 있다. 그
속에는 원시신화 연구의 방법론과 자신의 입장을 밝힌 十字紋樣과 太陽
神 부분을 포함하고, 민족문제와 황제, 혼인과 생식, 龍과 鳳에 대한 재해
석, 지리와 우주에 대한 인식, 음양논리의 발생, 숫자와 五行의 문제 등을
고대문자와 언어를 과학적으로 분석하여 근거로 제시했으며, 여러 문헌의
기록도 철저히 재조명해 현대적 해석에 이용하고 있다.

　그외에도 원시문자와 각종 문양 및 와당의 무늬 등 삽화자료는 물론,
세계 여러 곳의 동굴 벽화까지도 최대한 동원하고 있다. 특히 도표와 도
식·지도까지 내세워 신화와 원시사회의 연관관계를 밝힌 점은 아주 새로
운 구조적 분석이라 할 수 있다. 이렇게 하여 그는 일반적 서술 위주의
학술문장이 자칫 범하기 쉬운 '가시적 근거의 결핍'을 극복하고 있다.

東文選 文藝新書 115

中國武俠史

陳　山 지음
姜鳳求 옮김

　　영국의 웰스는 《인류의 운명》에서 〈대부분의 중국 사람들의 영혼 속에는 한 명의 유가儒家, 한명의 도가道家 그리고 한명의 도적(土匪)이 싸우고 있다〉는 관점을 인용하였다. 문일다 聞一多는 웰스가 말한 〈도적〉은 중국 무협을 포함하고 있고, 도가는 다만 유가에 대한 보완일 뿐이라고 했다. 근래 어떤 학자는 〈묵협정신墨俠精神이 민간문화를 이루어 상층문화 정신과 대립하고 있다〉는 관점을 제시한 바 있다. 현대 작가 심 종문沈從文은 민간사회 중에서 『유협정신游俠精神이 침윤侵潤되어 과거를 만들었고 미래도 형성하게 될 것이다』라고 했다. 결과적으로 말하면 상·하층문화 중에서 儒유와 俠은 중국 전통문화 정신의 중요한 두 체제인 것이다.

　　중국에 있어 협협俠은 유儒와 마찬가지로 선진先秦시대에 나타나 계속 존재해 오고 있는 오랜 역사를 지닌 사회계층이다. 협협俠과 유儒의 문화정신은 일종의 〈초월의미超越意味〉를 내포하고 있어 심리적으로 광범위하고도 지속적인 영향을 주며, 중국 문화의 심층구조에 침투해 있다. 중국 지식인의 영혼 속에 부지불식不知不識 중 유儒의 그림자가 숨겨져 있다면, 중국 평민의 마음 깊은 곳에는 협협俠의 그림자가 희미하게 반짝이고 있다. 그러므로 중국 역사상의 무협 현상을 연구하는 것은 중국 문화 기초인 민간문화의 뿌리를 깊게 연구하고, 이를 전면적으로 이해하기 위하여 매우 중요한 의미가 있는 일이다.

東文選 文藝新書 125

중국은사문화

馬　華·陳正宏 지음
姜炅範·千賢耕 옮김

　중국에는 이 세상에서 은사가 가장 많았고, 그 은사들의 생활은 〈숨김(隱)〉으로 인해 더욱 신비스럽게 되었다. 이 책은 은사계층의 형성에서부터 은사문화의 특징에 이르기까지 구체적이고 생동감 넘치는 수많은 사례를 인용하였으며, 은사의 성격과 기호·식사·의복·주거·혼인·교유·예술활동 등을 다각도로 보여 준다. 또한 각양각색의 다양한 은사들, 즉 부귀공명을 깔보았던 〈世襲隱士〉, 험한 세상 일은 겪지 않고 홀로 수양한 〈逸民〉, 부침이 심한 벼슬살이에서 용감하게 물러난 조정의 신하, 황제의 곡식을 먹느니 차라리 굶어죽기를 원했던 〈居士〉, 入朝하여 정치에 참여했던 〈산 속의 재상〉, 총애를 받고 권력을 휘두른 〈處士〉, 그리고 기꺼이 은거했던 황족이나 귀족 등 다양한 은사들의 다양한 은거생활과 운명에 대해 서술하였다. 그들 중에는 혼자서 은거한 〈獨隱〉도 있으며, 형제간이나 부부·부자나 모자 등 둘이서 은거한 〈對隱〉도 있으며, 셋이나 다섯이서 시모임(詩社)이나 글모임(文社)을 이루어 함께 은거하는 경우도 있었다. 그들은 대부분 산 속 동굴에 숨어 살거나, 시골 오두막에 깃들거나, 산에서 들짐승과 함께 평화롭게 살거나, 혹은 시체 구더기와 한방에서 산 사람도 있었다. 이들은 소박한 차와 식사를 했지만 정신만은 부유하여, 혹 산수시화에 마음을 두고 스스로 즐기거나 物外의 경지로 뛰어넘어 한가롭고 깨끗하게 지냈으며, 심지어는 마음이 맑고 욕심이 적어 평생 아내를 맞이하지 않기도 하였다. 이 책은 은사생활의 모든 면을 보여 주는 동시에, 중국 고대사회에서 은사들이 점했던 특수한 지위와 중국 문화에 은사 문화가 미친 영향 등에 대해 깊이 있는 연구를 진행하였다. 풍부하고 생생한 내용에 재미있는 일화도 있지만, 깊이 있는 견해 또한 적지않다. 중국 문화의 심층을 이해하는 데 상당한 도움을 줄 것이다.

東文選 文藝新書 40

중국고대사회

―文字와 人類學의 透視

許進雄 지음
洪　熹 옮김

　중국과 그밖의 고대 문명의 문자는 모두 그림에서 기원하고
있다. 상형문자는 고대인의 생활환경, 사용하였던 도구, 생활방
식, 심지어는 사물을 처리하는 방법과 사상 관념까지도 반영하
고 있다. 이들은 고대인들의 생활상을 이해하는 데 아주 크나큰
도움을 주고 있다. 만일 일상생활과 관련된 古文字의 창제시의
의미를 설명하고, 다시 문헌과 지하에서 발굴된 고고재료를 보
충하여 될 수 있는 한 쉽고 간결한 설명과 흥미있는 내용으로
이와 관련된 시대배경을 토론한다면, 아마도 고고나 역사를 전
공하지 않은 학생들에게 중국 문화를 배우고자 하는 흥미를 불
러일으킬 수 있을 것이다. 더욱이 중국의 고대 문자는 表音를 위
주로 창제되었으므로 이 방면의 재료가 훨씬 더 풍부하다.

　본서는 상형문자를 중심으로 고고학·인류학·민속학·역사
학 등의 학문과 결부하여 고대인의 생활과 사상의 허다한 실상
을 탐색하고 있으며, 인류 문명의 발전과정을 20장으로 나누어
음식·의복·주거·행위·교육·오락·생사·공예·기후·농
업·의약·상업·종교·전쟁·법제 및 고대인의 생활과 밀접하
게 관련된 갖가지 사항들을 토론하고 있다.

　이 책은 깊이 있는 내용들을 알기 쉽게 표현하기 위해 많은
도판들을 제공하고 있으며, 상고시대부터 한대 혹은 현대까지
문자의 연속된 발전과정을 계통적으로 소개하였다.

東文選 文藝新書 132

生育神과 性巫術

宋兆麟

洪 熹 옮김

　인류 사회의 발전은 기본적으로 두 갈래의 큰 줄기가 있다.
하나는 물질적 생산으로 산식문화(産食文化)라 하고, 다른 하나는 사람의 생산으로 생육문화(生育文化)라 한다. 본서는 중국의 생육문화, 즉 연애·결혼·가정·임신과 생육·교육은 물론더 나아가 생육에 대한 각종 신앙, 이를테면 생육신화·생육신·성기신앙·예속·자식기원 무속 등 생육신앙을 탐색한 연구서이다.

　한국과 중국은 고대로부터 오늘날까지 유구한 역사적 관계를가지고 있다. 특히 민속문화에 있어서는 많은 공통점과 차이점이 있다. 그럼에도 불구하고 그동안 이 방면의 학문적 교류가거의 단절되어 왔다.

　본서의 저자인 송조린 교수는 오랫동안 고대사·고고학·민족학에 종사한 중요한 학자로서 직접 현장에 나가 1차 자료를수집한 연후에 그것을 역사문헌·고고학 발견과 결합시키고, 많은 학문 분야와 비교연구하여 중국의 생육문화의 발전 맥락 및그 역사적 위상을 탐색하고 있다.

　본서는 중국의 생육문화를 살피는 것은 물론 우리의 생육문화 탐구에 많은 공헌을 할 것임에 틀림없다. 또한 우리의 민속학·민족학의 연구 방향과 시야의 폭을 넓혀 줄 것이다.

東文選 文藝新書 47

美의 歷程

李澤厚 지음/尹壽榮 옮김

  본서는 제목 그대로 미의 역정을 그 주내용으로 삼고 있
다. 이 책을 통하여 독자들은 미의 여행을 떠나게 된다. 이
책을 읽어가는 동안 독자들은 서서히 중국이라는 전설의 나
라, 신비의 나라가 간직하고 있는 미의 세계를 순례하게 된
다. 그 순례의 과정은 아득한 원시시대로부터 시작하여, 수
많은 길고 먼 길들을 거쳐 마침내 명·청시대라는 역사시기
로서의 마지막 단계에까지 이르게 된다. 독자들은 이 여정을
통하여 부지불식간에 중국이 지니는 미의 세계에 대하여, 그
핵심과 깊이를 파악하게 된다. 이 여행의 안내는 현대 중국
의 유명한 미학자 가운데 한 사람인 이택후가 담당한다. 그
리하여 이 책을 다 읽고 나면 우리 모든 독자들은 안내자
이택후에게 감사함을 느끼게 될 것이다. 적어도 역자의 경험
은 그러하다.
  이 책은 분명히 말하여 좋은 책이다. 이 책은 중국미학이
란 무엇인가? 그 세계는 어떠한가?라고 질문하는 독자에게
명쾌하게 답변을 제시해 줄 것이다. 이 책은 중국미학의 어
던 전문 분야에 대하여 깊이 있게 천착하는 성격의 것이 아
니다. 이 책은 차라리 중국미학에 있어서 역자와 같은 문외
한을 위하여 만들어진 책이라 해야 할 것이다. 그러나 이 책
을 다 읽고 나면 독자는 적어도 중국미학에 대한 상당 수준
의 높은 식견을 지닐 수 있게 될 것이다.

東文選 文藝新書 150

기호와 몽상

알프레드 시몽
박형섭 옮김

기호와 몽상의 구체적 실현물인 연극과 축제는 오래 전부터 존재해 왔고, 인간의 삶과 깊은 관계를 맺고 있다. 삶이 있는 곳에는 언제나 크고 작은 축제가 있었으며, 이 축제 속에는 반드시 연극적 요소가 있었다. 저자는 축제와 연극의 뿌리가 생태적으로 같으며, 둘 모두 민중적 삶의 조건과 비극성에서 비롯했음을 강조한다. 또한 축제에는 진정한 창조정신이 깃들어 있다. 그것은 살아 있는 작품이며, 실제적인 행위인 것이다. 축제는 일상적 모임, 노동, 정치적 집회와도 무관하지 않다. 모든 회합은 연극성을 띠고 있으며, 모든 작업공동체는 창조적 도약으로 그 자체 속에 고유한 축제성을 지니고 있다. 축제 없이는 공동체도 없고, 공동체 없이는 축제도 없다. 한편 연극은 세계에 대한 설명이고, 우주를 해석하며, 인간조건을 풀어 주는 열쇠이다. 그래서 연극은 하나의 은유적 기능을 하는 것이다. 연극은 인간 자신에 대해 그리고 인간과 사회와의 관계를 표상한다. 모든 사람들은 배우로서 자신들의 역할을 살아 간다. 그의 의식의 프리즘은 사회를 스펙트럼처럼 분석한다. 또한 사람은 자신을 신성하게 만들어 주는 이미지를 찾아서 환각의 장소인 연극적 공간으로 들어가는 것이다. 사람은 연극에 의해 반사되고, 스스로의 이미지 속에 몰입한다.

이 책의 주요 테마는 연극과 축제와 비극성의 동질적 관계를 밝히는 것이다. 저자는 연극의 죽음과 축제의 부재가 소외된 사회의 잔재가 아니라 오히려 소외가 이러한 죽음과 부재의 이중적 과정에 의해 정의된다고 강조한다.

저자의 해박한 지식은 물론 그의 서술방법, 축제와 연극에 관한 시각 등이 매우 새로운 이 책은 축제와 연극의 상관성을 역사적·사회학적·미학적으로 분석한 본격 문화이론서가 될 것이다.

재미있는 수학상식

역(曆)과 점(占)의 과학

永田 久[지음]

沈雨晟[옮김]

달력이란 무엇일까?

자연의 법칙을 추구하는 마음을 가지고 '때'를 이해하기 위한 노력은 인류의 역사와 함께 오늘에 이르고 있다. 이리하여 천문(天文)·신화·민속·종교 등이 혼재되어 있는 인류의 지혜의 결정체로서 역(曆)이 만들어졌음을 알 수 있다.

역은 수(數)로써 연결되어 있다. 수와 수가 결합된 것을 논리라 하고, 이 논리를 천문이나 민속 쪽에서 정리한 것이 역이다.

이 수와 논리가 과학의 세계로부터 인간의 마음의 세계로 이어지면서 때의 흐름에 생명을 부여할 때, 역은 점(占)으로의 가교역이 되는 것이라 생각된다. 그러니까 역의 수리(數理)에 접착시킨 꿈과 상념이 우리들 앞에 나타나는 것이다.

역이 존재하고 있는 곳에 반드시 점이 있다. 과학으로서의 역으로부터 비과학으로서의 점이 생겨난다. 바로 이것이 인류가 살아온 실제의 모습이 아니었을까.

이 책은 고대의 역으로부터 현재의 그레고리오력에 이르기까지를 더듬어, 시간을 나누는 달(月)과 주(週)의 주변을 탐색하면서, 팔괘(八卦)·간지(干支)·구성술(九星術)·점성술(占星術) 등의 구조를 수(數)에 의해 밝혀 보고자 하였다.